D0995582

Un idéal, une vie

Jacques Genest

Un idéal, une vie

Propos recueillis par Bruno Baillargeon

LES PRESSES DE L'UNIVERSITÉ LAVAL

1998

Les Presses de l'Université Laval reçoivent chaque année du Conseil des Arts du Canada et de la Société de développement des entreprises culturelles du Québec une aide financière pour l'ensemble de leur programme de publication.

Nous reconnaissons l'aide financière du gouvernement du Canada par l'entremise de son Programme d'aide au développement de l'industrie de l'édition pour nos activités d'édition.

Données de catalogage avant publication (Canada)

Genest, Jacques, 1919-

Un idéal, une vie

Autobiographie.

ISBN 2-7637-7602-7

      1. Genest, Jacques, 1919- . 2. Médecine - Québec (Province) - Histoire. 3. Médecine - Recherche - Québec (Province) - Histoire. 4. Santé, Services de - Réforme - Québec (Province). 5. Institut de recherches cliniques de Montréal - Histoire. 6. Médecins - Québec (Province) - Biographies. I. Baillargeon, Bruno. II. Titre.

R464.G46A3 1998   610'.92   C98-941273-3

Distribution de livres Univers
845, rue Marie-Victorin
Saint-Nicolas (Québec)
Canada G7A 3S8
Tél. (418) 831-7474 ou 1 800 859-7474
Téléc. (418) 831-4021

À mon épouse : Estelle

À mes cinq enfants : Paul
Suzanne
Jacques jr.
Marie
Hélène

À mes onze petits-enfants

Hommages

À Pierre Masson et à Joseph-Luc Riopelle, mentors qui m'ont initié aux disciplines scientifiques.

À Roland Dussault, interniste extraordinaire qui m'a habitué à l'examen détaillé et minutieux du malade et au questionnement de ses aspects psychologique, émotif, d'adaptation, de travail et de famille.

À Elliott V. Newman, grand clinicien-chercheur qui m'a initié à la recherche en physiologie rénale à l'Hôpital Johns Hopkins.

À Vincent P. Dole, un très grand scientifique qui a été mon mentor dans mes recherches sur l'hypertension.

À TOUS MES COLLABORATEURS
de recherche en hypertension

Moe Goldner, Ph.D., Wojciech Nowaczynski, D.Sc., Erich Koiw, Ing., Paul Steyermack, Ph.D., Thomas Sandor, Ph.D., Julien Marc-Aurèle, M.D., José Manuel Rojo-Ortega, M.D., Ph.D., Roger Boucher, Ph.D., Pierre Granger, M.D., Ph.D., Otto Kuchel, M.D., D.Sc., Raul Garcia, M.D., M.Sc., Pavel Hamet, M.D., Ph.D., Ernesto Schiffrin, M.D., Ph.D., Gaétan Thibault, Ph.D., Marc Cantin, M.D., Ph.D. et Pierre Larochelle, M.D., Ph.D.

À MES SECRÉTAIRES DÉVOUÉES, Thérèse Vien-Clermont et Lise Lanthier (40 ans).

À NOTRE DÉVOUÉE DIÉTÉTISTE, Anne Lemoyne-Brossard.

AUX NOMBREUX TECHNICIENS ET TECHNICIENNES qui se sont succédés depuis 1952.

AUX INFIRMIÈRES, Fernande Salvail, Lucette Salvail, Renée Dansereau, Céline Doyon, Lorraine Dagenais, Mireille Vautour-Kirouac, Lucette Gauthier, Marie-Ange Boutin, Françoise Vaillancourt, Colette Lemay, Lise Demers et Réjeanne Roy.

À TOUS LES PATIENTS qui ont participé depuis 1953 aux expériences cliniques et aux essais thérapeutiques des nouveaux médicaments anti-hypertenseurs. Leur contribution aura joué un rôle essentiel dans le succès de nos recherches.

AUX STAGIAIRES MÉDECINS
qui ont été mes fellows en recherche

DE Montréal et du Québec : Raymond Robillard, Lydia Adamkiewicz, Gilles Tremblay, André Davignon, Guy Lemieux, Jean-Marc Pépin, Bernard Therrien, André Barbeau, Gilles Lebœuf, Julien Marc-Aurèle, Joffre Brouillet, Édouard Bolté, Maurice Verdy, Pierre Beauregard, Pierre Delorme, Gilles Pigeon, Jean Davignon, Pierre Biron, Jacques Trudel, Camille Dufault, Gérard Tremblay, Ihor Dyrda, Michel Chrétien, Jean-Guy Hébert, Maurice Langlois, Gustave Denis, Marc Launay, Charles Tifault, Gaétan Tremblay, René Bastarache, Michel Bergeron, Jacques de Champlain, Émile Marcotte, Henri Navers, Alain Farley, Michael Doyle, Jacques Dubé, Raphael Bélanger, Germain Perras, Guy Lefebvre, Benoît Labrecque, Pierre Montpetit, Pierre Granger, Sylvain Simard, John Grose, Gaétan Dubé, Tewfik Nawar, Louis Belleau, Nabil Guida, Denise Ares, Jacques Fribord et Marcel Lebel.

D'Europe : Barna Vitye (Roumanie), Gultekin Diren (Turquie), José Manuel Rojo-Ortega (Espagne), Guy Rousseau (Belgique), Jacques-Yves Ketelers (France), Joël Ménard (France), A. Lazar (France), Julian Rosenthal (Allemagne), Maurice Piante (France), Henri Miron (France), Karl Hayduck (Allemagne), Santos Casado Perez (Espagne), Albert Helber (Allemagne), Hans Michael Brecht (Allemagne), Adiran Valdutiu (Roumanie), Esteban Mancheno Rico (Espagne), Philippe Dewailly (France), Javier Rogriguez (Espagne), Karel Horky (Tchécoslovaquie), Detlev Genten (Allemagne), Ursula Ganten (Allemagne), Jean-Louis Cuche (France), François M. Ledoux (France), Claude George (France), Franz Messerli (Suisse), Robert Veyrat (Suisse) et Janos Julelz (Hongrie).

DES États-Unis : Cameron G. Strong (Mayo Clinic), Gordon Guthrie, Mohinder Sambhi (Los Angeles).

D'autres pays : Boesjra Zahir (Indonésie), Jack Silah (Syrie), Francisco Fragachan (Venezuela), Gérard Grandoit (Haïti), Mitsuyasu Aida (Japon), Hiroshi Kurihara (Japon), Salim Salomon (Haïti), Raul Garcia (Chili), Carlos Chavez (Mexique), Jacques Frigorg (Haïti), Ana Marquez-Julio (Venezuela), Miyako Kusumoto (Japon), Masanobu Honda (Japon), Yukio Komatsu (Japon), Ernesto Schiffrin (Argentine) et Ramon Rosas (Chili).

Note : cette idée de remercier ainsi ceux qui m'ont formé et ceux qui ont participé au travail du groupe de recherche en hypertension m'est venue de la magnifique autobiographie de Jean Dausset, *Clin d'œil à la vie*, publiée en avril 1998 par les Éditions Odile Jacob.

Table des matières

Notice biographique

Né à Montréal le 29 mai 1919

Études classiques au collège Jean-de-Brébeuf (1929-1937)

Études médicales à l'Université de Montréal : docteur en médecine (1942)

Études universitaires : trois années en tant que résident à l'Hôtel-Dieu de Montréal (1942-1945) ; trois années comme fellow en recherche à l'Hôpital Johns Hopkins (1945-1948) ; trois années à titre d'adjoint à la recherche à l'Institut Rockefeller (1948-1951) ; et une année d'enquête sur les grands centres hospitaliers universitaires et sur la recherche médicale en Europe de l'Ouest (1951-1952)

Directeur du Département de recherches cliniques de l'Hôtel-Dieu de Montréal (1952)

Fondateur du Club de recherches cliniques du Québec (1959)

Premier président et cofondateur de la Société canadienne de recherche clinique (1960)

Fondateur du Conseil de la recherche médicale du Québec (1964), devenu le Conseil de la recherche en santé du Québec en 1974 , puis le Fonds de la recherche en santé du Québec en 1982

Fondateur de l'Institut de recherches cliniques de Montréal (1967)

Sims Commonwealth Professor (1970)

Professeur invité à l'Académie des sciences de l'URSS (1968), à l'Université Rockefeller (1979) et à l'Académie médicale des sciences de Chine (1987)

Président du Council for High Blood Pressure Research of the American Heart Association (1976-1978)

Membre du conseil d'administration de la compagnie Merck (1972-1992) et du Montréal Trust (1979-1989)

Fellow du Collège royal des médecins et chirurgiens du Canada

Fellow de la Société royale du Canada

Compagnon de l'Ordre du Canada

Grand officier de l'Ordre national du Québec

Master du American College of Physicians

Membre de l'Association of American Physicians

Membre de l'American and Climatological Association

Membre du Peripatetic Club de New York

Membre du Century Club de New York

Douze doctorats honorifiques, dont un de l'Université Rockefeller de New York

Prix : Gairdner, Flavelle, Killam, Léo-Parizeau, Stouffer, Marie-Victorin du Québec, Armand-Frappier, F.N.G. Starr, Christie, Graham, Michel-Sarrazin

Mémoires enregistrés par la Macy Foundation pour la Bibliothèque nationale de médecine à Washington (1974) et par l'Université Harvard (1982) en tant que Leader in American Medicine

Nommé au Temple de la renommée médicale du Canada (1994)

Introduction

Au début de 1996, je reçevais une lettre du Pr Michel Cabanac du Département de physiologie de l'Université Laval et membre du comité éditorial des Presses de l'Université Laval (PUL). Il sollicitait ma participation à une nouvelle série dans laquelle seraient publiées des autobiographies de Québécois dont les réalisations professionnelles et sociétales pourraient servir d'inspiration à la jeune génération angoissée devant l'avenir. Depuis plusieurs années, j'avais réuni mes dossiers et mes archives pour les mettre en ordre au cas où cela pourrait éventuellement être utile à l'histoire de la science médicale au Québec. Au cours de ma carrière, j'avais aussi accumulé beaucoup de documents sur tous les aspects de la médecine et de la recherche biomédicale au Québec et au Canada.

La raison principale de mon acceptation, en fait la seule, a été l'orientation de cette nouvelle série pour les jeunes. L'avenir repose sur eux. Le Québec traverse depuis les trois dernières décennies une période qui a bouleversé ses aspects politique et social dans leurs fondements. Les jeunes ont été profondément perturbés dans leur éducation au secondaire, au cégep, et même à l'université, à la suite des réformes souvent intempestives et peu judicieuses de l'enseignement ainsi que du rejet des valeurs fondamentales et spirituelles dans le monde occidental. Ils ont un besoin aigu de direction, de leaders et de mentors.

Il est bien beau de constater les lacunes et les décisions malheureuses imposées par des idéologues qui ont dominé la scène politico-sociale du Québec, mais si rien de positif n'est proposé et si chacun ne fait pas sa part pour éviter la catastrophe à laquelle font face la jeunesse et le peuple québécois, chacun de nous en portera une bonne part des responsabilités. Quelqu'un m'avait suggéré de vendre à la Bibliothèque nationale du Québec ou du Canada mes archives qui ont trait au développement de la science médicale et de la médecine au Québec depuis cinquante ans. J'avais refusé. Je trouvais cela mercantile et incompatible avec ma philosophie de vie.

Comme je ne me reconnaissais pas de talents pour un ouvrage littéraire d'autobiographie écrite pour le public, j'ai demandé l'aide d'amis, dont Jean-Marc Léger, directeur de la Fondation Lionel-Groulx. Il a recommandé monsieur Bruno

Baillargeon, qui est devenu mon collaborateur à la présentation de cette autobiographie. J'assume, par ailleurs, l'entière responsabilité de l'authenticité des faits rapportés.

Il s'agit du résumé d'une carrière de plus de cinquante ans dans lequel je voudrais insister surtout sur les réalisations multiples d'une vie entièrement consacrée au service du bien commun, notamment dans les domaines de la science médicale et de la recherche biomédicale.

Cette autobiographie porte sur de nombreux aspects de ma vie. Pendant mes études postuniversitaires, je m'étais fixé trois objectifs majeurs : 1) être un clinicien et un diagnosticien de première classe ; 2) œuvrer comme clinicien-chercheur dans le domaine de la haute pression artérielle et contribuer au progrès des connaissances par des découvertes importantes ; et 3) amorcer et contribuer au rattrapage et à la réforme de la médecine québécoise.

Il est surtout question, ici, du dernier objectif qu'on peut diviser en quatre étapes : 1) la création du Club de recherches cliniques du Québec en 1959 ; 2) la réforme et la réorganisation de la Faculté de médecine de l'Université de Montréal en 1962, à la suite du quasi-ultimatum des comités d'agrément de l'Association médicale américaine et des collèges de médecine ; 3) la création du Conseil de la recherche médicale du Québec en 1964, qui devenait, en 1974, le Conseil de la recherche en santé du Québec avant d'être transformé en Fonds de la recherche en santé du Québec (FRSQ) en 1982 ; 4) la création de l'Institut de recherches cliniques de Montréal (IRCM), dont le concept nouveau de l'organisation de la recherche clinique reposait sur de multiples observations faites au cours de mes visites des grands centres américains en 1947 et de mon enquête dans les divers pays d'Europe de l'Ouest en 1951-1952 pour le compte du gouvernement du Québec.

Sont aussi inclus des commentaires sur la promotion de la recherche clinique au Québec et au Canada, sur l'organisation de nombreux symposia internationaux, dont deux sur la santé positive en 1992 et 1994, et sur des rencontres de « chefs de file » à la Maison Trestler[1]. On y trouve également des observations sur les études des systèmes de santé, particulièrement ceux d'Angleterre et du Canada, sur une enquête instituée à la demande de la Fondation Charles Monat sur la cellulothérapie de Niehans et sur le Dr Galeazza-Lizi, médecin de Sa Sainteté le pape Pie XII. Mes contacts étroits avec le monde international de l'industrie et de la finance en tant que membre du conseil d'administration de la compagnie Merck au New Jersey, de 1972 à 1992, et du Montréal Trust, de 1979 à 1989, auront été pour moi une source incroyable d'enrichissement et de connaissances. À la compagnie Merck, la plus importante multinationale pharmaceutique au monde, j'ai eu la chance de siéger à tous les comités et de rencontrer plusieurs grands hommes d'affaires américains, les

---

1.   De 30 à 35 « chefs de file de Montréal », surtout du monde des affaires (originant des « Déjeuners de la prière »), se réunissaient depuis 10 ans pour des rencontres bisannuelles de ressourcement spirituel d'une durée de 2 jours, à la Maison Trestler, à Dorion.

présidents des fondations Rockefeller et Mellon, sans compter les consultants internationaux de la compagnie, dont M. Henry Kissinger.

Mon vœu principal est que cette autobiographie puisse, comme le souhaitait Pr Cabanac, faire germer dans l'esprit des jeunes lecteurs l'espoir qu'ils peuvent accomplir de nombreuses et grandes choses, à la condition qu'ils se fixent un idéal d'excellence et de compétence.

Je tiens à exprimer ma profonde reconnaissance pour l'aide financière que j'ai reçue de Mme Claire Bombardier-Beaudoin, de la Fondation Bombardier, de la Fondation Richard et Edith Strauss, de M. André Aisenstadt et du directeur scientifique de l'IRCM, Dr Yvan Guindon. Je tiens aussi à souligner combien a été plaisante la collaboration de M. Bruno Baillargeon lors de la rédaction de cette autobiographie et à qui je souhaite la plus belle des carrières. La qualité de la reproduction de nombreuses photos est due à M. Chritian Charbonneau à qui j'exprime tous mes remerciements.

Enfin, trop de personnes m'ont aidé dans ma carrière pour qu'il me soit possible d'exprimer ma reconnaissance à chacune d'elles (jeunes médecins, fellows en recherche, administrateurs, infirmières loyales, dévouées et compétentes, diététistes, techniciens et techniciennes, secrétaires) ainsi qu'à tous les membres du conseil d'administration, qui ont participé activement au développement de l'institut. Cependant, il m'est impossible de ne pas citer quelques noms de gens qui, au cours des années et des décennies, ont joué un rôle tout à fait particulier et qui méritent d'être mentionnés spécialement. Parmi les infirmières, Mmes Fernande Salvail, Suzette Gauthier, Lorraine Dagenais (devenue, lors de la création de l'institut, bibliothécaire en chef) et Mireille Kirouac. Parmi les secrétaires, Mme Lise Lanthier, qui a été avec moi pendant plus de quarante ans et qui a toujours été d'une loyauté exemplaire et d'une très grande efficacité. L'IRCM a depuis sa conception, dès 1950, bénéficié du dévouement et de l'aide de son conseil d'administration, dont surtout Me Marcel Piché. Je lui dois de m'avoir aidé si puissamment lors de la création et des débuts de l'institut, qu'il a défendu auprès des premiers ministres Maurice Duplessis, Jean Lesage et Daniel Johnson et auprès des divers ministres de la Santé. Mentionnons aussi M. Michel Bélanger, homme d'une grande expérience des affaires et d'une grande sagesse et élégance intellectuelles, qui a succédé à M. Piché en 1991 ; M. Maurice Chartré, dont l'aide et les conseils ont été extrêmement précieux ; Me Robert Alain, dont le dévouement a été extraordinaire ; M. Michel Mandron, réputé pour sa gentilhommerie. À tous, je tiens à exprimer ma profonde gratitude.

Mais j'ajouterai un mot spécial à l'intention de trois de mes collaborateurs qui sont malheureusement décédés et sans lesquels les découvertes que nous avons faites dans les domaines de l'hypertension, de l'aldostérone, du système rénine-angiotensine et du facteur natriurétique des oreillettes n'auraient pu être réalisées. Il s'agit des Drs Roger Boucher, Wojciech Nowaczynski et Marc Cantin. Ils ont été trois chercheurs remarquables et ils ont fait grand honneur au Québec. Il faut ajouter le Dr André Barbeau, ancien directeur du laboratoire de neurobiologie et autorité internationale sur la maladie de Parkinson, ainsi que M. Erich Koiw qui a joué un grand rôle dans la construction de l'IRCM.

Cette liste n'est pas complète si je n'exprime pas ma vive reconnaissance à deux amis qui ont révisé en détail le manuscrit et qui m'ont fait bénéficier de leur jugement et de leurs conseils : Dr Gilles Pigeon, ancien fellow en recherche et doyen émérite de la Faculté de médecine de l'Université de Sherbrooke, et Mme Lorraine Dagenais, bibliothécaire de l'IRCM de 1967 à 1997. Il en est de même pour la direction des éditions des PUL, M. Denis Dion, M. Léo Jacques ainsi que pour le directeur du Département de physiologie de l'Université Laval, Pr Michel Cabanac.

Finalement, il y a une personne qui surpasse toutes les autres, c'est mon épouse Estelle qui, en plus d'élever nos cinq enfants dont je suis si fier, a été ma collaboratrice de tous les moments, mon éditrice et ma conseillère, à qui je tiens à rendre un hommage exceptionnel.

Jacques Genest

Mot du collaborateur

Les pages qui suivent sont un assemblage constitué à partir de retranscriptions d'entrevues que le Dr Jacques Genest m'a accordées ainsi que de certains extraits des nombreux textes qu'il a publiés au cours de sa longue carrière. Nous avons convenu conjointement du plan de cet ouvrage dont il a dirigé la rédaction dans les moindres détails, et cela, jusqu'à la version définitive.

J'ose espérer que l'ensemble rend justice à l'homme autant qu'à ses nombreuses contributions.

Bruno Baillargeon

Enfance et famille

Le premier Genest à quitter la France pour le Canada s'est installé à l'île d'Orléans, en 1643. C'est lui qui est à la source de tous les Genest d'Amérique du Nord. C'était un artisan qui a eu dix-neuf enfants. Son fils aîné en a eu vingt-deux, parmi lesquels certains ont émigré en Ontario. Samuel Genest, qui a été un grand défenseur des Franco-Ontariens à Ottawa, faisait partie de cette branche de la famille. La branche dont je proviens, les Genest-dits-Labarre, se sont installés à Montréal il y a plusieurs générations.

Mon grand-père, Alfred Genest, était menuisier-ébéniste, artisan comme son aïeul. C'était un de ces Canadiens français à la vie chrétienne exemplaire, admirable de gros bon sens, intègre, acharné au travail. Ma grand-mère aussi était une femme extraordinaire qui savait tout faire et qui travaillait sans répit pour sa famille. Ils ont eu douze enfants.

Mon père, Rosario, était leur aîné. Grâce aux efforts de mon grand-père, il a pu faire ses études chez les Jésuites — au Gésu, d'ailleurs — et il est resté fortement imprégné de leur enseignement. Il aurait souhaité devenir médecin, mais il n'a pu donner suite à ses désirs à cause de la longueur et du coût des études. Il a donc fait son droit et il est devenu avocat. Il a été très heureux lorsque je lui ai annoncé mon désir d'entrer en médecine : j'accomplissais ce qui était resté pour lui un rêve non réalisé, faute d'argent.

Il a débuté sa carrière d'avocat au cabinet Perron et Vallée, peu de temps après être devenu membre du barreau. Perron était ministre libéral et Vallée, un avocat réputé qui est devenu bâtonnier par la suite. Mon père y a acquis là énormément d'expérience, au point de devenir l'expert de la province en procédure civile — matière qu'il a enseignée plus de trente ans à l'Université de Montréal — et d'être élu plus tard bâtonnier du Barreau de Montréal.

L'exercice du droit est cependant toujours resté son occupation principale. Il faut dire que l'enseignement se faisait, à l'époque, de manière plutôt bénévole, tout comme en médecine ; des praticiens s'y consacraient pour le prestige de donner un certain nombre de cours à l'université et avoir le titre de professeur. Ils devaient donc maintenir leur pratique pour gagner leur vie. Mon père donnait ses cours tôt le matin pour que l'enseignement n'interfère pas trop avec sa pratique. Je l'ai souvent vu, l'hiver, partir de la maison dès 7 h et affronter les pires tempêtes pour aller donner un cours à 8 h.

C'était un homme profondément chrétien, animé d'un sens aigu de la justice, d'une honnêteté et d'une intégrité exemplaires. Il était issu d'une famille modeste, sans personne au-devant pour lui ouvrir les portes, et il a dû travailler d'arrache-pied pour gravir les échelons. Le travail représentait pour lui une valeur primordiale.

Ma mère, Annette Girouard, venait d'une famille de notaires et d'avocats. Son père, Joseph-Ena Girouard, grand défenseur de Louis Riel, avait été maire de Drummondville de 1889 à 1897 et député provincial du comté de Drummond-Arthabaska de 1886 à 1897, en même temps que Wilfrid Laurier au fédéral — que ma mère a d'ailleurs bien connu. Arthabaska était alors un gros village, célèbre parce que le nationaliste Armand Lavergne et le peintre Suzor-Côté y vivaient et où il y avait à ce moment-là une vie intellectuelle très dynamique.

Mon grand-père Girouard avait épousé une anglicane de descendance écossaise d'une très grande beauté, une demoiselle Emma Elisabeth Watkins, venue de la région de Warwick. Elle s'était convertie pour lui et elle a élevé tous ses enfants dans la religion catholique, mais avec un esprit beaucoup plus libéral, beaucoup moins rigide que du côté de mon père. Elle est morte assez jeune, trop tôt pour que je la connaisse.

Je tiens de ma mère que la toute première banque de Drummondville a été fondée par mon grand-père Girouard. Malheureusement, comme il était député et qu'il passait la majeure partie de son année à Québec, il n'avait pas le temps de s'occuper adéquatement de ses affaires. La banque a été fraudée par son gérant, à son insu, et a fait faillite, entraînant à son tour celle de mon grand-père. Celui-ci, en homme d'honneur qu'il était, a juré à tous les déposants qu'ils seraient remboursés « à cent cennes dans la piastre ». C'était alors l'époque de la ruée vers l'or au Klondike. Wilfrid Laurier, qui était devenu premier ministre du Canada deux ans plus tôt, en 1896, l'a nommé commissaire au Yukon pour l'aider à refaire fortune. Il est donc parti là-bas avec sa famille pour en revenir dix ans plus tard, en 1908.

Durant l'année scolaire, mon grand-père laissait ma mère et ses frères pensionnaires à Montréal : mes oncles au Gésu, où ils étudiaient, et ma mère au couvent du Sacré-Cœur. Pour les vacances d'été, ma grand-mère venait les chercher, traversait avec eux tout le Canada, jusqu'à Skagway, puis jusqu'à Dawson City où ils passaient l'été dans des conditions assez primitives. Mon frère Guy et moi conservons précieusement les petits crucifix en pépites d'or que ma mère nous a laissés.

Comme d'autres, mon grand-père a tenté sa chance et il a trouvé de l'or, si bien qu'il a pu reconstituer sa fortune. Il a ensuite repris l'exercice du droit à Montréal, puis à Arthabaska où il est devenu, de 1916 à 1936, shérif du comté.

L'un de ses fils, mon oncle Wilfrid Girouard, a repris la tradition paternelle et a été pendant de nombreuses années député au fédéral. Cédant aux pressions du Parti libéral provincial, il a ensuite accepté de laisser la scène fédérale et de se présenter à Québec aux côtés d'Adélard Godbout. Lorsque Godbout a été élu premier ministre, mon oncle est devenu procureur général, puis juge de la Cour supérieure. C'était un homme d'une grande intégrité et doté d'un grand sens de l'humour.

Mon oncle Honoré Girouard était ingénieur et il a longtemps été le bras droit de M. Charles Monat. Ce dernier était un important entrepreneur plusieurs fois millionnaire qui a laissé une fondation importante dont l'Hôtel-Dieu de Montréal et l'Université McGill profitent encore aujourd'hui, et dont je reparlerai plus loin.

Mes parents se sont mariés en 1916, à Montréal. Ils ont fait connaissance au hasard des rencontres de voisinage. Mon père, qui avait été élevé dans ce qu'il décrivait lui-même comme une honnête pauvreté, débutait sa carrière et il était, à ce moment-là, président du jeune barreau.

Ils ont eu trois garçons. Jean, l'aîné, est entré chez les Jésuites. Il a enseigné et beaucoup travaillé dans l'organisation des parents catholiques ; il a aussi été curé de la paroisse de Saint-Roch à Montréal, paroisse formée à très grande majorité d'immigrants. Il a dirigé la revue *L'Action nationale* pendant plusieurs années. Mon plus jeune frère, Guy, est avocat à la retraite.

Je suis né en 1919. J'ai reçu de mes parents une solide éducation chrétienne qui s'est continuée chez les Sœurs de la Providence où j'ai fait mes études primaires. L'école se trouvait au coin des rues De Montigny et Saint-Denis, dans un quartier qui a beaucoup changé depuis, à côté de l'Église Saint-Jacques et en face de l'ancienne École polytechnique qui est aujourd'hui devenue l'Université du Québec.

Mon père a toujours veillé à nous donner ce dont il avait rêvé dans sa jeunesse et qu'il n'avait pu avoir, faute d'argent. Il m'avait ainsi abonné à la revue *Science et Vie* grâce à laquelle j'ai pu me familiariser avec les développements de la science. Nous avions aussi l'*Encyclopédie de la jeunesse*, qui faisait nos délectations, de même que l'*Encyclopédie Larousse*, qui était la bible du français à la maison. Nous avions le nez plongé dedans plus souvent qu'autrement.

Tout cela, bien sûr, venait de France. Il ne se publiait pas grand-chose sur la science au Québec où on s'intéressait assez peu, en général, aux publications anglaises. Mon père parlait assez bien l'anglais, ma mère et mes oncles étaient parfaitement bilingues. Je le comprenais, mais pas encore assez pour le lire et le parler couramment.

Quand j'ai eu 8 ou 9 ans, mon père a fait venir d'Allemagne, à ma demande, un jeu de chimie et un jeu d'électricité qui étaient « annoncés » dans la revue *Science et Vie* et qui sont à l'origine de mon intérêt pour la science et l'expérimentation. Je me suis initié avec ces jeux aux principes fondamentaux, à l'induction, à l'électromagnétisme, à la chimie élémentaire, etc. On pouvait faire plus de 300 expériences différentes avec chacun d'eux. Si la même chose existait encore aujourd'hui sur le marché, je l'achèterais pour mes petits enfants.

Mon père nous encourageait beaucoup au travail, mais il nous laissait entièrement libres de choisir nos voies. Chacun de nous a suivi ses inclinations naturelles, ses talents, sans être guidé d'un côté ou de l'autre. Les études universitaires, par contre, étaient pour lui essentielles. Même après que j'ai été reçu médecin au Collège royal, il m'a encouragé à poursuivre. Et lorsque j'ai quitté Montréal pour aller parfaire ma formation de chercheur à Harvard, à Johns Hopkins et à Rockefeller, il m'a beaucoup aidé et il a été très généreux.

Ma mère était une experte joueuse de bridge, qui était le jeu de la famille. Mon père, au contraire, n'avait pas le sens des cartes. Lorsqu'il avait une belle main, avec des as et des rois, on voyait ses narines s'agiter et on pouvait se douter de ce qu'il avait en main : plus il avait un beau jeu, plus ses narines remuaient. Nous avions beaucoup de plaisir. J'ai hérité de ma mère le sens des cartes et même si je ne joue plus souvent maintenant, j'ai gardé ce plaisir-là. Je joue seulement à l'occasion : je ne veux pas devenir esclave du bridge !

Ma mère était aussi une excellente pianiste. Quand mon frère et moi nous nous chamaillions, elle nous séparait en nous disant que si nous nous tenions tranquilles, elle nous jouerait du piano. Je me rappelle, elle nous assoyait à ses côtés et jouait un morceau que j'ai gardé en mémoire et que j'affectionnais : *Poète et paysan* de Von Suppé. La musique nous calmait ! Quand j'écoute *Poète et paysan* à la radio, je revois automatiquement ma mère. C'est un des beaux souvenirs qu'elle m'a laissés.

J'ai toujours beaucoup aimé la musique. Estelle, mon épouse, est une grande mélomane et elle connaît très bien la musique classique. Pendant plusieurs étés, nous sommes allés ensemble aux fameux concerts de Marlboro, dans le sud du Vermont, sur l'invitation de son président, Dr André Aisenstadt, qui est un des mécènes de l'IRCM, de l'Université de Montréal et du Jewish General Hospital de Montréal. Un jour que nous étions là-bas, nous avons déjeuné avec Rudolph Serkin ainsi qu'avec M. et Mme Aisenstadt, laquelle était aussi une experte musicienne. Sans jouer elle-même d'un instrument, elle connaissait la musique parce que son père avait été un grand chef d'orchestre d'Europe. Mon épouse tenait fort bien le coup en discutant avec elle et avec le plus grand pianiste du monde. J'en étais très fier.

Lorsque nos enfants allaient se coucher, Estelle faisait toujours jouer de la musique. Si elle oubliait, on les entendait crier de leur chambre : « Mets de la musique, maman ! » Et ils s'endormaient. Le goût de la musique leur est resté.

Il y a un souvenir auquel je suis resté attaché, et que ma mère me rappelait souvent.

Le grand rez-de-chaussée de la rue Saint-Hubert où nous habitions comportait un long couloir qui partait de la porte d'entrée jusqu'au fond de la cuisine et qui était divisé par une porte vitrée. J'avais alors six ou sept ans et dès que nos parents quittaient la maison, mes frères et moi sortions les bâtons de hockey et les balles de tennis et nous invitions deux ou trois amis pour « faire une partie ». Le grand couloir servait de « patinoire », la porte d'en avant servait de but à une extrémité et la porte de la cuisine à l'autre.

On s'en doute, ce qui devait arriver arrivait souvent et les carreaux de la porte de la cuisine volaient régulièrement en éclats sous la poussée des attaquants. Mes parents nous grondaient chaque fois, mais sans succès, jusqu'au jour où ma mère, excédée des nombreuses réparations, nous a formellement prévenus que le prochain qui se ferait prendre à briser une vitre la payerait de son argent. Comme on doit s'y attendre, c'est moi qui ai eu le malheur de briser la vitre.

C'était une grande vitre, deux pieds sur trois pieds. Je recevais à ce moment-là une allocation de dix cents par semaine, ce qui signifiait, au total, que j'en avais pour des mois à rembourser ma dette... La punition était sévère et le dimanche suivant, au lieu de réserver mes dix cents de la semaine pour payer la vitre, je les ai plutôt dépensés à la messe pour faire brûler un lampion. Ma mère m'a réprimandé en me voyant : « Tu devrais payer tes dettes avant de faire brûler des lampions ! » Mais c'était trop tard : les dix cents se consumaient déjà.

Le même après-midi, Dr Eugène Panneton, un des premiers radiologistes à Montréal, est venu rendre visite à la famille. On le voyait rarement à la maison et il avait la réputation d'être un homme plutôt chiche. À son départ, je l'ai accompagné avec mes parents jusqu'au seuil de la porte pour lui dire au revoir. Il a alors mis la main dans sa poche, sorti un billet de deux dollars — ce qui était une fortune dans ce temps-là — et me l'a donné : « Tu t'achèteras des bonbons. »

Grâce au Dr Panneton, mes dettes ont été payées et ma foi est montée en flèche ! J'ai toujours eu confiance en l'efficacité des lampions à prières par la suite et beaucoup de sympathie pour toutes ces petites lumières scintillantes qui témoignent des requêtes et des espoirs des fidèles.

Ma mère est née en 1893 et elle est morte en 1986, à l'âge respectable de 93 ans. Mon père est né en 1884 et il avait 96 ans au moment de son décès en 1980. C'est dire que pour ce qui est de la longévité, mon hérédité est excellente !

Le collège Jean-de-Brébeuf

J'ai fait tout mon cours classique au collège Jean-de-Brébeuf où je suis entré en septembre 1929 alors que j'avais dix ans. Nous y étions, mes frères et moi, demi-pensionnaires parce que c'était trop loin du collège à la rue Saint-Hubert pour retourner manger à la maison le midi.

Le quartier Côte-des-Neiges où se trouve Brébeuf était déjà, à l'époque, un des quartiers développés de Montréal, mais du chemin Côte-Sainte-Catherine jusqu'à Bellingham, il y avait encore en ce temps-là plus de champs que de maisons, si bien que la rue Maplewood se trouvait en pleine campagne.

Les récréations à Brébeuf étaient très actives. Les Pères insistaient d'ailleurs beaucoup sur l'activité physique. Il y avait de chaque côté de l'édifice du collège deux grandes patinoires, celle des grands et celle des petits, où le hockey était à l'honneur. Il y avait aussi des jeux intérieurs, particulièrement le hockey avec des balles de tennis. L'équipement était minimal, mais nous avions beaucoup de plaisir. Ce n'était pas comme aujourd'hui où les parents dépensent des fortunes pour faire jouer leurs enfants dans des équipes auxquelles on veut donner des apparences professionnelles, alors que les enfants jouent dans une partie à peine huit ou dix minutes sur trente. J'ignore ce que les jeunes d'aujourd'hui retirent de cela, mais nous, nous jouions toute la partie et une fois terminée, nous étions fatigués. C'était la même chose pour les parties de balle molle ou de base-ball.

Les Jésuites favorisaient l'exercice physique et l'esprit de compétition pour maintenir l'équilibre entre les activités du corps et celle l'esprit. *Mens sana in corpore sano* était la devise.

J'ai passé huit ans à Brébeuf. J'y ai fait le vrai cours classique : les éléments latins, la syntaxe, la méthode, la versification, les belles-lettres, la rhétorique et les philo 1 et philo 2.

Mon père était très près de nous pour les leçons et les devoirs. Il nous aidait beaucoup, particulièrement pour les versions latines et grecques, que je détestais. Il faut dire que nos connaissances d'Homère, de Cicéron, de Virgile étaient limitées à cela, aux versions et aux thèmes que nous devions traduire sans vraiment les étudier. Je suis sorti du collège détestant à mort les auteurs gréco-latins, en me disant que jamais je ne retoucherais à ça. Il m'a fallu quarante ans pour y revenir et je m'y suis replongé avec un délice et une frénésie formidables. J'y ai retrouvé longtemps après ce que j'avais cherché sans le savoir, ce que le système trop rigide et trop exclusif des Jésuites m'avait fait rejeter.

J'ai eu des professeurs excellents. Maurice Lamarche, qui a fondé la Société Saint-Vincent-de-Paul du collège Brébeuf et qui a été mon professeur de philosophie, était un de ceux-là. C'était un saint homme qui aidait des centaines de familles pauvres à qui les jeunes étudiants du collège allaient porter des paniers de Noël. J'ai eu Maurice Buist en physique, lequel a mis sur pied le laboratoire de sismologie de Brébeuf en fabriquant de ses propres mains le sismographe. C'était un homme d'une générosité exemplaire et un pédagogue comme on n'en voit pas souvent.

En belles-lettres, j'ai eu Bernard Nadeau qui était un homme qui avait tout lu, qui possédait un style merveilleux et une profonde connaissance de la littérature française. C'était aussi un homme assez dépressif. Je lui ai souvent demandé : « Père Nadeau, pourquoi n'écrivez-vous pas ? Vous écrivez tellement bien ! » Un jour, il m'a répondu : « Mon cher Jacques, chaque fois que je vais dans les bibliothèques, je vois les volumes couverts de poussière que personne ne lit... Et moi j'irais écrire des choses qui vont rester sur les tablettes ? Non ! » Je me rappelle encore, j'étais en belles-lettres, donc adolescent, avec tous les problèmes et les questions que les adolescents peuvent avoir. Je lui avais écrit pour me confier à lui et il m'avait répondu : « Quand tu es mal pris et que tu ne sais pas quoi faire, demande-toi ce que Jésus-Christ aurait fait dans une même situation. » C'était un petit conseil de rien du tout, mais il m'a beaucoup aidé. C'est dans les petits conseils individuels comme celui-là et dans leur dévouement sans limites que j'admire le plus l'œuvre des Jésuites. Ce sont des choses qui comptent énormément lorsqu'on est adolescent et qui guident pour la vie.

Rodolphe Dubé, mieux connu sous le pseudonyme de François Hertel, enseignait en classe de belles-lettres. Il a quitté la Compagnie de Jésus quelques années après mon passage à Brébeuf pour aller vivre à Paris où il a souffert à un certain moment d'une grande pauvreté et où il n'a pu subsister que grâce à l'aide de Maurice Duplessis. Ce dernier avait fait acheter par le gouvernement tous les livres invendus de François Hertel qui encombraient la maison de son frère à Trois-Rivières. Duplessis jugeait que les apparences seraient meilleures si le gouvernement, au lieu de lui accorder une bourse, achetait ses livres ; c'était aussi une façon de ne pas établir de précédent pour ceux qui viendraient ensuite lui faire une requête semblable.

L'enseignement de la philosophie se limitait essentiellement à saint Thomas d'Aquin. C'était une philosophie scolastique, encombrée de syllogismes et qui était supposée nous initier au raisonnement logique. Malheureusement, au lieu de nous faire prendre contact avec les grands philosophes, avec Socrate, Platon, Aristote et les grands stoïciens (Sénèque, Cicéron, Épictète et Marc-Aurèle), Kant, Hobbes Descartes, Locke, Hegel et autres, au lieu de nous les présenter en nous faisant voir le bon et le moins bon, on s'en tenait rigidement à Thomas d'Aquin. Cela ne nous habituait pas à penser par nous-mêmes ni à prendre contact avec les grands penseurs de l'humanité. Et pas un mot non plus sur les autres grandes religions !

Il faut dire que tout dans la société était alors imprégné au jour le jour, à la semaine, au mois, de la même pensée et du même idéal de perfection chrétienne. Il n'y avait pas de transition brusque entre l'école, le milieu de vie ou la famille. La religion était un facteur dominant de notre vie familiale, comme dans toutes les fa-milles canadiennes-françaises. Mon père et ma mère étaient profondément croyants et pratiquants. Nous observions avec rigueur toutes les manifestations religieuses, que ce soit la première communion, la confirmation, le jeûne, l'abstinence du ven-dredi et les privations pendant le carême pour nous former le caractère. Il y avait une alliance étroite entre l'école, complètement contrôlée par le clergé, et les familles. On était éduqué dans les litanies du Sacré-Cœur, de la Sainte Vierge, de la visite de sept églises différentes le Jeudi saint, etc. : toutes choses qui avaient l'apparence de nous rapprocher davantage de la perfection chrétienne, mais qui ne favorisaient pas la participation individuelle. Il y manquait la croyance raisonnée et l'humanisme que j'ai découverts plus tard en lisant les auteurs comme Érasme, Guy Lazorthe, Georges Minois et autres.

J'ai été élevé dans cette atmosphère un peu étroite dans laquelle ceux qui déviaient de la ligne catholique ultramontaine passaient facilement pour des anticlé-ricaux ou des libres-penseurs. Les évêques se faisaient appeler « Votre Grandeur », il fallait baiser leurs bagues à genoux... Cette soumission allait, selon moi, à l'encon-tre de la liberté du chrétien, qui est avant toute chose la liberté de conscience. Mais tout le monde suivait sans se poser de questions. Cet excès explique en partie le ressac anticlérical que le Québec a vécu depuis 1960.

C'est lorsque je suis parti pour les États-Unis et que je suis entré dans ces grands temples de la science que sont Harvard, Johns Hopkins et Rockefeller, où l'agnosticisme était courant, que j'ai commencé à être critique. J'ai vu qu'on y sépa-rait totalement religion et science et que la plupart des savants qui œuvraient là étaient soit agnostiques, soit athées. J'ai commencé à remettre certaines choses en question à partir de ce moment-là. Au Québec, les premiers changements se sont manifestés après la guerre et dans les années 1950 lorsque la télévision est arrivée et que les idées se sont mises à circuler.

Tous les étés nous partions en voiture, avec un chauffeur, jusqu'à Old Orchard où mon père louait une maison pour les vacances. Nous étions quelques familles canadiennes-françaises à s'y retrouver. C'était un voyage épique. On empilait les valises sur le marchepied d'un des côtés de la voiture et on se servait de l'autre pour entrer ou sortir. Les routes étaient mauvaises, surtout la fameuse route du « scenic railway » au New Hampshire, et ma mère devait toujours avoir une provision de sacs parce que nous étions tous malades à tour de rôle. Le voyage durait dix, onze, douze heures. Il fallait partir de Montréal à cinq heures le matin pour arriver à destination à l'heure du souper. En récompense, nous passions des vacances très agréables au bord de la mer.

Les plages du Maine étaient les plus proches de Montréal et elles étaient l'endroit de villégiature préféré des Canadiens français. On y voyait maintes plaques d'immatriculation du Québec à Pine Point, Old Orchard, Kennebunk, Wells Beach et Ogunquit. Il faut dire aussi qu'il y avait eu cette émigration tragique des Canadiens français vers les États-Unis autour des année 1870-1900, ce qui faisait que beaucoup y avaient de la famille.

Après la Conquête et la guerre de l'Indépendance américaine, bon nombre de terres des Cantons de l'Est et d'ailleurs avaient été prises pour être données aux loyalistes. Il y avait alors peu de place pour les fils des cultivateurs canadiens-français et lorsque l'un d'eux avait douze ou quinze enfants, la terre familiale allait à l'un des fils ou était divisée en deux et les autres enfants devaient alors partir se trouver du travail. Beaucoup s'étaient dirigés vers les États-Unis dans les filatures de Lewiston, de Biddeford, de Fall River, de Providence... À Biddeford, on entendait plus souvent parler français qu'anglais ! Nous avions une aide familiale qui venait de la Beauce et dont la sœur avait émigré et s'était retrouvée dans la filature de Biddeford. Elle était heureuse de nous accompagner parce qu'elle pouvait passer l'été sur les plages et voir sa sœur qui venait rester toutes les fins de semaine à la maison que mon père louait.

J'ai toujours eu une affection spéciale pour les Franco-Américains. J'en ai connu beaucoup et il y avait chez eux des éléments de gros bon sens, d'honnêteté, d'entraide et de joie de vivre qui en faisaient des gens très agréables. Même si leur éducation n'était pas aussi développée qu'ils l'auraient souhaitée, c'était sur le plan humain des personnes admirables, particulièrement pour leur attachement au français et au Québec. J'ai eu des confrères de classe en médecine qui étaient « Francos ». Un d'entre eux m'a raconté que son père revenait chaque été spécialement pour voir la famille et parce qu'il avait la nostalgie du Québec. Il avait une grosse voiture dans laquelle il entassait ses onze enfants et qu'il arrêtait immédiatement les douanes canadiennes passées en criant : « Tout le monde dehors ! Respirez le bon air de la province de Québec ! »

Après mon mariage, ma famille et moi sommes souvent retournés à Kennebunk, qui est l'un des plus beaux endroits de villégiature du Maine. Nous y passions un mois d'été tous les ans.

J'ai eu une enfance très stable, très heureuse, semblable à celle que ma femme et moi avons essayé d'inculquer à nos propres enfants. Mon père et ma mère étaient totalement dévoués à nous éduquer et à nous donner une formation humaine hors pair, et je leur en suis profondément reconnaissant.

Je dois beaucoup à mon père de m'avoir amené à New York et de me laisser ce souvenir qui ne m'a jamais quitté. J'avais alors dix ans et, entre autres choses, il m'a fait visiter le Musée d'histoire naturelle de la ville. Là, sur un des immenses murs du hall d'entrée de l'édifice, se trouvent gravées dans le marbre ces maximes de Theodore Roosevelt :

I want to see you game, boys
I want to see you brave and manly
And I also want to see you gentle and tender

Be practical as well and generous in your ideals
Keep your eyes on the stars
But keep your feet on the ground

Courage, hard work, self mastery
And intelligence are all essential of successful life

Character in the long run is the decisive factor
In the life of an individual and of nations alike.

Ces maximes sont entrées en moi et m'ont accompagné toute ma vie depuis ce jour. Elles s'accordaient avec l'idéal de servir selon lequel mes maîtres jésuites essayaient de former leurs élèves. Les Jésuites eux-aussi insistaient beaucoup sur la force de caractère, la maîtrise de soi, le contrôle de ses impulsions de colère et de gourmandise. L'idéal de Roosevelt m'avait impressionné parce que c'était un idéal semblable, profondément humain et universel : gardez vos yeux fixés sur les étoiles (Keep your eyes on the stars), mais en même temps, il ajoutait gardez les pieds sur terre (But keep your feet on the ground).

J'en suis resté si profondément impressionné qu'il y a cinq à six ans, j'ai à mon tour amené Hélène, ma plus jeune fille, à New York pour les lui montrer. Elle avait vingt-cinq ans, je lui avais dit que je l'emmenais voir une collection des plus beaux bijoux, des plus beaux diamants, rubis et émeraudes au monde. Nous avons pris un taxi et dans le taxi, je lui ai annoncé que les bijoux étaient incrustés dans le mur. Lorsqu'elle est entrée dans le Musée d'histoire naturelle, elle a regardé partout en se demandant où étaient les diamants et les rubis. Je lui ai montré le mur où étaient inscrites les maximes et je lui ai demandé de les lire. Elle a alors compris le but du voyage, la leçon de vie que j'essayais de lui donner. Le succès dans la vie dépend du travail, du courage et, surtout, du caractère. L'intelligence est un facteur important, mais ce n'est pas le plus important.

Je dois cette leçon à mon père.

Le Quartier latin

La médecine m'intéressait depuis longtemps, car elle associait l'humanisme et la compassion à la raison, la logique et l'objectivité des faits. La possibilité de réunir en une même profession à la fois le contact humain et la réflexion scientifique faisait qu'elle m'appelait plus que toute autre carrière.

Beaucoup de jeunes échouaient aux examens d'entrée de la Faculté de médecine de l'Université de Montréal. La raison la plus fréquente était qu'ils y avaient été mal préparés par les collèges où, en règle générale, l'enseignement en science laissait à désirer. La faculté s'en était d'ailleurs rendu compte et exigeait depuis quelques années que les candidats, s'ils voulaient être admis aux examens, aient suivi une formation préliminaire pendant une année qu'on appelait alors le « PCB » : « P » pour physique ; « C » pour chimie ; et « B » pour biologie.

À Brébeuf, l'enseignement scientifique était plus avancé et mieux organisé que dans bien d'autres collèges. Nous y recevions une formation de base. Il y avait des laboratoires, les cours de chimie et de physique étaient obligatoires durant les deux dernières années. L'enseignement y était même suffisamment fort pour que certains étudiants puissent faire leur année de PCB en même temps que leur dernière année de philosophie — ce que j'ai fait. Un diplôme de Brébeuf, collège qui passait pour être un des meilleurs au Québec, donnait, en somme, les plus grandes chances de se faire accepter dans l'une ou l'autre des facultés. J'ai néamoins suivi des leçons privées en chimie et en biologie pendant tout l'été 1937 afin de ne rien négliger et de me préparer le mieux possible aux examens d'entrée qui m'attendaient à la fin août. Ils se sont bien passés et j'ai pu aller directement en médecine en septembre, sautant cette année préparatoire de PCB.

L'Université de Montréal n'a déménagé sur la montagne qu'à la fin de la guerre lorsque la première étape de la construction des nouveaux bâtiments a été complétée, en 1944. J'ai donc fait tout mon cours de médecine dans l'ancien immeuble de l'université, sur la rue Saint-Denis, un peu au sud de Sainte-Catherine, au milieu de ce quartier où se trouve l'UQAM aujourd'hui et qui constituait déjà à l'époque ce qu'on appelle toujours le Quartier latin. L'immeuble, vétuste et exigu, avait été construit en 1893, initialement pour recevoir les facultés de médecine, de droit et des beaux-arts. Les facultés des lettres et des sciences ainsi que l'École des sciences sociales étaient venues s'ajouter les unes après les autres au cours des années 1920. Tout cela s'entassait dans le vieux bâtiment resté inchangé malgré les incendies de 1919 et de 1922 après lesquels on s'était contenté de maintenir les lieux dans leur forme originale. C'est dire que nous y étions à l'étroit et que les étudiants attendaient la fin des travaux de construction du nouveau campus sur la montagne avec impatience.

Je dirais, de mémoire, que nous étions à peu près soixante-quinze à quatre-vingts étudiants à la Faculté de médecine. Mis à part quelques Franco-Américains, la majorité d'entre nous venaient de la région de Montréal et du sud du Québec.

Le cours de médecine coûtait environ 200 dollars par année, somme qui représentait, en un temps où les bourses d'études étaient rares, voire inexistantes, de gros sacrifices pour les familles à revenu moyen qui faisaient éduquer un de leurs enfants. On est parfois tenté de dénigrer l'Église et le pouvoir qu'elle exerçait durant ces années-là. Il n'en reste pas moins que beaucoup d'étudiants, surtout dans le domaine des activités libérales — notaires, avocats, médecins —, doivent leur éducation collégiale à des curés, à des frères ou à des institutions religieuses qui ont su reconnaître leurs talents et les ont aidés financièrement. L'une des intentions premières était évidement d'en faire des séminaristes et des membres de l'Église. Cependant, lorsque ce n'était pas le désir des élèves, ils ont souvent eu l'ouverture d'esprit et la générosité de leur permettre de continuer et d'aller jusqu'au bout, comme cela est arrivé à plusieurs de mes collègues étudiants.

Il n'y avait pas d'installations sportives comme il en existe maintenant. Une équipe de hockey représentait l'université de temps à autre, mais en général, on ne mettait pas beaucoup d'accent sur le sport. En fait d'installations sportives, les infrastructures se limitaient à la rue et à la ruelle qui se trouvaient derrière l'université et, en fait de sport, à ce que les étudiants appelaient alors des parades. Un événement, une quelconque raison de protester et de manifester suffisaient à les déclencher. Quelques carreaux brisés, la police arrivait à cheval pour disperser les étudiants... et le sport commençait ! Les étudiants chantaient des chansons pour provoquer les policiers, comme celle-ci, qui est restée célèbre :

Si la police, bou-boume bou-boume,
Fait son faraud, bou-boume bou-boume,
On va y enlever son zuméro,
Bou-boume bou-boume.

Ce n'était cependant pas des manifestations violentes, bien au contraire. Certains s'amusaient à jeter du poivre sous la queue des chevaux, à lancer des œufs ou des tomates, des petites choses comme ça, sans plus. D'autres attrapaient peut-être un coup de bâton ici et là, prenaient quelques bleus, mais je n'ai jamais assisté à de gros affrontements, à des batailles rangées ou à des scènes violentes. C'était, en somme, des escapades de jeunes qui avaient besoin de se défouler.

La guerre qui sévissait en Europe nous donnait souvent prétextes à parader. Comme la plupart des Canadiens français, la majorité des étudiants s'opposaient à ce que le Canada s'engage dans les guerres européennes et, plus encore, à la conscription qui semblait imminente. Beaucoup avaient en mémoire la guerre des Boers et celle de 14-18 dans laquelle ils avaient été enrôlés de force pour défendre l'Empire britannique. La conscription de 1917, que le gouvernement conservateur avait fait voter en reniant ses engagements anticonscriptionnistes, avait laissé un souvenir particulièrement amer, peu favorable à l'Empire britannique, ainsi qu'une grande méfiance à l'égard des conservateurs qui n'ont jamais réussi à reconquérir l'électorat québécois par la suite.

Comme en 1914, les politiciens canadiens de 1939 avaient juré de ne jamais en venir à la conscription obligatoire. Le premier ministre Mackenzie King s'était déclaré contre à maintes reprises et il avait assuré ses électeurs que la contribution du Canada à la guerre se limiterait à envoyer du matériel et des volontaires en Europe, mais qu'aucun Canadien ne serait forcé d'aller se battre contre son gré. L'effort de guerre, cependant, augmentait et le gouvernement britannique pour qui le Canada restait une colonie — un dominion depuis 1935 — accroissait ses pressions diplomatiques et entraînait peu à peu le gouvernement canadien vers l'engagement. Le Canada était pour l'Angleterre, semble-t-il, une zone de repli stratégique et une terre d'asile pour le gouvernement britannique advenant l'hypothèse où l'Angleterre aurait été envahie par les Allemands. C'est du moins ce que Churchill aurait envisagé à un certain moment.

Dans la pratique, l'effort de guerre constituait pour les étudiants une veillée d'entraînement militaire que nous faisions chaque semaine dans une espèce de caserne sur la rue Sherbrooke, qui a été démolie depuis.

J'étais alors très engagé dans *Le Quartier latin*, journal des étudiants de l'Université de Montréal, où j'ai été deux ans rédacteur ordinaire avant d'y devenir rédacteur en chef en 1941-1942, pendant mon année d'internat. C'était un journal vivant, très dynamique, entièrement fait par les étudiants, souvent cité par les autres journaux et, surtout, très dévoué aux intérêts des Canadiens français. Il avait pour devise une maxime qu'on pouvait lire sur la première page de chaque numéro et dont j'ai fait ensuite ma propre devise : « **Bien faire et laisser braire** ». Cette devise m'a accompagné toute ma vie et m'a guidé pendant ma carrière de la même façon que les maximes de Théodore Roosevelt sur le grand mur du hall d'entrée du Musée d'histoire naturelle de New York.

J'y ai écrit différentes choses. De temps à autre, j'adoptais des noms de plume, le plus souvent rattaché à ma famille, Girouard ou Labarre, pour faire impunément des imitations des *Caractères* de La Bruyère aux dépens de mes camarades de classe. Je m'amusais ensuite à observer la réaction de mes amis, dont quelques-uns parfois se reconnaissaient sans savoir de qui venait la description un peu caricaturale que j'avais fait d'eux. J'étais d'autres fois plus sérieux. J'ai ainsi écrit à plusieurs reprises pour insister sur l'importance de quelques-uns des éléments fondamentaux de la discipline scientifique, comme de ne rien accepter qui ne soit appuyé par des preuves ou, encore, sur la nécessité de remplacer les arguments dogmatiques ou d'autorité par un questionnement rationnel sur le pourquoi des choses. Cela est à la base de l'expérimentation et de tout progrès en science. Et tout cela annonçait sans doute, sans que je le sache, l'orientation future de ma carrière vers la recherche.

C'est toutefois pour défendre les intérêts des Canadiens français que j'ai le plus souvent écrit dans *Le Quartier latin*. Je n'étais d'ailleurs pas le seul : les années de guerre ont été pour les jeunes une période hautement nationaliste. Aux menaces de guerre et de conscription qui avivaient déjà le sentiment de solidarité nationale s'ajoutait tout le mouvement généré par le chanoine Lionel Groulx et *L'Action nationale*, lesquels exerçaient une influence considérable sur la jeunesse canadienne-française. Comme beaucoup de jeunes de ma génération, j'étais très inspiré par les idées de Groulx et par sa volonté de développer chez les Canadiens français un véritable sentiment de fierté. C'était bien avant que je ne devienne son médecin et un de ses confidents, mais j'étais déjà dans son giron et je le voyais souvent.

J'ai connu Groulx à l'époque où les étudiants des universités et des collèges couraient ses conférences et celles d'Henri Bourassa. J'étais alors très soucieux de la préparation intellectuelle des jeunes générations, sujet sur lequel je revenais régulièrement dans mes articles du *Quartier latin*. J'avais organisé dans cet esprit ce que j'avais alors appelé des « Journées de directives nationales ». C'est lors d'une de ces réunions, où il s'était rendu à mon invitation, que j'ai eu la chance de mieux le connaître.

Ce type de rencontre était courant à l'époque. On y invitait les leaders du temps pour permettre aux jeunes de les rencontrer, d'échanger avec eux, de les questionner, de leur faire part de leurs inquiétudes quant à l'avenir tout en profitant de l'enseignement, de l'expérience, des lectures ou du point de vue de personnes plus âgées et plus expérimentées. Le but était de fournir aux étudiants des balises afin de les aider à s'orienter, particulièrement sur le plan national. D'autres réunions semblables ont eu lieu avec des personnalités comme André Laurendeau, Maxime Raymond, Georges Pelletier.

La rencontre avec Groulx a duré tout un dimanche et a attiré 125 étudiants venus l'entendre d'aussi loin que Québec et Ottawa. Il a prononcé, ce jour-là, trois conférences suivies de longues périodes de discussions, non pas de dix ou quinze minutes comme il arrivait souvent, mais de trois quarts d'heure à une heure chacune. La journée a été un succès tel que Groulx en a reparlé dans ses mémoires et l'a décrite comme ayant été « l'un des plus fiers témoignages qu'il me soit apparu dans ma vie[1] ». Je crois qu'il a réellement eu l'impression de pouvoir répondre directement aux préoccupations des jeunes. Cette journée a d'ailleurs donné lieu à une publication intitulée *Parole à des étudiants*.

Rétrospectivement, il est facile de juger de la guerre et de l'ampleur du phénomène hitlérien. Mais sur le moment, les gens n'avaient pas le recul que nous avons aujourd'hui et ne voyaient pas clairement les horreurs qui se préparaient. La majorité des gens ne saisissaient pas l'importance de ce qui se tramait, de sorte que le nazisme naissant des années 1928 à 1933 était pour plusieurs, y compris pour certains Juifs, un phénomène passager et marginal. Beaucoup, surtout en Angleterre, étaient même favorables à Hitler et voyaient en lui non pas une menace, mais, au contraire, celui qui éloignerait le communisme de nos côtes. Il y avait là-bas une certaine proportion de gens influents, dont certains ici s'inspiraient et qui parce qu'ils redoutaient moins le nazisme que le communisme — parce qu'ils croyaient en Hitler et au mur que celui-ci prétendait opposer à la Russie soviétique — militaient en faveur de l'Allemagne et contre la guerre.

L'attitude de la grande majorité des Canadiens français était cependant assez semblable à celle des Américains, c'est-à-dire plutôt isolationniste. Certains étaient prêts à fournir une aide matérielle à l'Angleterre ou à la France, mais la plupart considéraient que nous n'avions aucunement à nous mêler aux vieilles chicanes d'hégémonies européennes et encore moins à se faire tuer dans un conflit dont les pays d'Europe étaient seuls responsables. L'existence de l'holocauste, il faut dire, était encore ignorée à ce moment-là et n'allait atteindre l'Amérique qu'un peu plus tard, vers 1943, alors qu'on commencera à lever le voile sur les atrocités allemandes. Jusqu'à ce que celles-ci soient révélées au grand jour, les enjeux de la guerre et de la victoire sont restés éclipsés dans la conscience des Canadiens français par les questions, pour nous primordiales, de la conscription et de notre participation aux guerres anglaises.

Il régnait d'ailleurs au Québec une grande effervescence anticonscriptionniste. Parmi les étudiants, beaucoup militaient afin d'empêcher que les événements de 1914 ne se répètent. Pierre-Elliott Trudeau, qui était à l'université presque en même temps que moi, s'était ainsi présenté aux élections dans Outremont cette année-là et avait fait campagne contre le général Laflèche, lequel, évidemment, était en faveur de l'effort de guerre et de la conscription. Je militais moi aussi activement pour la cause, par le truchement du *Quartier latin*.

---

1.   Tome IV, p. 29.

Comme j'ai toujours été un homme à garder les pieds sur terre (« Feet on the ground », comme dans la maxime de Roosevelt), un homme d'action beaucoup plus qu'un idéologue, ma principale contribution journalistique à la cause anticonscriptionniste a été simple et concrète. J'ai pris le journal parlementaire du gouvernement canadien, le *Hansard*, et je me suis astreint à en éplucher page après page tous les numéros publiés entre 1939 et 1941 afin d'y relever toutes les déclarations anticonscriptionnistes des ministres de Mackenzie King de même que toutes celles des membres importants de l'opposition. J'ai ensuite publié un numéro du *Quartier latin* entièrement composé des citations de tous ces politiciens qui avaient retourné leur veste et qui réclamaient désormais avec ferveur cette conscription contre laquelle ils s'étaient si fortement opposés quelques années plus tôt. Je donnais la date et la page du *Hansard* d'où provenait la citation. Ils ne pouvaient pas se récuser. Ils se voyaient pris au piège de la contradiction, si fréquente chez les politiciens. Même le censeur ne pouvait s'y objecter : la source était le journal officiel du parlement ! C'était peut-être la première fois qu'un « journaliste » se donnait la peine de prendre les politiciens au mot de cette manière.

Ce numéro du *Quartier latin* a provoqué des vagues jusqu'à Ottawa et fait couler beaucoup d'encre, sans évidemment changer grand-chose au cours des événements. La machine de guerre était déjà en marche, une énorme machine aux rouages internationaux, et sur laquelle les jeunes étudiants que nous étions avaient très peu d'emprise. Le gouvernement de Mackenzie King avait à choisir entre rester fidèle à sa parole ou céder aux pressions de l'Angleterre. J'ignore s'il a eu le choix et quelle était sa marge de manœuvre, mais le fait est que les Canadiens français, eux, n'ont pas eu d'autre chose que la conscription.

Groulx, que j'ai bien connu et dont j'ai été le médecin depuis ma collation des grades jusqu'à sa mort en 1967, m'a beaucoup influencé. C'était un homme très ouvert, à tout et à tous, et c'est certainement ce qui m'a le plus marqué chez lui. Il ne pouvait cependant tolérer les nombreuses humiliations dont le peuple canadien-français était l'objet et il voulait lui redonner sa fierté.

Si on veut comprendre son œuvre, il faut se placer dans l'optique du moment. Nous étions un peuple pauvre, économiquement et culturellement faible, cantonné souvent dans le rôle de porteurs d'eau et de scieurs de bois. Nous manquions de tout, d'argent, d'instruction et, surtout, d'une élite éclairée. Groulx voyait à quel point nous étions en retard dans beaucoup de domaines, il le déplorait, et il a travaillé toute sa vie à nous encourager, à nous rappeler à quel point nous étions partis de peu, à nous montrer la bravoure de nos ancêtres et à nous rendre fiers de ce les Canadiens français avaient accompli. Il regardait vers l'avenir et désirait nous donner envie de continuer. Tout ce que nous avons réalisé de beau et de grand, que ce soit Dollard des Ormeaux, Lafontaine, Bourassa, Lavergne, les missionnaires, il l'a repris et mis en valeur dans son œuvre — une œuvre magistrale — afin que nous puissions être fiers de nos ancêtres et de nos traditions.

L'Église canadienne était pour Groulx une source de fierté. La société québécoise a beaucoup changé et encore faut-il situer Groulx dans son époque. Il faut aussi reconnaître que c'est, en effet, en grande partie grâce au clergé si les Canadiens français ont survécu et que si l'Église n'avait pas été présente au moment de la conquête de la Nouvelle-France par les Anglais, nous n'existerions plus. En 1760, une grande partie de la Nouvelle-France avait été détruite par l'armée anglaise et environ dix mille familles s'étaient vues abandonnées par la France. Une bonne partie de l'élite et de la population administrative, répondant à l'offre de l'Angleterre, était retournée en Europe en 1760. Quelques-uns seulement avaient décliné, dont des membres du clergé restés ici pour prendre soin de leurs ouailles. Le plus souvent, ils étaient les seuls à savoir lire et écrire et ils sont devenus par la force des choses des notables, médecins, notaires... Ils ont créé nos écoles, nos collèges, nos universités, nos hôpitaux, tout cela à partir de rien, sans aide de quiconque.

Malheureusement, tout en préservant le peuple canadien-français de l'assimilation, le clergé a fermé les fenêtres et nous a maintenus en vase clos, dans un univers replié sur lui-même. Nos maîtres et nos professeurs observaient la ligne catholique, ne recommandaient que les livres qui avaient la faveur du clergé, nous coupaient du monde. C'était étouffant, à l'image de l'axiome alors célèbre qui affirmait que « la langue est la gardienne de la foi et la foi la gardienne de la langue ». Le clergé associait les deux, l'une répondant de l'autre : si nous perdons la foi, nous perdrons la langue ; si nous perdons la langue, nous perdrons la foi. C'était le credo du temps, sécurisant, mais aussi très limité.

L'après-guerre et la Révolution tranquille ont profondément transformé le Québec depuis ce temps-là et c'est sans doute la raison pour laquelle il est parfois difficile de comprendre exactement ce qu'était la pensée de Lionel Groulx et le contexte dans lequel il s'est exprimé.

Le nationalisme qu'il prêchait visait surtout à défendre et à promouvoir les intérêts canadiens-français qui étaient constamment rognés par la bureaucratie et les politiciens anglophones d'Ottawa. Il prônait une dignité et une solidarité qui n'étaient rien de plus que ce que les Juifs et les anglophones du Québec faisaient pour eux-mêmes. Il voulait détruire cet esprit de parti que nos adversaires savaient si bien exploiter à leur avantage et qui faisait que les Canadiens français étaient le plus souvent divisé en bleus ou en rouges — conservateurs ou libéraux — avant d'être Canadien français. Toute sa vie, il a combattu pour que leurs intérêts supérieurs passent avant les querelles de partis. Malheureusement, nous n'avions pas cette cohésion qu'avaient les Juifs et les Anglais. Il le déplorait souvent et il répétait que nous devions nous efforcer de les imiter. Bien qu'il n'ait pas eu de formation économique ni beaucoup de contact avec le monde des affaires, Groulx appuyait Édouard Montpetit et encourageait l'entreprise chez les Canadiens français, en citant justement l'exemple des Juifs et des Anglais.

De 1941 à 1945, c'est-à-dire jusqu'à mon départ pour les États-Unis, j'allais le visiter chez lui tous les mercredis, de 19 à 21 h, pour le plaisir de discuter avec lui et de profiter de son savoir et de sa sagesse. Je regrette aujourd'hui de ne pas avoir enregistré nos conversations. Il était ouvert avec moi et il me parlait librement de toutes sortes de choses, des hommes politiques, des évêques... Avoir tout cela sur cassette aujourd'hui serait fabuleux ! Il était loin d'être tendre vis-à-vis de ses compatriotes, dont il désapprouvait certaines attitudes. Il le confirme d'ailleurs dans le dernier chapitre de ses mémoires en parlant des réformateurs du système d'éducation — ces « esprits de deuxième ou de troisième ordre » — ou, encore, de notre « épiscopat muet, plutôt pauvre en grandes personnalités »...

Alors qu'il préparait son testament, en mai 1956, il a eu l'idée de créer une fondation pour continuer son œuvre après sa mort. Il nous a alors réunis, Maxime Raymond, Joseph Blain, Joseph Dionne ainsi que sa nièce et secrétaire, Mme Juliette Lalonde-Rémillard, et moi-même. Il nous a demandé si nous acceptions de créer la corporation et d'en être les premiers membres du conseil d'administration. Il léguait à la fondation ses livres, sa maison, tout son avoir — sauf ses affaires personnelles qu'il donnait à sa nièce. Maxime Raymond a été le premier président. Jos Blain a pris sa succession puis moi-même pendant dix-sept ans.

Le jour de sa mort, c'est sa nièce qui m'a téléphoné. Il devait être 7 ou 8 h et d'après ce qu'elle me décrivait, il semblait être victime d'une thrombose coronarienne massive. Je lui ai dit de faire venir un prêtre et une ambulance et que je l'attendrais à l'hôpital afin de tout préparer pour le recevoir. Elle m'a rappelé quelques minutes plus tard pour m'annoncer qu'il venait de mourir : il avait juste eu le temps de recevoir les sacrements, l'ambulance n'était pas encore arrivée. C'était en 1967, il avait 82 ans.

J'ai changé quelque peu depuis l'époque de l'université et le temps où j'ai connu Groulx. Je suis devenu davantage, selon le mot de Socrate, « un citoyen du monde », mais je suis resté fidèle à mes origines et mon admiration pour Groulx est restée tout aussi grande qu'autrefois. Je ne saurais dire à quel point j'ai été choqué par les critiques injustifiées et grossières dont il a été l'objet ces dernières années. On s'est attaqué à sa réputation, on s'en est servi comme bouc émissaire, à la seule fin de torpiller le courant souverainiste québécois dont on l'accusait d'avoir été l'initiateur. On s'est acharné à le salir de façon abjecte et lâche, on en a fait un raciste et un nazi dans le but calculé d'associer dans l'esprit du public son nationalisme canadien-français bénin aux nationalismes européens, violents et extrémistes. Or, tout cela est entièrement faux. Je sais, pour l'avoir bien connu, que jamais il n'a prêché la violence et que jamais il n'a manifesté aucune espèce de racisme que ce soit à l'égard des Anglais et des Juifs même s'il déplorait certaines de leurs attitudes. Certaines attaques sont allées trop loin et semblent avoir été orchestrées par un petit groupe d'extrémistes fanatiques et intolérants. Ce nationalisme de Groulx a toujours été dénué de toute violence et ne portait que sur la dignité, les valeurs morales et la fierté d'un peuple qui a été si souvent brimé dans ses aspirations, sa culture et sa langue dans le passé. Il était du même genre que celui décrit par Einstein pour les Juifs qui ont participé sous l'impulsion de Herzl à la création d'un foyer national en Palestine, origine du miracle d'Israël cinquante ans après.

Groulx m'aura beaucoup inspiré, notamment sur le plan de la fierté nationale. Son influence, combinée à celle de ma famille et à celle des Jésuites qui m'avaient donné le goût de l'excellence, a joué un grand rôle dans ma formation intellectuelle et a beaucoup contribué à définir l'idéal en trois volets que je me suis donné alors que je faisais ma résidence à l'Hôtel-Dieu et sur lequel j'ai construit ma carrière.

Je me suis donné pour but premier de devenir un grand clinicien et un grand diagnosticien. Je voulais aussi devenir un excellent chercheur et contribuer à l'avancement de la science dans ma spécialité. Enfin, je voulais créer chez les Canadiens français des institutions et un climat favorable à la formation de savants de premier ordre et contribuer ainsi à rattraper notre retard — ou plutôt notre absence — dans le monde de la recherche biomédicale et scientifique. Tout cela était animé par un idéal de service à la société et inspiré par le désir que Groulx m'avait donné de contribuer au progrès de la société candienne-française.

La Faculté de médecine

La Faculté de médecine de l'Université de Montréal était forte en anatomie, en histologie et en anatomie pathologique, toutes des matières descriptives, d'observation et étroitement rattachées à la clinique. Je me rappelle d'ailleurs particulièrement du cours d'anatomie dans lequel nous devions dessiner pendant des heures et des heures tous les os du corps humain, avec tous les détails, les bosses, les fossés, etc. Lorsque je suis allé suivre des cours en anatomie chirurgicale à Harvard l'été suivant et que j'ai montré mes livres de dessin à mes collègues américains, ceux-ci n'en revenaient pas ! Ce qu'on nous avait fait faire était presque l'équivalent d'un cours de spécialiste en chirurgie !

L'enseignement en physiologie et en biochimie était faible. Il y avait ainsi un professeur de physiologie qui avait fait des études à Lyon et qui nous donnait son cours en nous lisant mot à mot, ligne à ligne, page après page, le livre de son ancien patron. Nul besoin d'aller au cours, on n'avait qu'à lire le livre. C'était le cours le plus important et, pourtant, le plus mal enseigné. Quand on pense que la physiologie est une science clé de la médecine ! Je me rappelle, entre autres, des cours de physiologie rénale. Oh là là ! Les modifications de la constante d'Ambart que Van Slyke avait élaborées au cours des années 1910-1930 étaient encore à peu près ignorées par le professeur qui nous enseignait !

C'est seulement plus tard, en poursuivant ma formation médicale aux États-Unis, que j'ai vraiment pu prendre conscience de notre retard scientifique et médical. À l'époque, j'étais un simple étudiant qui ne connaissait pas grand chose. Faute de comparaison, je ne voyais pas la pauvreté de nos ressources ni notre isolement intellectuel. Je ne devinais pas à quel point nos laboratoires universitaires étaient mal équipés, à quel point notre formation était déficiente et combien rares étaient les médecins qui avaient l'esprit scientifique.

Dès la deuxième année, nous commencions à aller dans les hôpitaux pour observer des patients et faire des histoires de cas. Les troisième et quatrième années étaient mixtes, le matin en clinique avec les patients et l'après-midi en cours à l'université. La dernière année était ce qu'on appelait à l'époque l'internat « junior » rotatoire à cause des stages que nous faisions successivement dans les différents hôpitaux universitaires. Venait ensuite l'année d'internat « senior ». Le mot « résident » utilisé aujourd'hui est venu plus tard lorsqu'a été adoptée la dénomination américaine dans laquelle l'étudiant est d'abord « junior resident », puis « assistant resident » et, finalement, « resident » au cours des troisième et quatrième années.

J'ai donc passé un an — mon année d'internat rotatoire — à faire le tour des hôpitaux universitaires de Montréal. L'assignation à un hôpital ou à un autre, à tel ou tel autre service dans un hôpital, était une question de choix et de chance : nous faisions des choix selon nos préférences, mais ensuite, c'est le hasard qui décidait qui aurait la chance d'avoir son premier choix... J'ai ainsi fait des stages à l'Hôpital Saint-Jean-de-Dieu, à l'Hôpital Notre-Dame, à l'Hôpital Sainte-Justine pour après faire ma résidence à l'Hôtel-Dieu où trois de mes tantes — les sœurs de mon père — étaient religieuses.

J'avais choisi, de concert avec mes collègues Jacques Léger et Jacques Éthier, de débuter mon internat à Saint-Jean-de-Dieu qui était, à l'époque, un hôpital psychiatrique de 6 000 lits. J'ai passé là trois mois à faire mes premières armes, notamment sous la supervision du Dr Legrand qui m'a enseigné à faire des ponctions lombaires et sous-occipitales.

Plusieurs salles de l'hôpital étaient alors occupées par des patients qui souffraient de syphilis avancée pour laquelle on n'avait à peu près aucun traitement, la pénicilline n'étant pas encore disponible. Une fois par année, chaque malade devait subir une ponction lombaire dans le but de déceler les progressions de la maladie dans le cerveau. Le nombre de patients étant élevé, l'opération se faisait en série. Les aiguilles étaient préparées à l'avance, un infirmier asseyait le patient sur un tabouret, lui courbait la colonne vertébrale de manière à la distendre le plus possible. Nous devions nous badigeonner le bout de l'index droit avec de l'iode, repérer le bon endroit, prendre une aiguille stérile et piquer dans la colonne pour y prélever le liquide céphalo-rachidien. Le nombre de syphilitiques a fait que nous sommes devenus passablement experts dans cette technique : au lieu de faire un prélèvement par mois ou par deux mois comme dans les autres hôpitaux, nous en faisions peut-être vingt ou trente dans un avant-midi, et cela, au moins deux ou trois fois au cours d'un stage.

Nous faisions aussi à l'occasion — chose qui ne se fait plus maintenant et qui était beaucoup plus risquée — des ponctions sous-occipitales. Celles-ci consistent à insérer une longue aiguille sous le bord occipital de la nuque afin de prélever du liquide céphalo-rachidien qu'il aurait été difficile d'obtenir par voie lombaire. J'en ai fait une douzaine grâce au Dr Legrand.

Dans l'un et l'autre cas, qu'il s'agisse de ponction lombaire ou occipitale, le but était de déterminer le degré d'évolution de la syphilis et d'empêcher qu'elle n'atteigne le stade tertiaire, appelé stade du tabès, de la paralysie générale et de la démence. Le traitement de la syphilis tertiaire, à l'époque, était la malariathérapie. On injectait du sang infecté de malaria à des patients afin de provoquer des accès de fièvre de 40 °C, et même 40,5 °C, qui avaient pour effet de ralentir la progression de la maladie. Ce n'est que plus tard, avec l'arrivée de la pénicilline dans les années 1946-1947, qu'on a commencé à véritablement guérir la syphilis.

Un stage à Saint-Jean-de-Dieu pouvait comporter des anecdotes un peu curieuses, du genre de ce qui est arrivé à une patiente que le Dr Legrand, un de mes collègues, et moi avons vue un bon matin.

La patiente en question souffrait d'un énorme furoncle de 15 cm de diamètre dans le bas du dos, juste au-dessus du pli fessier. Dans un tel cas, la technique à suivre était d'inciser et d'ouvrir largement le furoncle afin de laisser le pus s'écouler. Pour les furoncles particulièrement gros, comme celui de cette dame, nous faisions une anesthésie locale avec du chlorure d'éthyle, un gaz très volatile mais aussi très inflammable, qui venait, à l'époque, en petite bonbonne d'à peu près 15 cm de long et 3 cm de diamètre qui devait être tenue dans la main dont la chaleur suffisait pour provoquer l'évaporation du gaz et augmenter la pression à l'intérieur, de sorte qu'on n'avait qu'à appuyer sur la petite valve située à l'une de ses extrémités pour projeter le chlorure d'éthyle.

Le Dr Legrand, qui nous accordait beaucoup de liberté, avait chargé mon collègue de faire l'opération. Celui-ci se met à la tâche et afin d'anesthésier la patiente le mieux possible, il vide à peu près toute la bonbonne de chlorure d'éthyle sur la surface du furoncle avant d'inciser avec un thermocautère. Or, il se trouve qu'un thermocautère est une sorte de bistouri à pointe incandescente et que le gaz était loin de s'être complètement volatilisé... Arrive ce qu'on devine : le seul fait de mettre la pointe incandescente du thermocautère en contact avec le gaz a provoqué un éclair de flammes, suivi des hurlements de la pauvre patiente.

Je revois encore très bien mon collègue revenir, pris de panique, tout ébranlé. Je n'oublierai jamais l'expression de son visage ! Il m'a dit : « T'as jamais vu une femme avec le feu au c... »

J'ai aussi eu l'occasion de voir à Saint-Jean-de-Dieu le poète Émile Nelligan qui y avait été interné souffrant de schizophrénie. Il était totalement perdu, ne communiquait pas et aucune espèce de contact ne pouvait être établi avec lui.

J'ai également fait un séjour à l'Hôpital Notre-Dame où l'atmosphère était différente, quoique la clinique était à peu près du même calibre que celle de l'Hôtel-Dieu. Il y avait là de très bons médecins, comme le Dr Jules Prévost, qui avait une personnalité extraordinaire, et le Dr Léopold Morrisset, le premier Canadien français à être fellow en médecine aux États-Unis, à la célèbre Clinique Mayo, à Rochester.

J'ai ensuite été à l'Hôtel-Dieu à titre d'interne « senior » en 1942-1943, puis d'interne-chef de 1943 à 1945. Je ne me doutais pas encore à ce moment-là qu'une grande partie de ma carrière allait s'y dérouler.

Avec le Pavillon de Royer qui venait d'y être ajouté, c'était un hôpital d'à peu près 500 à 525 lits, un hôpital réputé, notamment pour son école d'infirmières qui était alors, à mon avis, l'une des meilleures au monde.

Les infirmières y étaient formées de manière spartiate, selon la stricte discipline des religieuses, travaillant dix heures par jour, six jours par semaine. Leurs chambres étaient de petites alcôves avec, en tout et pour tout, un petit lit d'à peine deux pieds de large, une petite commode et une chaise. Elles y recevaient cependant une formation humaine superbe qui faisait d'elles des infirmières recherchées de beaucoup d'hôpitaux américains. Elles ne connaissaient peut-être pas grand-chose sur les électrolytes ou le pH sanguin, mais pour ce qui est des soins aux malades, elles étaient extraordinaires ! Elles savaient comment rendre le malade confortable, changer son lit et le réconforter. Elles avaient ce doigté que les sœurs leur enseignaient, de la motivation et beaucoup de dévouement. Plusieurs d'entre elles sont d'ailleurs allées pratiquer aux États-Unis où les salaires étaient plus élevés. C'est ce qu'ont fait deux des nièces du chanoine Groulx, deux demoiselles fort jolies qui avait été formées à l'HDM et qui sont parties travailler à Modesto, en Californie, où elles se sont mariées, l'une à un chirurgien, l'autre à un médecin local.

La réputation internationale de l'école était due en grande partie à l'œuvre de sa directrice, mère Allard, une femme de vision et d'envergure dont j'aurai largement l'occasion de parler plus loin.

Les internes travaillaient sans salaire, dix à douze heures par jour, parfois de garde deux jours de suite, jusqu'à ce qu'ils aient atteint le grade de « senior » de deuxième année. Nous avions ensuite droit à un salaire de quinze dollars par mois. Mon plus gros salaire aura été de vingt-cinq dollars à partir du moment où je suis devenu interne-chef en troisième année — titre qui signifiait qu'en plus de mon travail, j'assumais certaines responsabilités officielles comme celles de faire les listes de gardes de tous les internes ou de compléter les certificats médicaux et les certificats de décès.

L'hôpital fournissait en contrepartie chambre et pension, du moins pour ceux qui n'étaient pas mariés. Mais la pension, il faut le dire, était pour le moins frugale. Nous avions de la difficulté à avoir des œufs pour déjeuner le matin et autre chose que des rôties, du café et du « baloney ». Heureusement, la bonne mère Reid, qui avait soin des internes et qui nous aimait bien, réussissait parfois à varier notre ordinaire. « Ils ne peuvent pas me refuser du lait pour mes petits garçons », disait-elle, et elle descendait à la cuisine avec son aide et une cruche à lait. Tandis que son aide allait soi-disant chercher du lait, elle tenait occupée la religieuse en charge des cuisines en lui faisant la conversation. Pendant ce temps, l'aide cachait des œufs dans la cruche et les recouvrait de lait pour les sortir en douce ; la bonne sœur de la cuisine n'y voyait que du feu. Mère Reid revenait, transvasait le lait et récupérait les œufs. Grâce à elle — grâce à celle qu'on appelait la bonne mère Reid et qui nous appelait ses petits enfants, ses petits garçons —, nous avions des œufs pour déjeuner.

L'enseignement clinique dans les hôpitaux, tout comme celui qui était prodigué à l'université, était assez faible. Le nombre d'étudiants par professeur était trop élevé, il fallait toujours se battre pour être auprès du malade et pouvoir l'examiner. Ceux qui n'arrivaient pas à se faufiler jusqu'au premier rang n'avaient guère la chance d'apprendre. Les présences n'étaient d'ailleurs pas prises, comme si le fait de venir ou non n'avait en définitive pas beaucoup d'importance ; c'était malheureusement souvent le cas.

Presque tous les cliniciens qui nous enseignaient avaient été formés à Paris où ils avaient reçu un enseignement plus ou moins semblable, isolés parmi vingt ou trente étudiants étrangers. En règle générale, il n'y avait aucun poste de responsabilité de réservé pour les jeunes médecins canadiens-français qui n'avaient pas de contact avec les chercheurs scientifiques ou les laboratoires. Ils apprenaient la théorie, écoutaient et regardaient faire !

Il y avait cependant parmi eux quelques cliniciens de grande envergure, à qui nous devons beaucoup et de qui j'ai beaucoup appris. Le Dr Armand Paré, qui était chirurgien à l'Hôtel-Dieu, est un de ceux-là, un homme brillant qui avait étudié en France et qui était un as dans le diagnostic des abdomens aigus. Je me rappelle encore vivement du fameux livre d'Henri Mondor sur les diagnostics urgents de l'abdomen qu'il citait toujours et qu'il nous recommandait un livre de mille pages que j'avais acheté et lu de la première à la dernière.

J'ai d'ailleurs pu apprécier l'enseignement qu'il nous a donné à sa pleine valeur quelques années plus tard, aux États-Unis, alors que j'étudiais à l'Hôpital Johns Hopkins en compagnie de fellows et de résidents américains qui avaient reçu une formation autrement solide et scientifique que la mienne. Un patient y était arrivé un jour hurlant avec des douleurs aiguës à l'abdomen. Je n'avais pas pu le voir au moment de son admission parce qu'il était toujours accaparé par les autres internes et j'ai dû attendre au soir pour l'examiner plus à l'aise. J'en suis venu au diagnostic d'ulcère perforé et d'air dans l'abdomen. Ma conclusion, fondée uniquement sur cet examen clinique, a vite été confirmée par le résident-chef en chirurgie et par le radiologiste, de sorte que le patient a été opéré sur-le-champ, pendant la nuit.

Beaucoup avaient été étonnés que j'aie pu établir ce diagnostic clinique. De ce point de vue, j'avais une formation supérieure à celle des étudiants de Johns Hopkins et je la dois au Dr Armand Paré.

Le Dr Roland Dussault a été un autre de mes bons professeurs et un des grands médecins canadiens-français que j'ai connus. C'était un interniste spécialisé en hématologie, un médecin sérieux, d'une rare intelligence. Il a été le premier, du moins dans les hôpitaux de Montréal, à étudier les frottis sanguins pour faire le diagnostic des leucémies et des désordres hématologiques. C'était un homme à l'esprit raffiné, très cultivé et modeste, consulté par tous ses confrères et par les infirmières. Il exerçait une belle médecine, une médecine globale, et de lui, nous avons appris à faire un examen complet du patient, tant sur les plans psychologique et émotionnel que physique. Il pouvait passer une heure et demie à deux heures à questionner un malade, à l'examiner à fond, de la tête aux pieds, à l'interroger sur son état psychologique, émotionnel et social.

Le questionnaire systématique et détaillé du malade est une chose que les jeunes doivent apprendre dès le début. On doit toujours procéder de la tête aux pieds, de la même façon, de sorte que le questionnaire puisse devenir automatique, comme une série de réflexes conditionnés. Il faut acquérir cette discipline dès notre internat. C'est essentiel : si on escamote les choses, on sera un clinicien aux trois quarts, à moitié et on oubliera de nombreux points essentiels au diagnostic. Il ne faut pas se contenter de poser quelques questions et de faire faire des tests, des bilans hépatiques, des bilans sanguins, des bilans de ci, des bilans de ça ou, encore, de demander en série des examens radiologiques de l'estomac, du côlon, de la vésicule biliaire ou autre sitôt qu'il y a des troubles digestifs... C'est le laboratoire qui se trouve alors à faire le diagnostic et non le médecin. C'est facile, rapide, mais ce n'est sûrement pas une bonne médecine. Cette substitution au jugement et à la réflexion clinique est mauvaise et condamnable. On ne doit pas se servir du laboratoire comme l'élément premier du diagnostic, mais plutôt pour le vérifier. Un jour, on aura peut-être à voir des malades sans soutien technologique ; mais on aura perdu la compétence clinique.

J'ai de plus bien connu le Dr Antonio Barbeau qui était chef du service de neurologie à l'Hôtel-Dieu et un expert réputé dans son domaine. C'était un homme d'un grand raffinement intellectuel et d'une vaste culture. Il a contribué, à l'instigation du Dr Wilder Penfield, au rapprochement et aux échanges entre les neurologues francophones et anglophones à Montréal. Son fils, André, s'est joint plus tard à l'Institut de recherches cliniques en tant que directeur de laboratoire et a fait école surtout dans le domaine du traitement de la maladie de Parkinson et de la maladie de Friedriech.

J'ai également gardé un excellent souvenir du Dr Donald Hingston, un chirurgien irlandais dont le père, Sir Donald Hingston, avait été maire de Montréal et président de la Banque d'épargne, devenue plus tard la Banque Laurentienne. On doit à Sir Hingston, qui était lui aussi chirurgien, d'avoir introduit toute la question de l'hygiène publique à Montréal et d'avoir institué plusieurs mesures de prévention des épidémies.

Donald Hingston fils était chef de la chirurgie à l'Hôtel-Dieu et à l'Hôpital St. Mary. Il était consulté pour les cas difficiles à l'Hôtel-Dieu. C'était un homme d'une belle culture et un des seuls à l'Hôtel-Dieu à avoir des contacts avec la médecine canadienne-anglaise — l'anglais était sa langue maternelle. Il était plus Irlandais que Canadien français, mais il était un des rares à faire le pont entre les deux solitudes médicales.

C'était un homme que j'aimais beaucoup, un chirurgien de grande classe auprès de qui j'ai été résident pendant plusieurs mois. Nous aimions travailler avec lui parce qu'il nous donnait l'occasion d'apprendre en nous confiant de petites responsabilités même si nous n'avions pas une grande expérience. Ce n'était parfois que des points de suture, des petites choses de ce genre, mais qui nous donnaient la chance de participer directement aux opérations.

Je me rappelle que dans ses dernières années, il se fatiguait un peu plus vite. Lorsqu'il faisait des opérations plus longues ou plus difficiles, par exemple une réduction de gros seins ou d'abdomen qui pendait à mi-cuisses, il faisait les incisions principales, taillait le gras et une fois ce travail accompli, il confiait le reste de l'opération à ses résidents. Il nous disait alors avec son accent irlandais : « Docteuwr, vous fewrmwrez ! » Et nous nous retrouvions, les jeunes résidents, avec quelquefois une plaie de 50 à 60 cm de long qu'il fallait recoudre, systématiquement, avec précision, point par point...

De tous mes patrons, mis à part les Drs Dussault, Hingston et Paré, celui qui m'a le plus influencé est sans contredit le professeur Pierre Masson. C'était un Français pure laine, natif de la Côte d'Or. Il m'avait fallu un certain temps avant de savoir que la Côte d'Or n'était pas près de Nice sur la Côte d'Azur ou sur les bords de l'Atlantique, mais que c'était une région vinicole réputée de la Bourgogne. Il connaissait d'ailleurs très bien les vins de son coin de pays, sa fameuse Côte d'Or, où il rêvait de retourner chaque fois qu'approchaient les vacances.

Il avait été, avant de venir à Montréal, professeur et chef du Département d'anatomo-pathologie à l'Université de Strasbourg. Ses observations originales sur les jonctions nerveuses et sur certains cancers et ses techniques de coloration des tissus au trichrome lui avaient valu le respect de ses collègues pathologistes du monde entier et une réputation internationale de premier ordre. Il est arrivé à Montréal autour de 1927 à la suggestion de la Fondation Rockefeller, à un moment où l'université éprouvait des difficultés financières considérables. La Fondation Rockefeller avait déjà à ce moment-là aidé plusieurs laboratoires dans divers pays d'Europe et contribué à mettre sur pied le Conseil des recherches médicales en Angleterre. Voyant les difficultés qu'éprouvait la Faculté de médecine de l'Université de Montréal, elle a fait ce qu'elle avait fait en France, en Allemagne, au Danemark et ailleurs et elle a suggéré l'embauche du professeur Masson en accordant une subvention à la faculté. C'est ainsi que Pierre Masson s'était vu confié la direction du laboratoire d'anatomo-pathologie de l'Université de Montréal.

Au temps de sa venue ici, au début des années 1930, le diagnostic clinique primait encore totalement sur les résultats de laboratoire : le clinicien était roi et maître de la scène médicale et son diagnostic ne pouvait être mis en question par quiconque. Lorsque la pathologie s'est immiscée dans la clinique, particulièrement par le biais des autopsies et des biopsies opératoires, les choses ont commencé à changer, mais difficilement, très lentement, et en rencontrant beaucoup de résistance de la part des cliniciens. M. Masson me racontait souvent les difficultés auxquelles il avait dû faire face avec les cliniciens au cours de cette période de transition. Il arrivait souvent qu'un clinicien conclut à un diagnostic différent de celui donné par le laboratoire de pathologie, attribuant, par exemple, le décès d'un patient à un diabète alors que, de son côté, M. Masson avait démontré à l'autopsie que la mort avait été causée par une gangrène pulmonaire. On donnait cependant toujours raison au clinicien et M. Masson se faisait reprendre vertement dans les réunions du service de médecine chaque fois qu'il présentait des résultats qui contredisaient le diagnostic clinique. On lui disait qu'il ne connaissait rien, qu'il avait tort, etc. Même si, pathologiquement, on pouvait démontrer que des lésions de gangrène avaient entraîné la mort, la clinique avait raison : le patient était mort de diabète, Masson était dans l'erreur !

M. Masson est cependant parvenu à se gagner le respect de la plupart de ses collègues cliniciens et à la fin de la guerre, lorsque j'ai commencé à travailler avec lui, la situation de la pathologie était plus établie. Elle restait par ailleurs encore quelque chose de nouveau et il n'y avait ici, en général, que peu d'intérêt de la part des cliniciens pour le travail de laboratoire. Aux États-Unis, par contre, ainsi que j'ai pu constater moi-même quelques années plus tard lorsque je suis allé y poursuivre ma formation, on lui accordait déjà depuis longtemps un rôle de premier plan dans la formation des futurs médecins. Les cas le moindrement inusités y étaient toujours présentés à tous les résidents en pathologie et en médecine afin d'établir la corrélation clinicopathologique, ce qui est extrêmement formateur, car la pathologie nous permet de voir par nous-mêmes nos erreurs et de ne pas les répéter. Contrairement à ce qui se passait ici, elle avait là-bas le dernier mot sur la clinique.

J'ai eu la chance de reconnaître assez tôt l'importance du lien qui doit être fait entre l'examen clinique du malade et la pathologie — ce qu'on appelle la corrélation clinicopathologique — et qui nous permet de voir si des erreurs sont survenues lors de l'examen et du diagnostic cliniques et de confirmer scientifiquement les lésions responsables de la maladie du patient. La pathologie était cependant, à l'époque, une discipline encore en voie de reconnaissance pour laquelle il n'y avait toujours pas de certificat. Cela ne m'a pas empêché de demander à M. Masson s'il m'accepterait pour un an dans son laboratoire. Il n'y avait pour cela encore aucun titre officiel accordé pour un tel stage, mais les diplômes étaient très secondaires à mes yeux et je songeais surtout à ma formation. De même, l'idée de faire de la recherche commençait à germer en moi. C'était cependant, d'abord et avant tout, une formation générale que je cherchais à acquérir : je voulais, avant, devenir un grand diagnosticien et un interniste compétent. M. Masson a accepté, faisant de moi le tout premier résident en pathologie au Québec.

J'ai donc passé une année complète dans son service à l'Hôtel-Dieu où j'ai fait moi-même près de 100 autopsies — tantôt seul, tantôt sous la supervision de M. Masson ou de son collaborateur, le Dr Louis-Joseph Riopelle. Ce dernier était un élève de M. Masson et un pathologiste de grande classe devenu plus tard professeur titulaire à la Faculté de médecine. Il possédait un sens du diagnostic hors du commun et un coup d'œil extraordinaire qui faisait que beaucoup d'autres pathologistes venaient le consulter pour préciser leurs diagnostics. C'était d'ailleurs un homme d'une gentillesse extrême, que je n'ai jamais entendu dire de mal de qui que ce soit, toujours serein et doux, bon sur toute la ligne : un vrai gentilhomme !

J'ai reçu cette année-là un enseignement formidable qui m'a été utile toute ma vie, particulièrement lorsque j'ai quitté Montréal pour les États-Unis. J'avais une piètre formation en biochimie et en physiologie, mais j'avais pour y pallier une solide compétence en pathologie. Je la dois au Dr Riopelle et surtout au professeur Masson, tout comme je dois à ce dernier de m'avoir ouvert les portes de plusieurs grands centres universitaires américains.

Le chemin des États-Unis

Dès l'été 1938, sitôt achevée ma première année à la Faculté de médecine, je suis parti suivre un cours d'anatomie chirurgicale à l'Université Harvard. Je voulais y perfectionner mon anglais médical et me familiariser avec la médecine américaine. J'avais choisi Harvard parce que Boston n'était pas loin de Montréal et que je connaissais bien la Nouvelle-Angleterre pour y avoir passé toutes mes vacances d'été en famille. Il y avait aussi le prestige de Harvard dont les cours d'été avaient une très bonne réputation et étaient très bien organisés. La Faculté de médecine y était d'ailleurs magnifique, avec ses bâtiments des années 1920, tous en marbre, et son musée de médecine qui possédait l'une des plus grandes collections d'organes anormaux aux États-Unis.

J'ai donc suivi cet été-là un cours d'anatomie chirurgicale en compagnie d'une douzaine de jeunes chirurgiens, tous des Américains. La méthode d'enseignement y était entièrement différente de celle de l'Université de Montréal. Le mot d'ordre était « learn by doing » : apprenez en le faisant. Il n'y avait pas de cours théoriques ni de dissection proprement dite. Les cadavres étaient sectionnés par tranches de 2,5 cm que nous disposions au fur et à mesure sur la table de dissection afin d'étudier la relation des organes les uns avec les autres, la position des nerfs, des vaisseaux, des artères, etc. C'est la méthode qui est encore utilisée de nos jours, mais de plus en plus souvent sans cadavres, avec des ordinateurs qui nous donnent tous les plans et toutes les coupes imaginables. Nous avions nos livres pour nous aider et s'ils ne suffisaient pas, il y avait toujours un instructeur pour répondre à nos questions. Et on se débrouillait. Le principe était : « learn by doing ».

L'été suivant, je suis retourné suivre le même genre de cours, cette fois en physiologie dans le département du Dr Walter B. Cannon qui était, à l'époque, un des plus grands physiologistes au monde et précurseur de Hans Selye dans les recherches sur le stress. J'y ai refait en deux mois et demi l'équivalent du cours de physiologie qui se faisait en deux ans à l'Université de Montréal.

La méthode y était la même qu'en anatomie chirurgicale : beaucoup d'expérimentation et très peu de cours théoriques. Je passais toutes mes journées à étudier le fonctionnement et le rôle des organes dans l'organisme. Nous faisions des expériences sur des souris, des grenouilles, des chats... Le professeur nous donnait ses instructions quinze à vingt minutes avant l'expérience, nous disait où couper, où trancher, quoi observer. Il n'y avait ensuite qu'à anesthésier l'animal. Nous apprenions en le faisant, comme le voulait la formule. Nous faisions des bêtises à l'occasion, bien sûr, mais souvent, on apprend plus de ses propres bêtises qu'autrement.

Ces deux étés-là, mon principal divertissement a été la musique de l'orchestre des Boston Pops et de son chef légendaire, Arthur Fiedler, qui donnait un soir par semaine un concert sur les bords de la rivière Charles. C'était pour moi une détente et un grand plaisir que de passer quelques heures là. C'était au grand air, on pouvait acheter une bière ou une boisson gazeuse, s'asseoir sur le gazon et écouter la musique.

La guerre en Europe et l'occupation de la France par l'Allemagne à partir de l'automne 1939 avaient considérablement réduit l'arrivée des revues médicales et scientifiques françaises au Canada. Parce qu'il était difficile d'y avoir accès ou que leur publication avait été interrompue, un certain nombre de médecins canadiens-français, ceux qui pouvaient lire l'anglais, ont alors commencé à se tourner vers les revues médicales américaines et à s'y intéresser. J'avais appris l'anglais grâce à ma mère qui le parlait couramment et mes deux étés de formation à Harvard m'avaient initié au vocabulaire médical anglophone. J'ai donc eu la chance de pouvoir me familiariser assez tôt avec les publications médicales américaines et les comparer avec les revues françaises du temps. J'ai pu y apprécier l'attention qu'on accordait à la rigueur du questionnement médical, au pourquoi et au comment des phénomènes, de même que les explications physiopathologiques qui sont si importantes à la compréhension de la maladie, mais qui ont souvent fait défaut à l'enseignement médical que j'avais reçu.

Par Pierre Masson, j'avais aussi un bon accès à la médecine française, qu'il connaissait évidemment très bien. Il n'y avait aucun doute que la médecine américaine avait pris une avance formidable, non seulement sur la médecine française, mais aussi sur l'anglaise, l'allemande, la suédoise... Il y avait une différence de qualité très évidente qui m'a fait choisir, sans aucune hésitation, d'aller aux États-Unis plutôt qu'en France pour y poursuivre mes études postuniversitaires.

L'idée de faire une carrière internationale dans la recherche ne m'avait pas effleuré l'esprit. Je voyais encore ma carrière sur un plan plutôt restreint, limité au Québec. J'avais cependant commencé à m'intéresser à l'hypertension et à la néphrologie pendant ma dernière année de résidence en constatant l'absence de médecins spécialisés dans le domaine rénal et des électrolytes. On connaissait très peu de choses sur l'hypertension. On n'ignorait pas l'existence du lien avec les maladies rénales, mais la médecine n'avait à peu près aucun traitement à offrir aux hypertendus, sauf une diète pauvre en sel. Ce champ m'intéressait d'autant plus qu'il y avait beaucoup à faire.

Après ma résidence à l'Hôtel-Dieu, j'ai donc voulu aller aux États-Unis voir s'il serait possible d'obtenir un poste en recherche afin d'y parfaire ma formation comme clinicien et chercheur dans le domaine de l'hypertension et des maladies rénales. Je n'étais pas le seul à me rendre compte que les États-Unis étaient le meilleur endroit où aller et à vouloir y chercher une formation avancée : d'autres médecins canadiens-français étaient aussi candidats pour l'obtention de postes dans les hôpitaux universitaires. Malheureusement, la majorité d'entre eux se voyaient refusés parce que les stages dans les hôpitaux québécois n'étaient pas reconnus aux États-Unis.

J'avais demandé à plusieurs de mes patrons des lettres de recommandations. Hormis M. Masson, personne n'avait de contact aux États-Unis et je n'ai pu obtenir d'autres lettres. M. Masson était respecté dans le monde entier pour ses contributions exceptionnelles et il avait beaucoup d'amis chez les pathologistes américains. Il m'avait donc donné de très bonnes lettres de recommandation auprès des pathologistes en chef à Boston, à Philadelphie et à New York. Par eux, je comptais pouvoir rencontrer les chefs de médecine des hôpitaux universitaires et, de là, voir ce qu'il y avait comme postes ouverts.

J'avais aussi demandé une lettre de recommandation à un des médecins de l'Hôtel-Dieu avec qui je travaillais depuis dix-huit mois et qui se vantait toujours d'avoir étudié la rhumatologie avec un fameux Dr Ralph Pemberton — je me rappellerai toujours son nom — supposé être un des grands rhumatologues de Philadelphie. J'avais commencé à lui demander une lettre deux mois avant mon départ. Mais toujours, il me répondait : « Oui-oui, j'ai oublié, je vais le faire. » Je la lui ai redemandée plusieurs fois, sans résultat, jusqu'à ce que finalement, l'avant-veille de mon départ, je lui dise : « Écoutez, je pars après demain faire mon voyage aux États-Unis, vous m'avez dit que vous me feriez une lettre et, en médecine, vous êtes le seul médecin important qui peut me référer. » Le lendemain, il m'a apporté une petite lettre de quatre ou cinq lignes qui se lisait à peu près comme suit : « Dear Dr. Pemberton, I don't know if you will remember me, but in 1937 I have spent a week in your department. And I would like to introduce Dr. Jacques Genest to you ! » (Cher Dr Pemberton, je ne sais pas si vous vous souviendrez de moi, mais en 1937, j'ai passé une semaine dans votre département et j'aimerai vous présenter le Dr Jacques Genest.)

J'ai alors compris que le soi-disant stage prolongé qu'il avait fait dans le service du Dr Pemberton et dont il se vantait tellement se réduisait en fait à très peu de choses : une simple semaine passée là comme médecin étranger ! J'ai été tellement choqué et insulté que sur le coup, j'ai jeté la lettre au panier. Mais en rétrospective, je crois que j'aurais dû la garder parce qu'elle illustrait la pontiferie dont beaucoup de cliniciens faisaient preuve et qui était un des défauts les plus graves de certains médecins universitaires.

Je suis donc parti avec les seules lettres de M. Masson. Heureusement, le pathologiste en chef que j'ai rencontré à Boston avait une grande admiration pour lui. Il m'a très bien reçu et il a immédiatement pris le téléphone pour m'obtenir un rendez-vous avec le Dr George Thorn, endocrinologue et chef de médecine au Peter Bent Bringham Hospital de Harvard.

Je connaissais le Dr Thorn de nom par ses articles dont la clarté m'avait impressionné. C'était d'ailleurs un médecin réputé qui, quelques années plus tard, a eu l'honneur de traiter le président J.F. Kennedy pour son insuffisance surrénalienne. C'est aussi lui qui a été le premier président de la Fondation Howard Hugues, une fondation de plus de 7 milliards de dollars américains, la plus grosse au monde, dont les revenus sont distribués chaque année pour la recherche médicale. Déjà, en 1945, Thorn était un grand personnage : jamais je n'aurais osé aller le voir de but en blanc sans lui être présenté.

Le pathologiste m'avait obtenu un rendez-vous le même jour et le Dr Thorn avait un poste disponible, qu'il m'a gentiment proposé. C'en était cependant un de fellowship auprès d'un spécialiste du cœur qui commençait à expérimenter les cathétérismes cardiaques, technique tout à fait nouvelle à l'époque. Ma conscience était troublée à l'idée d'introduire des sondes jusqu'à l'intérieur du cœur depuis les veines du bras : s'il arrivait une complication, si quelqu'un mourait... En fait, je ne me voyais pas beaucoup travailler dans ce secteur-là, d'autant plus que ce n'était pas la branche que j'avais choisie. D'un autre côté, dans la mesure où elle pouvait toujours me servir de porte d'entrée aux États-Unis, l'offre n'était pas à écarter sans y réfléchir. J'ai demandé au Dr Thorn quelques jours de réflexion, sans lui cacher que j'irais tout de même voir à New York et à Philadelphie avant de prendre ma décision. Il s'est montré extrêmement compréhensif.

De Boston je suis donc allé à New York et à Philadelphie pour y rencontrer les chefs de médecine, toujours par l'intermédiaire du pathologiste en chef local et toujours grâce à la lettre de recommandation de M. Masson. Partout j'ai été très bien reçu, mais il n'y avait malheureusement aucun poste ouvert.

Mes rendez-vous à Philadelphie ont ainsi été rapidement conclus, si bien qu'à midi, j'avais déjà complété toutes mes visites. Comme j'avais le reste de la journée devant moi, j'ai songé au fait que j'étais à peine à une heure et demie de train de Baltimore où se trouve le célèbre Hôpital Johns Hopkins. Quant à être si près, me suis-je dit, aussi bien aller y jeter un coup d'œil — ne serait-ce que pour voir les bâtiments. Et j'ai pris le premier train pour Baltimore.

Arrivé à Hopkins, j'ai fait le tour de l'institution. D'abord l'extérieur, puis l'intérieur dont j'ai parcouru les différents corridors. Je me suis ensuite assis sur un banc, dans la cour intérieure, pour réfléchir. Une fois rendu, ai-je songé, aussi bien aller jusqu'au bout... J'ai alors pris mon courage à deux mains, je me suis levé et je suis allé frapper à la porte du chef de médecine, le Dr Warfield Longcope.

Longcope était un célèbre néphrologue et clinicien-chercheur, connu aussi pour avoir été le médecin personnel du Dr William Welsh, lequel est aujourd'hui considéré comme le père de la médecine américaine. Il m'a très aimablement accueilli.

Comme il s'en allait faire la tournée des patients dans un dispensaire, il m'a proposé de l'accompagner et de discuter tout en marchant dans les corridors. La tournée achevée, il m'a demandé de laisser mes coordonnées à sa secrétaire, sur quoi nous nous sommes quittés.

J'ai ensuite pris le chemin du retour à Montréal, bien décidé à accepter le poste en cathétérisme cardiaque que m'offrait le Dr Thorn.

J'étais à peine rentré à Montréal lorsque j'ai reçu un télégramme du Dr Longcope : un télégramme qui allait complètement changer ma vie.

J'ai su par la suite que Longcope avait parmi les internistes de son département un médecin, le Dr Warde Allen, qui avait fait ses études de médecine à McGill. Entre ma visite à Hopkins et mon retour à Montréal, il s'était passé deux ou trois jours pendant lesquels Longcope avait demandé à Allen de se renseigner sur moi. Celui-ci avait téléphoné à ses amis de McGill et de l'Hôpital Royal Victoria et même si les médecins canadiens-français avaient peu de contacts avec le milieu anglophone, il semble qu'il ait réussi à obtenir quelques renseignements sur moi. Et c'est sur la foi de ces informations — qui devaient, j'imagine, m'être favorables — que Longcope m'a télégraphié pour m'offrir le poste de fellow en recherche sur les maladies rénales, poste dont je rêvais.

J'avais tout à coup devant moi deux ouvertures. Celle du Dr Longcope était, et de loin, beaucoup plus intéressante et correspondait davantage a mes goûts que celle du Dr Thorn. Sans attendre, j'ai téléphoné à ce dernier pour lui dire que je faisais face à un dilemme et que j'aimerais le voir pour en discuter. Il m'a demandé à quel moment je pourrais venir à Boston ; je lui ai répondu qu'en prenant l'autobus de nuit je pourrais y être le lendemain matin à la première heure.

À 9 h le lendemain matin, j'étais à son bureau et je lui faisais part de l'offre que me faisait le Dr Longcope à Johns Hopkins. Il m'a répondu : « Dr Genest, n'hésitez pas. Ce que Longcope vous offre est beaucoup mieux que ce que moi je vous offre ». Je l'ai remercié et j'ai immédiatement envoyé un télégramme au Dr Longcope pour lui dire que j'acceptais son offre.

C'est de cette manière que ma vie a été changée : grâce aux conseils généreux d'un des grands de la médecine américaine. Plusieurs années après, en 1982, lorsque l'Université Harvard m'a demandé d'enregistrer mes mémoires dans leur série « Leaders in American Medicine », le Dr Thorn — alors président de la Fondation Howard Hugues — était au premier rang. J'ai tenu à le remercier publiquement pour l'immense service qu'il m'avait rendu. Évidemment, il ne s'en souvenait pas : il avait dû faire cela des centaines de fois pour des jeunes qui, comme moi, débutaient leur carrière.

Les progrès de la médecine américaine et la recherche clinique

Tandis que les Canadiens français commençaient à peine à intégrer la médecine de laboratoire à leur pratique, la médecine progressait chez nos voisins du Sud à un rythme effarant. Depuis le début du siècle, elle était en avance sur la médecine de tous les autres pays d'où les médecins venaient aux États-Unis pour s'en inspirer. Durant toute cette période, la médecine américaine a été la bougie d'allumage de la médecine scientifique et la grande responsable de l'explosion de nos connaissances médicales contemporaines et de la recherche biomédicale.

L'Europe avait connu son heure de gloire médicale un peu plus tôt, notamment en Allemagne, à la fin du XIXe siècle, et en France, là où est née la médecine scientifique, entre 1840 et 1875. C'est un Français, François Magendie (1783-1855), qui a été le premier à utiliser les méthodes de la chimie et de la physique pour faire avancer nos connaissances médicales. L'un de ses élèves, Claude Bernard, est à l'origine de la médecine expérimentale. C'est encore un Français, Pierre-Charles Louis, qui a introduit l'application des mathématiques et des statistiques en médecine. L'une de ses études, restée célèbre, qui démontrait l'inefficacité des saignées, des ventouses et des sangsues dans le traitement de la pneumonie et de la pleurésie, est responsable de la chute du nombre de sangsues importées de Bohème par la ville de Paris en 1827, de 33 millions à quelques milliers.

Avant Magendie, Bernard et Louis, la recherche médicale suivait la méthode clinicopathologique : on se limitait à décrire les phénomènes visibles et à identifier les corrélations entre ceux-ci. Les travaux de ces chercheurs ont fait que la recherche est devenue expérimentale et rigoureuse. Claude Bernard soutenait que seuls les faits pouvaient servir de base à la médecine scientifique et que la physiologie reposait strictement sur les lois de la physique et de la chimie.

D'autres facteurs ont aussi favorisé le développement de la médecine scientifique : l'invention du microscope, qui a permis la découverte des agents infectieux et des vaccins par Louis Pasteur (1822-1895), en France, et par Robert Koch (1843-1910), en Allemagne. On doit aussi beaucoup à l'impulsion qu'a donnée Rudolf Virchow (1821-1902) à la pathologie cellulaire en Allemagne.

La recherche en France et en Allemagne (sauf pour les Instituts Max Plank), comme partout ailleurs en Europe, n'était cependant pas institutionnalisée de manière systématique, du moins telle qu'elle l'est aujourd'hui dans la plupart des pays occidentaux. Ce n'est qu'à partir de 1960 que les gouvernements et les institutions privées ont commencé à financer et à organiser la recherche. Jusque-là, elle a été le produit d'efforts individuels, exceptionnels, mais presque toujours accomplis isolément, dans des laboratoires privés, loin des hôpitaux et des malades.

C'est sur cet aspect du financement et de l'organisation de la recherche que les Américains allaient le plus innover.

La grande période de la médecine américaine commence vers 1890 avec l'entrée en scène du révérend Frederick Gates. Ce dernier, qui était conseiller du riche industriel John D. Rockefeller, avait été très influencé par le livre d'un médecin d'origine canadienne, William Osler, qui y affirmait que les traitements des maladies utilisés à l'époque étaient à peu près inefficaces par manque de connaissance étiologique de la maladie. Ce livre fut pour Gates une véritable révélation.

Déjà à ce moment-là, Rockefeller pensait à une fondation philanthropique qui porterait son nom, mais sans lui donner une orientation précise. Gates, influencé par le livre de Osler, a convaincu Rockefeller de soutenir la recherche médicale en lui démontrant que celle-ci était un domaine dans lequel sa fondation pourrait jouer un rôle important. Et c'est exactement ce qui est arrivé.

À partir de 1890, la Fondation Rockefeller a investi des centaines de millions de dollars afin de mettre sur pied le double système de la recherche-clinique et des chercheurs à temps plein qui allait révolutionner la médecine américaine. Elle allait être suivie par d'autres grandes fondations philantropiques de même que par les National Institutes of Health de Bethesda, qui ont joué un rôle crucial dans le développement extraordinaire et si rapide de la recherche aux États-Unis.

Pour bien comprendre l'ampleur de cette révolution, il est indispensable de connaître certains éléments, dont la différence qui existe entre la recherche fondamentale et la recherche clinique.

En médecine, on dit que la recherche est fondamentale lorsqu'elle vise à comprendre le comment et le pourquoi immédiat des phénomènes biologiques au niveau moléculaire, mais le plus souvent sans lien direct avec le patient, sa maladie ou son traitement. De son côté, la recherche clinique a pour but de faire le pont entre la recherche fondamentale et le malade, c'est-à-dire d'étudier les mêmes phénomènes chez l'humain — que ce soit au niveau des cellules, des organes ou des systèmes — afin de trouver les causes des maladies, de mettre au point des traitements, de soulager la souffrance ou de trouver des moyens de prévention. Les questions qu'on se pose en recherche clinique viennent directement de l'observation du patient et les solutions qu'on recherche s'appliquent directement à lui. Elle est en somme le trait d'union, le point de transfert entre la recherche fondamentale et le malade.

La relation de complémentarité entre la recherche fondamentale et la recherche clinique semble aller de soi aujourd'hui, mais ce n'était pas du tout le cas à la fin du XIXe siècle. Les cliniciens-chercheurs et les chercheurs fondamentalistes travaillaient alors dans des milieux tout à fait séparés. Les cliniciens se confinaient au chevet du patient, limités à observer l'évolution de la maladie, et sans laboratoire. Les fondamentalistes, eux, travaillaient dans leurs laboratoires, sans contact avec les patients, et il n'y avait pas ou très peu de collaboration entre les deux types de recherche.

Il faut dire que la recherche exige au départ une formation poussée que beaucoup de médecins n'avaient pas ou ne pouvaient acquérir faute de laboratoires ou de loisir pour s'y consacrer. Les quelques cliniciens qui s'intéressaient à la recherche devaient financer leurs travaux en tenant une clinique privée et consacrer beaucoup de leur temps à voir des patients. Ce temps qu'ils leur consacraient était forcément du temps perdu pour la recherche.

Le révérend Gates était secondé dans son entreprise par William Welsh qui est en bonne partie le concepteur de cette révolution médicale et qui est d'ailleur devenu par la suite président du conseil d'administration de l'Institut Rockefeller à New York et un des conseillers importants de Rockefeller lui-même. Ce sont d'éminents médecins américains comme lui, comme Rufus Cole et comme Lewelleys Barker qui ont introduit le concept de cliniciens-chercheurs à temps plein.

Leur but était d'élever la médecine clinique à un niveau universitaire et de faire en sorte que les professeurs de sciences cliniques aient des conditions de travail équivalentes à ceux des sciences fondamentales. Autrement dit, on voulait que les cliniciens qui faisaient de l'enseignement et de la recherche puissent y consacrer tout leur temps au lieu d'être forcés à entretenir une clientèle pour gagner leur vie. On ne voulait plus de médecins qui enseignent à loisir et pour le prestige, mais des enseignants et des chercheurs professionnels à temps plein.

Cette réforme ne s'est cependant pas produite sans heurts et ceux qui l'ont introduite ont dû faire face à une opposition féroce, et parfois obstinée. Il y a eu beaucoup d'affrontements entre les cliniciens et les fondamentalistes au cours des années 1900 à 1930.

Il y eut ainsi un conflit mémorable au tout début de l'Institut Rockefeller, vers 1910-1912, alors qu'il commençait ses activités. Rufus Cole et son équipe souhaitaient y organiser la recherche clinique, mais le directeur de l'institut, Simon Flexner, était d'avis que les médecins n'avaient pas la formation pour faire de la recherche expérimentale en laboratoire. Leur formation les confinait, selon lui, à observer soigneusement les malades, à suivre leur évolution et à faire de la « petite » recherche. Il encourageait les travaux de recherche que faisaient les cliniciens, mais à condition que ceux-ci restent au chevet du malade et n'aillent pas dans les laboratoires. On considérait alors la recherche clinique comme une recherche de second plan qui n'avait pas la même importance ni la même ampleur que la recherche fondamentale.

Le premier directeur de l'Hôpital de l'Institut Rockefeller, Rufus Cole — un modèle de clinicien-chercheur —, s'est battu avec force à ce sujet contre la direction de l'Institut. J'ai eu accès aux archives de l'institut et aux lettres dans lesquelles Cole plaidait auprès du conseil d'administration de l'Institut Rockefeller le droit des cliniciens d'être traités sur le même pied que les chercheurs fondamentaux. Il affirmait qu'un clinicien-chercheur qui avait la compétence pour faire des recherches expérimentales était en droit d'obtenir les mêmes outils et les mêmes facilités qu'un chercheur fondamental et qu'il avait le droit d'aller aussi loin en recherche fondamentale que lui permettait sa formation.

Il a fini par gagner son point et l'idée a progressivement fait son chemin. On a peu à peu compris que les cliniciens-chercheurs devaient s'occuper de médecine à temps plein, être à salaire et étudier les malades en profondeur à l'aide des laboratoires. Mais c'est seulement vers 1910-1920 que le principe de médecins à temps plein a fini par s'imposer. Des laboratoires de recherche ont progressivement été installés dans les départements cliniques afin que les disciplines de base comme la chimie, la physiologie et la physique puissent être intégrées à la formation des médecins et aux soins des patients. Ces changements ont donné naissance à un environnement scientifique propice à l'étude en profondeur des pourquoi et comment des maladies et ont permis d'établir un lien plus étroit entre le soin des patients et la recherche biomédicale. Surtout, le nouvel environnement a favorisé une collaboration qui n'existait pas dans le passé et qui a donné une impulsion formidable à la recherche clinique. De l'avis de tous les observateurs, tant américains qu'étrangers, la mise sur pied de ce système aux États-Unis constitue la principale raison qui leur a permis de se hisser au premier rang de l'enseignement et de la recherche médicale, de l'organisation hospitalière et de la qualité des soins médicaux. La recherche clinique a été une des plus belles contributions que les Américains auront données au monde.

Il reste que les tensions étaient réelles et que, encore aujourd'hui, la question de savoir qui du fondamentaliste ou du médecin fait la recherche la plus utile resurgit à tout moment. Mais ce sont des discussions oiseuses qui n'ont pas leur place tant que les deux genres de recherche poursuivent le même but et continuent à vouloir venir en aide au malade et à soulager ses souffrances. Que la recherche soit clinique ou fondamentale, elle demeure une des facettes de la quête de la vérité et de la curiosité irrépressible qui pousse l'homme à explorer l'inconnu et à découvrir les lois qui régissent la vie et le cosmos.

L'Université du Michigan a été la première à adopter le système de temps plein pour les cliniciens. Mais c'est en réalité l'Université Johns Hopkins qui a été la première à avoir dans son hôpital des laboratoires et des médecins engagés pour y faire de la recherche clinique. Grâce a l'appui de William Welsh, Hopkins a reçu de la Fondation Rockefeller des subventions importantes qui lui ont permis d'établir un noyau de médecins à temps plein dans les départements de médecine, de chirurgie et de pédiatrie. C'est cette initiative qui a fait le succès et le prestige de Hopkins et qui a fait d'elle un modèle et la « maison mère » de nombreuses autres facultés de médecine américaines.

Lorsque je suis arrivé aux États-Unis, le système de temps plein se généralisait dans les universités. On cherchait partout des cliniciens-chercheurs bien formés et il y avait de multiples ouvertures. Comme Hopkins avait été l'hôpital et l'université où se sont faites les premières réformes et où les professeurs avaient été les premiers à être à temps plein, les cliniciens-chercheurs qui en sont sortis ont peuplé nombre d'hôpitaux universitaires américains. Les centres universitaires qui souhaitaient moderniser leurs programmes d'études se devaient d'embaucher des gens bien formés. Où les trouver ? En bonne partie à Hopkins. Il y avait aussi de bons chercheurs qui sortaient de Harvard, de Columbia et d'ailleurs, mais Hopkins a été une véritable pépinière de chercheurs pour tous les États-Unis.

L'Hôpital Johns Hopkins

Ce qui étonnait beaucoup de gens en arrivant à l'Hôpital Johns Hopkins, c'était l'immense statue du Christ consolateur qui les accueillait dans la rotonde, à l'entrée. Elle est d'ailleurs toujours là, l'immense statue du Christ, les bras étendus, peut-être une fois et demie la grandeur nature, en marbre de Carrare. Il s'agit d'une copie de la statue faite par le sculpteur danois Thorswaldsen, donnée en 1889 par M. William W. Spence — un homme d'affaires prospère et un pilier de la communauté presbytérienne de Baltimore — au moment de l'inauguration de l'hôpital.

Les membres du conseil d'administration de l'université, qui étaient alors des quakers, des gens profondément religieux, pieux et frugaux, avaient mis la statue dans la rotonde de l'hôpital pour inspirer à tous la charité et la bonne volonté. Ceux qui venaient savaient qu'ils trouveraient là non seulement une des grandes institutions scientifiques américaines, mais aussi de la compassion et du dévouement. Lorsque l'hôpital a entamé ses rénovations au cours des années 1970, ils ont laissé la statue à son poste d'accueil dans la rotonde afin de perpétuer les principes de compassion et de consolation qui ont aidé à faire de l'Hôpital Johns Hopkins un des centres médicaux les plus réputés au monde.

Lorsque je suis arrivé à Hopkins, le Dr Longcope m'a demandé de travailler quelques mois comme résident adjoint et de prendre en charge une salle de vingt-huit malades. Les résidents adjoints à Hopkins se voyaient confier des responsabilités beaucoup plus étendues que celles qui nous étaient départies à Montréal. J'ai pu alors prendre la pleine mesure du décalage qui existait entre la formation que j'avais reçue et celle qui était dispensée dans une grande université américaine : j'avais deux internes sous mes ordres ainsi que plusieurs étudiants des deuxième et troisième années qui en connaissaient autant sinon plus que moi.

Souvent, ils m'arrivaient avec des électrocardiogrammes qu'ils avaient de la difficulté à déchiffrer, que j'aurais dû être en mesure d'interpréter, alors qu'en réalité, je n'arrivais même pas à les lire ! À Montréal, nous avions eu trois cours d'une heure chacun sur les électrocardiogrammes, trois cours où on nous avait enseigné que les électros étaient trop compliqués pour des étudiants ou de jeunes médecins et qu'il fallait laisser cela aux spécialistes... À Hopkins, les étudiants de deuxième année discutaient déjà des électros et des lésions cardiaques qu'on pouvait y lire. J'avais honte de ma piètre formation et de mon ignorance.

La philosophie du « learn by doing » avait commencé à Hopkins et s'était graduellement étendue dans la plupart des grands centres américains de l'époque. Tous les services cliniques de l'hôpital avaient leurs propres laboratoires où les étudiants analysaient eux-mêmes les formules sanguines, les urines et le liquide céphalorachidien. Ils faisaient également eux-mêmes les colorations bactériologiques, etc. Ils étaient responsable de leurs résultats et apprenaient d'autant plus qu'on leur donnait cette responsabilité. À ce que je sache, il n'y a jamais eu d'équivalent au Québec où les internes et les patrons prescrivent des séries d'analyses de laboratoire qu'ils n'ont jamais appris à faire eux-mêmes. Il n'y a pas ce « learn by doing » qui donne une formation supérieure.

Je n'étais cependant pas allé à Hopkins pour l'aspect clinique, mais bien pour faire de la recherche. Au bout de quatre mois, j'ai demandé à aller travailler avec le Dr John Luetchers qui était néphrologue et qui a fait de magnifiques travaux sur les œdèmes néphrotiques et sur l'aldostérone. J'ai ensuite rejoint le Dr Elliott V. Newman, qui était un grand interniste très intéressé par la physiologie rénale et les mathématiques et qui ouvrait un laboratoire sur la fonction rénale. J'ai fait avec lui mes premières recherches en laboratoire. Nous mesurions les facteurs qui déterminent l'élimination du sodium par le rein en position couchée ou debout, avant et après l'exercice, avant et après avoir fumé trois ou quatre cigarettes, avant et après tel médicament, etc. J'ai passé plus de deux ans avec lui à apprendre les méthodes que j'ai utilisées plus tard dans mes recherches.

L'invention de nouveaux appareils d'analyse et de nouveaux outils de recherche pour les laboratoires a beaucoup contribué à l'accélération des progrès scientifiques. J'étais à Hopkins lorsque sont arrivés les premiers spectrophotomètres — Hopkins a d'ailleurs eu le deuxième appareil de ce genre au monde —, lesquels représentaient alors une véritable révolution dans le domaine de la recherche. Cet instrument était tellement précieux que seul le Dr John Eager Howard, qui l'avait obtenu, et son technicien pouvaient l'utiliser. Les autres chercheurs n'y avaient pas accès et devaient se tirer d'affaire avec un vieil appareil de Jubé, lequel nous obligeait à comparer à l'œil nu les couleurs de diverses réactions chimiques afin de connaître la concentration d'une substance. Et pour tous ceux qui, comme moi, ne font pas une distinction subtile de l'intensité d'une même couleur, l'analyse peut être parfois longue et difficile. Il y avait des nuances que je percevais très mal et pour lesquelles je m'arrachais les yeux. Certains chercheurs arrivaient à une marge d'erreur de 3 ou 4 %, alors que la mienne était peut-être de 10 ou 15 %. Je me donnais une peine du diable, j'y passais des heures et des heures et je pestais parce que pour arriver à un résultat précis, il me fallait souvent deux fois plus de temps qu'un d'autre.

Il y avait à Hopkins des cliniciens d'envergure, tels Louis Hammond et McGee Harvey qui a succédé au Dr Longcope à la direction du service de médecine de l'hôpital et qui, plus tard, est devenu l'historien de Hopkins et de la médecine américaine.

Il y avait également un des grands pionniers de la chirurgie cardiaque, le Dr Alfred Blalock, qui a initié les opérations des maladies cardiaques congénitales. Il travaillait en collaboration avec le Dr Helen Taussig qui dirigeait la cardiologie pédiatrique. Celle-ci attirait tellement de fellows que sa clinique ressemblait aux cliniques européennes où on comptait souvent jusqu'à trente personnes pour examiner un patient.

J'ai publié mon premier article scientifique avec Newman et Blalock. J'avais étudié la fonction rénale chez des patients opérés pour une coarctation de l'aorte — opération qui consiste à enlever le rétrécissement sur une aorte anormale et à réunir les deux bouts afin que le sang circule à nouveau normalement. La première opération du genre avait été effectuée en Suède, la deuxième à Hopkins par Blalock. Ma tâche avait consisté à étudier la fonction rénale et à analyser le sang et les urines des patients avant et après l'opération. J'étais fier de me trouver associé au plus grand chirurgien cardiaque de l'époque pour un article scientifique.

J'étais intéressé par la recherche et les sciences fondamentales, mais je voulais aussi garder un contact avec la clinique, c'est-à-dire devenir un diagnosticien et un interniste compétent. Je consacrais ainsi deux demi-journées par semaine à la clinique du dispensaire à voir des patients et à m'instruire auprès des grands cliniciens qui y travaillaient. J'ai ainsi eu la chance de passer deux à trois avant-midi par semaine durant tout un été à faire des examens du fond de l'œil avec le Dr Frank Walsh, un des grands ophtalmologistes du temps. Cet apprentissage m'a été très utile pour le diagnostic des maladies rénales et hypertensives dans la mesure où celles-ci sont souvent accompagnées de lésions vasculaires qu'on peut identifier sur le fond de l'œil et qui peuvent nous renseigner sur la gravité du cas. Peu d'internistes faisaient l'examen du fond de l'œil à l'époque, mais à Hopkins, cela faisait partie de l'enseignement clinique régulier.

L'autre intérêt que j'avais à garder un bon contact avec la clinique tenait du fait que la structure académique rigide au Québec restait sous le contrôle des cliniciens plus traditionnalistes. La recherche y était encore à peu près inexistante et il était fort possible qu'à mon retour, j'aie à faire face à certaines formes de résistance de la part de mes collègues ou que j'aie de la difficulté à obtenir des fonds de recherche. Advenant l'un ou l'autre cas, j'avais avantage à continuer à voir des malades et à conserver mon acuité clinique, ne serait-ce que pour me garder une porte de sortie. Si les conditions de recherche s'avéraient réellement non favorables, je pourrais toujours m'en aller ailleurs ou retourner en clinique soigner des malades.

Après un an de travail avec Newman, j'ai songé que, dans la mesure où j'allais passer trois années complètes à Hopkins, j'avais avantage à essayer d'en tirer le meilleur parti possible et de commencer les démarches nécessaires pour obtenir un doctorat en science. L'effort serait le même, me disais-je, mais j'aurais en plus un diplôme important et un titre de Ph.D. à ajouter à celui de MD.

À ma demande, Newman m'a pris un rendez-vous avec le doyen de la Faculté de médecine, Allan M. Chesney, qui était un syphilologue réputé et qui a par la suite beaucoup écrit sur Hopkins. Je lui ai fait part de mon désir de postuler pour un Ph.D. et du fait que j'étais prêt à passer encore deux autres années à Hopkins s'il le fallait. Chesney m'a interrompu assez sèchement pour me demander ce que j'étais venu chercher à Hopkins. J'ai répondu que j'étais venu chercher un complément de formation en physiologie rénale et sur la régulation du sodium. Il m'a alors dit ceci — qui a été pour moi une leçon que je n'ai jamais oubliée :

Le diplôme de Ph.D. ne nous intéresse pas à Hopkins. Si, par contre, c'est un Ph.D. que vous voulez obtenir, il y a d'autres universités américaines où vous obtiendrez facilement ce genre de diplôme. Ce qui compte à Hopkins, c'est la qualité de votre travail et de vos publications !

L'entretien s'est terminé là-dessus et j'en suis sorti penaud. J'avais compris que ce qui comptait, c'était d'abord et avant tout l'excellence du travail et que le reste viendrait par surcroît.

La ville de Baltimore où se situe l'Université Johns Hopkins n'était pas très attrayante. Le quartier où se trouvait Hopkins, dans l'est de la ville, était sale, malpropre, infesté de rats et de coquerelles. La vie matérielle n'était guère agréable et il n'y avait pas beaucoup d'autres choses à y faire que travailler, travailler tous les jours et tous les soirs. Un dimanche par mois je prenais congé et j'allais à Washington pour le seul plaisir de quitter l'atmosphère déprimante des alentours de Hopkins, de marcher dans les grandes avenues de la capitale et d'en admirer les somptueux édifices.

Baltimore souffrait déjà à cette époque du syndrome du beigne : un centre-ville déserté et pauvre, habité surtout par les Noirs et les immigrants, contrastant avec des banlieues superbes, renommées pour leurs courses de chevaux, où les gens riches menaient encore la grande vie du Sud d'autrefois. Le régime de la ségrégation des Noirs y était encore en usage. Il y avait des toilettes pour les Noirs, des sections dans les autobus pour les Noirs, des sections dans les théâtres pour les Noirs... C'était ainsi partout dans la ville, même à l'université où on pouvait lire partout des écriteaux qui disaient : « For Blacks » ou « For Whites ».

Les étés y étaient extrêmement chauds et pénibles. Il y faisait une chaleur humide et étouffante, à laquelle je n'étais pas habitué, souvent 38 °C et même 40,5 °C et une humidité de 95 %. L'air climatisé n'était pas encore répandu et je pouvais changer de chemise jusqu'à quatre fois par jour. On comprend pourquoi les gens de Baltimore et de Washington s'en vont l'été et désertent leurs villes !

Mon père tenait beaucoup à ce que ses enfants aient la meilleure formation possible de même que les diplômes qui en témoignent. Les titres donnés par les sociétés de prestige lui avaient manqué dans sa propre carrière et il nous encourageait beaucoup à y adhérer. C'est comme ça que je suis devenu membre de plusieurs sociétés professionnelles, du Collège royal des médecins du Canada, de l'American College of Physicians, du Conseil médical du Canada, etc. Il m'a aussi soutenu beaucoup financièrement pour me permettre d'effectuer mes études aux États-Unis.

J'avais reçu, à Hopkins, une bourse du Commonwealth Fund de 1 200 $ par année, qui avait été augmentée à 1 800 $ la deuxième année, mais qui ne me permettait pas de vivre très confortablement. Le gouvernement du Québec à l'époque n'offrait aucun programme de bourses ou de prêts et c'était souvent l'état de fortune qui déterminait le niveau de scolarité des enfants. Les étudiants dont les parents étaient pauvres ou n'avaient qu'un revenu modique devaient travailler pour payer leurs études.

Au cours de ma troisième année à Hopkins, mon père m'a ainsi offert une voiture, une petite Pontiac, grâce à laquelle j'ai pu déménager en banlieue. Je me suis installé chez de bons presbytériens, d'excellentes personnes, dans un quartier un peu semblable à Outremont. Je devais voyager matin et soir jusqu'à l'hôpital, mais j'avais le plaisir de vivre dans un milieu agréable, avec beaucoup de verdure. J'avais pour voisin Lawson Wilkins, le fameux endocrinologue en pédiatrie de Hopkins, dont les joyeuses et bruyantes soirées du samedi soir me tenaient éveillé jusqu'aux petites heures du matin.

Cette petite Pontiac m'a aussi permis de faire une tournée de tous les grands centres américains spécialisés en hypertension et en maladies rénales au cours de l'été 1947, un périple pour lequel j'ai pris un mois et demi de vacances. J'ai fait tout le voyage en compagnie d'un vieil ami de Montréal, le Dr Fernand Grégoire, que j'avais aidé à trouver un poste à Hopkins et qui a joué par la suite un rôle indirect dans la création de l'IRCM. C'était un excellent compagnon de route. Nous avions fait une planification serrée afin de rencontrer, moi tous les grands chercheurs en hypertension, lui tous les grands experts en maladies pulmonaires.

Nous avons fait un voyage inoubliable : Baltimore, Washington, Atlanta, New Orleans, Houston, Kansas City, Saint Louis, Denver, Los Angeles, San Francisco, Stanford, Salt Lake City, la Clinique Mayo à Rochester, Minneapolis, Chicago, Cleveland... Très tôt le matin, nous étions sur la route de façon à nous réserver les après-midi pour faire les entrevues. Tout s'est très bien déroulé, Fernand Grégoire et moi, nous nous comprenions parfaitement bien. C'était un voyage d'ordre scientifique que nous faisions afin d'établir des contacts personnels, de visiter les laboratoires et de voir ce qui s'y faisait. Le tourisme ne venait qu'en second lieu.

Ce fut une expérience inoubliable que j'ai recommandé de faire à beaucoup de mes fellows par la suite. J'ai eu beaucoup de stagiaires étrangers et parmi eux bon nombre d'Européens pour qui j'ai organisé des voyages semblables en leur disant d'aller voir ce qui se faisait ailleurs et d'aller rencontrer les grands ! Et c'est encore ce que je conseille à tous : établissez des contacts personnels avec les experts dans votre spécialité, allez respirer un air différent, allez voir une culture différente. Cette curiosité-là n'est pas suffisamment encouragée au Québec. Il nous manque cette motivation d'aller là où se trouvent les meilleurs, d'établir des contacts et de les entretenir !

Je ne comptais pas interrompre ma formation avec la fin de mon stage à Hopkins. Je souhaitais poursuivre et approfondir ailleurs le travail de recherche sur l'hypertension et les maladies rénales que j'y avais débuté. Vers la fin de ma troisième année là-bas, j'ai commencé à m'interroger et à me demander quel serait le meilleur endroit pour continuer ma formation, en Europe ou ailleurs. J'en étais encore à ces questions lorsque j'ai entendu dire que le professeur de biochimie de l'École d'hygiène de Hopkins, le Dr Reginald Archibald, venait d'être nommé directeur d'un nouveau laboratoire à l'Institut Rockefeller pour prendre la relève de Donald Van Slyke qui prenait sa retraite. Van Slyke, que l'on considère comme le père de la biochimie moderne, était un des plus grands biochimistes au monde à l'époque : le fait qu'Archibald ait été choisi pour lui succéder n'était pas un mince hommage et soulignait la qualité de son travail.

J'ai fait part de mon désir d'aller travailler à l'Institut Rockefeller avec Archibald au Dr Newman, lequel m'a obtenu un rendez-vous sur-le-champ. Je suis donc allé voir le Dr Archibald, à qui j'ai aussi fait part de mes désirs et qui m'a accepté immédiatement comme fellow en recherche pour l'année à venir.

J'étais aux anges ! Jamais je n'avais espéré mettre les pieds dans ce qui était pour moi la mecque de la science médicale au monde !

L'hypertension en 1950

Aujourd'hui encore, même si on arrive à contrôler 100 % des cas d'hypertension artérielle, on ne connaît toujours pas les causes profondes de cette maladie considérée comme un des problèmes de santé les plus importants du monde moderne. Il y a des variations selon les populations — les Noirs font plus d'hypertension que les Blancs, par exemple, parmi lesquels 25 % auront une pression élevée.

Pour faire comprendre ce qu'est l'hypertension, je fais toujours la comparaison avec un système constitué d'une pompe et de tuyaux, comme il y a dans les fourgons à incendie. Un moteur injecte de l'eau à débit constant dans des boyaux et, en variant l'ouverture à l'extrémité du tuyau, on peut augmenter ou diminuer la pression afin d'envoyer le jet d'eau plus ou moins loin. C'est la même chose que pour le jardinage. Le débit, c'est-à-dire la quantité d'eau qui sort, reste le même parce que la pompe marche toujours au même rythme et débite toujours la même quantité d'eau, mais la pression, en revanche, augmente.

Ce principe utilisé par les pompiers et les jardiniers est aussi celui qui explique l'hypertension : lorsque le débit de la pompe cardiaque est constant et que le diamètre des vaisseaux sanguins diminue, la résistance à la circulation du sang augmente et la pression s'accroît.

La différence entre la pompe du fourgon à incendie et le cœur, c'est que celui-ci, pour vaincre la résistance causée par le rétrécissement des vaisseaux, doit travailler plus et pomper plus fort pour compenser la diminution du débit sanguin, ce qui cause son hypertrophie et entraîne la défaillance cardiaque. Le cœur est cependant un organe extraordinaire et, dépendant du degré d'obstruction des vaisseaux, il faut peut-être 10 à 20 ans avant qu'il ne manifeste une certaine insuffisance. Cela dépend évidemment du degré d'obstruction : plus la résistance dans les vaisseaux est forte, plus il y a d'hypertension ; et plus il y a d'hypertension, plus le cœur va s'user rapidement.

Dans 90 à 95 % des cas, la cause première de l'hypertension est le rétrécissement des petites artères situées aux extrémités du système vasculaire. Il se produit alors un cercle vicieux. À mesure que la pression monte dans les artères, la paroi des vaisseaux s'endommage plus rapidement et celle des petites artères s'épaissit — ce qu'on appelle l'artériosclérose. Le passage dans l'artère devient alors moins grand, ce qui contribue à maintenir une pression élevée. Celle-ci favorise à son tour la formation de plaques de cholestérol — l'athérosclérose — qui réduisent le passage du sang dans les artères et risquent de les bloquer si l'une d'elles se détache de la paroi. Ce blocage, qu'on nomme thrombose, est la cause la plus fréquente des complications dues à l'athérosclérose. S'il survient dans les artères du cœur, il risque de causer un infarctus du myocarde ; dans les artères du cerveau, un accident vasculaire cérébral qui peut entraîner diverses formes de paralysie ; dans les artères du rein, une diminution de la fonction rénale ; dans celles des jambes, un blocage important de la circulation qui risque à son tour de provoquer la gangrène et de nécessiter l'amputation.

On qualifie souvent l'hypertension de « tueur silencieux » parce que la plupart des gens qui en souffrent ne ressentent aucun symptôme et ne s'aperçoivent pas vraiment que leur pression est trop élevée. C'est là que se trouve le danger. Même une hypertension modérément sévère, à son début, ne donne généralement pas de symptômes. La personne se sent bien, ne ressent aucun malaise et ne voit pas venir les complications. Mais elle peut, à tout moment, surtout à la suite d'un stress important, subir une thrombose coronarienne, une hémorragie cérébrale, un œdème pulmonaire aigu ou autre. Et lorsque survient un accident grave de ce genre, la maladie est en général déjà très avancée.

Jusqu'à la fin du XIXᵉ siècle et jusqu'à l'invention des premiers appareils pour mesurer la pression artérielle, on ignorait à peu près tout de l'hypertension. On savait, par les autopsies que Bright avait faites en Angleterre au début du XIXᵉ siècle, qu'il y avait un quelconque rapport entre le fait d'avoir des petits reins et celui d'avoir un gros cœur. Nos connaissances sur cette maladie en sont toutefois restées là jusqu'au début du XXᵉ siècle.

C'est autour de 1903 que le Français Louis Ambard a découvert le rôle du sel dans l'hypertension. Le professeur Ambard était un grand néphrologue, avec qui j'ai eu l'occasion de dîner un jour, à sa résidence. Il avait constaté que la pression d'un certain nombre de ses patients, ceux à qui il avait ordonné une diète sans sel (chlorure de sodium), descendait à des niveaux normaux et qu'elle remontait lorsqu'il leur redonnait de nouveau une diète riche en sel. Ses travaux ont cependant rencontré beaucoup de résistance à l'époque, faute de méthode autre que le dosage du chlore pour mesurer le taux de sel dans l'alimentation et les urines — le chlore qui, en définitive, ne semble pas ou peu concerné dans l'hypertension. Ce n'est que vers 1918-1920 que ses hypothèses ont été confirmées par un chercheur américain nommé Allen.

Il faudra attendre le début des années 1940 pour que William Kempner revérifie par hasard cette corrélation entre l'hypertension et le sel. Kempner suivait une patiente — une femme noire veuve d'un fermier — qui souffrait d'hypertension maligne, c'est-à-dire de la forme la plus grave qu'on puisse avoir et qui laisse en général une espérance de vie d'au plus un an. Or, Kempner avait ceci de particulier que d'origine allemande, il parlait l'anglais avec un accent très marqué, ce qui le rendait souvent difficile à comprendre. C'est avec cet accent très particulier qu'il avait prescrit à sa patiente quelque chose que l'histoire ne dit pas, mais que la dame avait compris comme voulant dire « manger du riz ». Celle-ci, respectant à la lettre ce qu'elle avait compris des conseils de son médecin, s'était mise à manger du riz, du riz, du riz et uniquement du riz pendant les deux mois qui suivirent. Et lorsqu'elle est retournée voir Kempner, ce dernier, surpris, a constaté que la pression artérielle de sa patiente était redevenue normale et que toutes les complications relatives à son hypertension maligne avaient disparu. Il en a déduit que cette amélioration aussi inattendue que spectaculaire était due au riz. Il s'est alors lancé sur cette piste et a mis au point une diète limitée au riz et aux jus de fruit qui abaissait la pression à la normale chez 35 à 40 % de ses patients. À partir de ce moment-là, c'est-à-dire vers 1943-1945 et pendant un certain temps, le seul traitement connu de l'hypertension a été la diète au riz de Kempner : exclusivement du riz, cinq à six fois par jour, uniquement accompagné de jus de fruits.

Les théories quant au traitement de la maladie étaient cependant très partagées. Il y avait même une école de pensée à cette époque selon laquelle abaisser la pression était nocif dans la mesure où cela diminuait la perfusion et l'irrigation sanguine des organes et pouvait entraîner des complications cardiaques, rénales, etc. Cette théorie a été démentie dans les années 1950 lorsque le Dr Irvine Page, de Cleveland, a démontré que l'organisme compensait naturellement l'abaissement de pression par un réajustement de la perfusion sanguine.

La mort du président américain Roosevelt, en 1945, à la suite des complications d'une hypertension maligne est pour moi un repère historique important de même qu'une anecdote qui donne une bonne idée des traitements dont on disposait à l'époque. Roosevelt souffrait d'une hypertension grave depuis plusieurs années. Les maux de tête ainsi que les étourdissements causés par sa maladie faisaient que, dans les derniers mois de sa vie, sa capacité d'attention ne dépassait guère une heure à une heure et demie par jour. C'est d'ailleurs dans cet état qu'il s'est rendu à la conférence de Yalta pour négocier avec Staline et Churchill, qui se remettaient tous deux d'une thrombose coronarienne, et décider du sort de l'Europe ! On le traitait, d'une part, avec de la digitaline pour « soutenir » son cœur et, d'autre part, avec du phénobarbital afin de diminuer les effets de l'anxiété et du stress et de réduire les variations excessives du rythme cardiaque. C'est ce dont on disposait de mieux à l'époque.

En somme, on ne connaissait pas grand-chose sur cette maladie. On connaissait de façon certaine le rapport entre le sel — ou plus exactement le sodium — et l'hypertension. Quelques pistes encore peu explorées tendaient à confirmer que c'était du côté du rein et des glandes surrénales qu'il fallait chercher, mais hors de cela, tout restait à découvrir. C'est dans ce domaine-là que j'ai décidé de consacrer ma carrière scientifique.

Comme beaucoup d'autres chercheurs, en 1945, je suis parti de ce constat déjà bien établi qui voulait que le sodium joue un rôle important dans l'hypertension. Et comme d'autres, je me disais que pour comprendre ce rôle, il fallait étudier le métabolisme et l'excrétion du sodium et, par conséquent, étudier le rein, lequel est l'organe qui maintient l'équilibre en sodium à l'intérieur de l'organisme. Le travail consistait donc à découvrir quels sont les facteurs qui y contrôlent l'élimination du sodium. J'ai consacré la plus grande partie des trois années que j'ai passées à Hopkins à étudier les mécanismes de la filtration et de la réabsorption du sodium par le rein dans diverses conditions physiologiques.

Il y avait alors très peu de chercheurs dans le domaine. Il y avait, à Cleveland, Harry Goldblatt, qui avait démontré, vers 1935, qu'en diminuant l'apport de sang au rein, une hypertension s'ensuivait et que le rein réagissait en sécrétant une enzyme. Cette enzyme, appelée rénine, avait déjà été décelée dans les extraits de rein longtemps avant, en 1898, par un chercheur russe, Tigersted, qui avait établi sa propriété hypertensive, mais dont les travaux étaient restés dans l'ombre. Toujours à Cleveland, Irvine Page — qui est le doyen de la recherche en hypertension dans le monde — avait développé, vers 1936, une autre méthode pour produire l'hypertension et démontré qu'en enfermant le rein du chien dans une membrane de cellophane de manière à réduire la circulation sanguine, on pouvait provoquer une hausse permanente de la pression artérielle.

Un autre groupe important était, en Argentine, celui de Braun-Menendez. Ce dernier, qui travaillait tout comme Page sur les propriétés de la rénine, était récemment arrivé à la même conclusion que lui, c'est-à-dire que la rénine elle-même n'agissait pas directement pour causer l'hypertension, mais qu'elle agissait plutôt sur une protéine, l'angiotensinogène, qu'on retrouve dans le sang et qui libère une substance fortement hypertensive. Page et Braun-Mennedez avaient donné un nom différent à cette substance hypertensive qu'ils avaient découverte chacun de leur côté. Mais dans un magnifique exemple de sagesse et de collaboration, ils se sont mis d'accord pour lui donner un seul nom, l'angiotensine, qui est la substance hypertensive la plus puissante produite par l'organisme.

On connaissait aussi l'existence de quelques autres substances hypertensives, sans toutefois savoir si elles pouvaient ou non être reliées au sodium et à l'aldostérone ni de quelle manière. La plus connue était la noradrénaline (maintenant davantage appelée norépinéphrine) qui avait été isolée dans la médullaire des glandes surrénales à Hopkins au tournant du siècle. On savait qu'elle provoquait une puissante vasoconstriction des petites artères et qu'elle pouvait jouer un rôle dans l'hypertension parce qu'elle était libérée directement par les terminaisons nerveuses, surtout dans les moments de stress et d'anxiété. On était aussi parvenu, en 1935, à synthétiser une nouvelle hormone, la désoxycorticostérone (DOCA), qui favorisait la rétention de sel dans l'organisme et causait souvent de l'hypertension. Beaucoup d'études ont été faites sur cette hormone, notamment par le Dr Thorn et, à Montréal, par le Dr Hans Selye qui avait démontré que le moindre apport en sel dans l'alimentation de rats à qui on avait donné des doses importantes de DOCA entraînait une hypertension.

Ce qui me paraissait fascinant, c'était que l'hypertension mettait en cause un grand nombre de facteurs : le sodium, des hormones, les glandes surrénales, le cœur, le rein ainsi que le système nerveux autonome. C'est ce mécanisme complexe qui m'attirait : trouver comment tous ces chaînons, dont on savait que chacun pouvait causer un type d'hypertension, pouvaient être imbriqués les uns avec les autres dans les états d'hypertension essentielle, de cause inconnue.

La recherche était à ses débuts au moment où j'ai quitté Hopkins, mais déjà en pleine effervescence. La majorité des travaux permettaient alors d'établir que le débit et le rythme cardiaques, de même que le volume sanguin, demeuraient dans les limites normales. Beaucoup de chercheurs s'accordaient pour attribuer la cause fondamentale de l'hypertension au rétrécissement des petites artères et à l'augmentation de la résistance périphérique au courant sanguin et ils commençaient, en conséquence, à pousser leurs recherches dans cette direction. Après avoir étudié attentivement leurs travaux, j'en suis venu à adopter cette hypothèse et à m'engager moi aussi dans cette quête à laquelle j'ai consacré toute ma vie scientifique : trouver les agents qui provoquent chez l'humain l'augmentation de la résistance au courant sanguin dans les petites artères.

L'Institut Rockefeller

L'initiative de Jacques Genest, qui prenait sa source dans le célèbre
Rockefeller Institute for Medical Research, qu'il avait fréquenté,
était authentiquement novatrice... Aujourd'hui, l'Institut de recherches cliniques de Montréal est un centre vivant et productif,
un joyau de la province de Québec et du Canada.

Christian de Duve, Prix Nobel de médecine, 1989.

Le laboratoire que l'Institut Rockefeller aménageait pour le Dr Réginald
Archibald était encore en chantier lorsque j'y suis arrivé, en juin 1949. Archibald
m'a alors annoncé que l'aménagement des anciens locaux du Dr Van Slyke qu'on lui
destinait ne serait pas terminé avant septembre et que je pouvais disposer de mon
temps pour l'été. J'avais donc devant moi deux mois et demi de liberté et j'ai décidé
d'en profiter pour parfaire mes connaissances en chimie organique en allant suivre
un cours à la Faculté de chimie de Harvard afin de mieux me préparer aux recherches sur les hormones des glandes surrénales que je me proposais d'entreprendre.

J'ai passé trois ans à Rockefeller. Trois ans à y vivre, à y manger, à y dormir
et, surtout, à y travailler sans arrêt. C'était pour moi un nouveau milieu, un cadre
scientifique sans équivalent : j'étais au milieu de certains des plus grands savants au
monde, des gens d'une culture scientifique extraordinaire et souvent d'une grande
culture humaniste. Il y régnait un climat scientifique exceptionnel et un esprit de
pure recherche de la vérité. Personne n'y était pour faire de l'argent — c'était même,
au contraire, plutôt mal vu et seuls comptaient la pureté de la motivation, les idées
originales, le désir de reculer les frontières de nos connaissances, de faire progresser
la recherche, de trouver de nouvelles corrélations... Il n'y avait pas de hiérarchie et
tous les chercheurs étaient sur un pied d'égalité. Nous mangions ensemble dans la
même grande salle. On pouvait dîner un jour avec les collègues de son laboratoire,
l'autre jour avec un lauréat du prix Nobel ou avec tel autre grand savant. Il y avait
cette belle atmosphère de camaraderie et de collaboration qui faisait le charme unique de Rockefeller à l'époque.

J'ai passé l'ensemble de ces trois années à travailler avec Archibald. J'ai
cependant aussi travaillé, avant son départ de l'institut, avec Van Slyke, de même
qu'avec le Dr Vincent Dole, un des cerveaux scientifiques les plus puissants que j'ai

connus. Dole est devenu célèbre pour avoir mis au point le traitement de l'addiction aux drogues par la méthadone et il a fait des découvertes importantes dans le domaine de l'hypertension et des acides gras libres du sang.

À mon arrivée, Van Slyke m'a demandé sur quel aspect j'entendais faire ma recherche. De manière générale, je désirais travailler sur le sodium, les reins et l'hypertension. Il m'a demandé si j'avais un projet en particulier. Je lui ai répondu que non et que je voulais d'abord lire et réfléchir. Il m'a répondu en me disant de ne revenir le voir que lorsque j'aurais un projet défini. C'était sa manière un peu personnelle d'évaluer les jeunes chercheurs. Il ne suggérait ni n'imposait aucun projet : celui-ci devait venir du « fellow » lui-même, de sa propre initiative. Il jugeait ensuite de sa pertinence, disait si c'était bon ou mauvais et aidait le fellow à l'aborder de la meilleure façon et avec les méthodes appropriées.

À la fin de cette première rencontre, Van Slyke m'a donné cinq pipettes — de un, deux, cinq, dix et vingt ml — en m'enjoignant de les calibrer moi-même. Il faut savoir qu'à l'époque, nous n'avions pas accès à des tiroirs pleins de pipettes comme c'est le cas aujourd'hui. Chacun avait les siennes, rarement plus de cinq, toujours soigneusement protégées par beaucoup d'ouate qui remplissait un tiroir autrement à peu près vide, cinq pipettes qu'il devait calibrer lui-même afin de s'assurer que chacune contienne très exactement le nombre de ml qu'elle devait, en principe, contenir. Nous devions vérifier si la marque indiquée sur chacune correspondait précisément au volume ou alors faire une autre marque et ensuite revérifier. Il fallait calibrer d'abord avec de l'eau, à une température précise, plusieurs fois, puis faire la moyenne des résultats. Il fallait ensuite recommencer le même travail avec du mercure, le peser, vérifier la correspondance du poids avec le volume donné... Entre chaque mesure, il fallait nettoyer la pipette, la passer à l'acétone pour enlever toute matière grasse qui aurait pu y rester et ensuite rincer plusieurs fois à l'eau distillée. Il m'a fallu un mois pour calibrer mes cinq pipettes, un véritable travail de bénédictin ! C'est dire à quel point ces cinq pipettes-là devenaient précieuses : c'était de l'or ! Je ne laissais personne y toucher et chacun dans l'institut protégeait jalousement les siennes.

Au cours de ces premiers mois passés à Rockefeller, j'ai aussi aidé Archibald à monter son laboratoire. Là encore, il fallait tout calibrer, la verrerie, les balances et les nouveaux instruments qui arrivaient. Pour les balances, nous avions des poids étalonnés qui nous venaient du Bureau of Standards de Washington et qui coûtaient affreusement chers à l'époque. Les balances devaient être ajustées selon une tolérance d'un centième à un millième de gramme ! C'était un exercice long et fastidieux, mais aussi un entraînement à la précision que je dois à Archibald et qui m'a beaucoup aidé plus tard lorsque j'ai monté mon propre laboratoire à l'Hôtel-Dieu.

Une fois le laboratoire mis sur pied et après plusieurs mois de travail de recherche, j'ai pu repérer une fraction d'hormones stéroïdiennes qui semblait être en

rapport avec l'hypertension et dont la quantité relevée dans les urines différait nette-
ment entre les sujets normaux et les hypertendus. Comme toujours, en recherche,
j'ai du m'armer de patience, car une seule analyse d'urine me prenait souvent jusqu'à une ou deux semaines de labeur !

Au cours de la même période, dans le but de trouver une solution de re-
change à la diète monotone à base de riz et difficile à suivre de Kempner, j'ai aussi
convaincu un de mes collègues, le Dr Georges Cotzias (qui a reçu plus tard plusieurs
prix prestigieux pour ses travaux sur le traitement de la maladie de Parkinson), de
suivre avec moi la diète limitée à 200 mg de sodium par jour élaborée par le Dr Dole.
Je voulais comparer, chez des sujets normaux, les effets de la diète ordinairement
donnée à des sujets hypertendus. Nous sommes ainsi devenus nos propres cobayes.
Chaque jour, une diététiste préparait nos repas et nous suivions le même régime que
nos patients. Nous mesurions nos pressions artérielles tous les matins, en même
temps qu'eux, et nous recueillions, comme eux, nos urines pour y analyser les effets
de la diète sur les diverses fractions d'hormones stéroïdiennes.

La diète mise au point par Dole était moins sévère que celle de Kempner. Je
dois dire, cependant, qu'à la suite de ma propre expérience, la diète « sans sel »
altère considérablement le goût. Tous les aliments paraissent insipides et semblent
goûter la même chose. L'expérience m'a par ailleurs permis de me familiariser avec
beaucoup de questions liées à la nutrition de sorte qu'avec le temps, je suis devenu
un expert des diètes limitées en sel. J'ai analysé quantité d'aliments pour connaître
leur teneur en sodium, particulièrement les fruits et les légumes. Nous nous sommes
même rendu compte que la teneur en sel des légumes variait selon la nature du sol et
qu'il y avait parfois une différence marquée entre des légumes venant d'endroits
différents. Il se faisait alors beaucoup d'études diététiques de ce genre et je sais qu'à
la même époque, certains ont même été jusqu'à analyser la teneur en sel des pâtes
dentifrices !

Il y avait à Rockefeller un groupe de dix à douze jeunes médecins, fellows en
recherche, de mon âge. Tous sont devenus des grands chercheurs, ont eu des postes
de professeurs titulaires, de directeurs et ont gagné des prix internationaux. Nous
avions beaucoup de plaisir, mais tout le monde travaillait presque tous les soirs et
toutes les fins de semaines. Les travaux de spectrophotométrie me tenaient éveillés
tard dans la nuit, souvent jusqu'à trois ou quatre heures. Et à huit heures le lendemain matin, je recommençais.

L'une des seules distractions que nous avions nous était donnée par le
Dr Thomas Rivers. Celui-ci avait beaucoup travaillé à l'époque sur la polio et avait
trois passions : les virus, le bridge et le tennis. Il s'était retiré de la recherche au
moment où je suis arrivé à Rockefeller et il était devenu directeur de l'hôpital. Son
nouveau poste lui laissant plus de loisirs pour s'adonner à ses passions et il avait créé
ce que nous, les jeunes fellows, appelions « the command performance ». Une ou

deux fois par semaine, vers neuf heures et demie, il me téléphonait : « Jacques, how about a meeting on the tennis court at ten o'clock ? » L'invitation venait souvent ainsi, à peu de temps d'avis et, à moins de raisons majeures, il n'était pas question de décliner ou de répondre que nous avions une expérience en cours : le directeur de l'hôpital nous invitait, il fallait qu'on y soit !

Nous étions un groupe de six à sept assistants à jouer au tennis, parmi lesquels le directeur se prenait des partenaires pour une partie en double. Il y avait une part d'obligation morale à se joindre au directeur, mais aussi une bonne part de plaisir. Nous devions parfois nous changer en vitesse pour nous rendre au court de tennis, mais la pause était loin d'être désagréable : les courts se trouvaient sur les terrains de l'Institut au bord de la East River où la vue était superbe.

Pour ce qui est des autres loisirs, nous avions New York à notre disposition, avec ses restaurants, ses concerts, ses théâtres... Nos salaires ne nous permettaient pas de nous payer beaucoup de bon temps. En économisant sur mes émoluments de 2 400 dollars par année, j'ai cependant réussi à m'offrir le luxe d'un abonnement au Metropolitan Opera où j'allais une fois tous les quinze jours. Mais je travaillais alors tellement et souvent tard le soir que j'étais porté à y reprendre le sommeil perdu. J'étais bien assis dans mon fauteuil, sans bouger, et je dois dire à ma courte honte que je dormais la majeure partie du spectacle. J'avais ce goût de l'opéra, mais je récupérais malgré moi sur le sommeil perdu.

Une autre de mes rares distractions m'était donnée par le Dr Wally Goebel, qui était un des grands immunologistes du temps et un des grands experts au monde sur les bactériophages. Goebel était un homme merveilleux, sans prétention, simple et modeste. Il m'invitait chaque année dans sa famille pour célébrer le « Thanksgiving ». J'ai d'ailleurs toujours conservé un souvenir ému de cette fête américaine, un moment où tout arrête et qui est pour beaucoup d'Américains un événement presque plus important que Noël. Les familles se retrouvent, venant souvent de tous les coins du pays. On y remercie Dieu pour tous ses bienfaits, comme l'ont fait les colons en arrivant en Amérique en 1635. Je n'oublierai jamais leur accueil, la dinde et la gaieté qui régnait pendant ces fêtes. Goebel n'a jamais manqué de m'inviter et je lui en ai toujours gardé une profonde reconnaissance.

Mes séjours à Hopkins et à Rockefeller ont été pour moi l'occasion de nouer des amitiés précieuses et d'établir de nombreux contacts professionnels utiles. On y trouvait la crème de la médecine et les médecins qui sortaient de Hopkins et de Rockefeller étaient recherchés par toutes les universités qui s'orientaient vers le système de médecine de recherche à temps plein.

Chaque année, l'Association of American Physicians (AAP) tenait sa réunion annuelle à Atlantic City avec l'American Society for Clinical Investigation dont les membres étaient surnommés « Young Turks » parce qu'ils constituaient la jeune relève qui voulait accéder à l'AAP dans laquelle le nombre de membres était limité. J'y avais été amené dès ma première année à Hopkins, en 1946, par mon patron d'alors, le Dr John Luetchers, et je n'ai jamais manqué aucune de ces réunions par la suite à cause de leur excellence, mais aussi à cause des nombreux contacts précieux qu'on y établissait. Après mon retour à Montréal, j'y ai régulièrement amené mes fellows en recherche. C'est là où se tenait le « marché » des talents, la « pêche » aux jeunes chercheurs. Les chefs de médecine et les professeurs d'autres départements qui désiraient embaucher des chercheurs compétents s'échangeaient des noms et discutaient entre eux.

Les contacts que je m'y suis faits m'ont été très utiles par la suite. J'ai pu, grâce à eux, trouver des postes aux États-Unis pour plusieurs de mes fellows tels que les Drs Chrétien, Davignon, Pigeon, Lemieux, Marc-Aurèle... Par exemple, lorsque le Dr Jacques de Champlain eut terminé son Ph.D. sous ma direction et qu'il souhaitait aller poursuivre aux États-Unis des recherches sur le système nerveux sympathique, je n'ai eu qu'à prendre le téléphone et rejoindre à Washington Julius Axelrod, lauréat du prix Nobel, que je connaissais bien pour avoir siégé avec lui au comité consultatif des laboratoires de Brookhaven. Je lui ai décrit Jacques de Champlain ainsi que son travail de doctorat et il l'a rapidement accepté dans son laboratoire au National Institute of Health à Bethesda. Les relations étaient amicales, directes et simples et se faisaient de personne à personne, sans devoir passer par trois ou quatre lettres de recommandation et toutes sortes de formulaires.

C'est aussi à Rockefeller que j'ai fait la connaissance de Nancy Walker, par l'intermédiaire d'un autre de mes bons amis là-bas, George Murphy, que j'avais connu un peu plus tôt à Hopkins et qui est devenu par la suite directeur du Département de pathologie au New York Hospital de l'Université Cornell, lequel se trouve juste à côté de l'Institut Rockefeller. Son frère, Franklin, qui était alors président de l'Université du Kansas, est devenu président du *Los Angeles Times* et un des proches conseillers du président Eisenhower.

Nancy Walker, qui était une amie de George et Annette Murphy, était une femme ravissante et supérieurement intelligente qui faisait du service bénévole à l'Hôpital Roosevelt à cette époque. Il me l'a présentée et nous nous sommes rapidement liés d'amitié. Elle m'a ensuite invité dans sa famille, sur la pointe Walker, à Kennebunk, où j'ai fait la connaissance de son frère, George Herbert Walker, qui était alors un financier important de Wall Street et le parrain du futur président des États-Unis George Bush — lequel porte d'ailleurs les prénoms George Herbert Walker.

Par Nancy Walker, je suis devenu très ami avec les familles Walker et Bush. Ce sont deux familles remarquables, cultivées et élégantes, d'une affabilité et d'une générosité extraordinaires et profondément chrétiennes. J'ai eu ainsi l'occasion de connaître un nouveau milieu extrêmement intéressant qui, bien que très différent du monde scientifique, possède les mêmes qualités d'intégrité et les mêmes soucis d'excellence et de bien commun. J'ai passé de nombreuses fins de semaine sur la Pointe Walker avec eux. Nous sommes restés très liés, au point que lors de sa dernière maladie, je suis devenu un des médecins de M. Walker.

Parfois, aussi, je recevais la visite de compatriotes qui venaient me consulter à Rockefeller à titre professionnel. C'est ainsi que j'ai soigné un éminent avocat de Montréal — le fils d'un célèbre médecin canadien-français que je connaissais très bien. De passage à New York, il m'avait appelé parce qu'il se sentait mal. Je l'ai immédiatement reçu et examiné, sans pouvoir tout de suite identifier avec certitude le mal dont il souffrait, et je lui ai fait un prélèvement d'urine pour en faire l'analyse et pousser l'investigation plus avant. En m'en allant dans le couloir, avec l'agitation du transport, j'ai remarqué qu'il se formait une espèce de broue dans l'éprouvette, une sorte de mousse au reflet verdâtre, typique de la présence de sels biliaires. J'en ai déduit que l'avocat souffrait très probablement d'une hépatite. Je suis donc retourné le voir et, en lui regardant les yeux plus attentivement, j'ai vu qu'il avait les conjonctives légèrement jaunâtres : c'était bien une hépatite, prise au tout début. J'ai ensuite fait faire des tests biologiques qui ont confirmé la justesse du diagnostic.

Ces sept années d'études passées aux États-Unis m'ont tenu loin du Québec et souvent dans l'ignorance de ce qui s'y passait. J'y allais pour de courts séjours, mais cette période, de 1945 à 1952, reste une sorte de hiatus dans ma vie quant aux événements locaux, politiques ou autres.

L'offre du Sanatorium Saint-Joseph de Rosemont

Je n'avais pas encore de plan de carrière bien défini à l'époque où j'étais à Rockefeller. Sans doute aurais-je eu à y penser vers la fin de ma troisième année et sans doute aurais-je suivi le circuit américain des « Young Turks » si le hasard ne m'avait amené à revenir à Montréal.

J'avais un objectif clair : mettre sur pied mon propre laboratoire et être mon propre chef. Or, les événements décident parfois pour nous. Et comme de fait, le destin est venu, en la personne de mon ami Fernand Grégoire, réorienter ma carrière d'une manière inattendue.

Après son séjour chez Richard Bing à Hopkins, Grégoire était revenu à Montréal avec l'intention de poursuivre ses recherches sur la fonction respiratoire et avait pris la direction du laboratoire de physiologie pulmonaire au Sanatorium Saint-Joseph de Rosemont. Il examinait, entre autres, les malades atteints d'emphysème, d'amiantose, de silicose pour le compte de la Commission des accidents de travail. Il était devenu, ni plus ni moins, l'expert de la Commission.

En 1950, le Sanatorium Saint-Joseph traitait surtout la tuberculose, alors fréquente au Québec. Grégoire et le conseil d'administration du Sanatorium souhaitaient augmenter la capacité de l'hôpital et projetaient de créer un grand centre de maladies thoraciques de 400 à 500 lits auquel serait attaché un centre de recherche en physiopathologie pulmonaire. La direction du centre de recherche, qu'ils avaient nommé l'Institut Lavoisier, avait été confié à Grégoire.

Grégoire ne se sentait toutefois pas beaucoup d'attrait pour la carrière administrative. Et comme par ailleurs les maladies thoraciques touchent aussi les maladies cardiaques et qu'il ne se sentait pas les compétences adéquates dans ce domaine, il avait songé à moi et suggéré mon nom au conseil d'administration. C'est ainsi que j'ai eu le plaisir de sa visite à New York et qu'il m'a demandé, au nom du conseil, si je serais intéressé par la direction du centre projeté.

La proposition était généreuse, mais ne cadrait ni avec mes projets, ni avec ma formation, ni avec ce que je croyais être utile pour le Québec de 1950. J'ai expliqué très sincèrement à Grégoire que je n'avais aucune préparation spécifique dans les domaines cardiaque et pulmonaire et qu'en somme, ce n'était pas mon jardin. Je ne voyais d'autre part aucune nécessité de créer au Québec un plus grand nombre de lits d'hospitalisation, particulièrement dans le secteur des maladies pulmonaires.

J'étais aussi beaucoup trop jeune pour me scléroser dans la paperasse et faire de l'administration — ce qui risquait de me stériliser à la longue. Mon choix était clair : je voulais faire de la recherche et on ne peut pas diriger un hôpital de 500 lits et faire de la recherche active en même temps. La recherche évolue à un rythme accéléré et on ne peut pas se permettre le luxe d'arrêter, ne serait-ce qu'un an. Si on relâche le moindrement, on est vite dépassé.

J'ai donc refusé la proposition et Grégoire est retourné à Montréal transmettre ma réponse au conseil d'administration du Sanatorium, qui m'a par la suite invité à les rencontrer à Montréal pour leur exposer les raisons qui faisaient que, selon moi, l'offre ne convenait pas aux véritables besoins du Québec.

Mon expérience aux États-Unis m'avait donné une vision plus nette qu'avant mon départ des faiblesses et des lacunes de la médecine canadienne-française. La plupart des médecins canadiens-français ignoraient les formidables développements scientifiques américains pour la bonne raison que la presque totalité d'entre eux n'avaient aucun contact professionnel chez nos voisins du Sud ni même, bien souvent, avec la médecine qui se pratiquait dans les hôpitaux canadiens-anglais. Presque tous ceux qui étaient allés suivre une formation postuniversitaire à l'étranger s'étaient dirigés vers la France parce que la médecine française avait ici beaucoup de prestige. Malheureusement, cette réputation était un peu surfaite à l'époque et reposait sur les gloires du passé bien plus que sur ses accomplissements présents. La médecine y fonctionnait alors de manière un peu autarcique, souvent dans l'ignorance de ce qui se faisait ailleurs, de telle sorte que les médecins canadiens-français pouvaient difficilement y apprendre autre chose que la médecine française. Très peu parmi eux étaient allés suivre une formation dans les grands centres américains ou européens — peut-être parce qu'ils hésitaient devant l'effort d'apprendre une langue étrangère ou de devoir s'adapter à une culture différente — et ne pouvaient prendre conscience du retard considérable qu'elle accusait.

Nombre de médecins canadiens-français, il faut dire, étaient nationalistes dans la ligne de Groulx et de Bourassa et entretenaient beaucoup d'illusions sur la médecine française d'après-guerre et sur la France en général. La plupart ne voyaient pas à quel point celle-ci avait été éprouvée par la Première Grande guerre, par la dépression des années 1930 et, surtout, par les cinq années d'occupation allemande de la Seconde Guerre mondiale.

L'absence quasi totale de recherche scientifique au Québec contribuait beaucoup à notre isolement. Hans Selye était peut-être ici le seul chercheur, avec le professeur Masson, à avoir un rayonnement international. Ses travaux sur le stress étaient connus dans le monde entier. Ce tchèque d'origine avait d'abord vécu en Autriche. Il était ensuite parti travailler aux États-Unis avant de venir s'installer à l'Université

McGill, puis il s'était fixé définitivement vers 1946-1947, à l'Université de Mont-réal. C'est là qu'il avait installé les laboratoires de son institut de médecine et de chirurgie expérimentale.

Selye était génial à bien des égards, tant par sa facilité à écrire et à parler les langues étrangères que par son imagination extrêmement fertile. Il était très actif en recherche expérimentale et pouvait publier jusqu'à près de mille articles par année en plusieurs langues différentes. Beaucoup de jeunes Canadiens français ont obtenu leur Ph.D. à l'Université de Montréal avec lui et quelques-uns parmi eux ont eu une carrière brillante, comme ce fut le cas de Claude Fortier, Roger Guillemin, Marc Cantin, Gaétan Jasmin, Pierre Bois et autres.

Selye était un observateur expérimentaliste hors pair, doué d'une intuition exceptionnelle. Son institut à l'Université de Montréal fonctionnait un peu à la ma-nière d'un état dans l'état dominé par sa forte personnalité. C'était un milieu bien différent de celui des grands centres scientifiques comme Rockefeller ou Hopkins. Il laissait peu d'initiative à ses étudiants qui devaient faire les travaux qu'il leur dictait et toujours dans la ligne de ses propres recherches. Il travaillait aussi beaucoup selon l'inspiration du moment. Je sais qu'un matin, en déjeunant, il s'est demandé tout d'un coup ce qui arriverait s'il injectait du blanc d'œuf à un rat. Il a alors immédia-tement voulu faire l'expérience. Il a pris un rat, parmi les milliers qu'il avait dans son laboratoire, lui a injecté du blanc d'œuf... et le rat a fait un choc anaphylactique épouvantable. Cette intuition a été suivie par trois ou quatre années d'étude très poussées sur l'anaphylaxie chez les rats.

De la même façon, à une autre époque, il avait constaté que les rats, sous l'effet de certains agents, se couvraient en partie ou totalement de plaques de cal-cium à la manière des crustacés. De nombreuses expériences ont suivi, qu'il a pous-sées à un tel raffinement qu'il pouvait déclencher à volonté la formation de ces plaques de calcium. Et il y a eu l'ère de la calciphylaxie comme il y en avait eu une sur l'anaphylaxie. Malheureusement, le Dr Selye ne raisonnait ni ne travaillait d'une manière scientifique classique et méthodique. Je me rappelle avoir lu un rapport de visite d'évaluateurs qui lui reprochaient qu'aucun dosage de calcium n'ait été fait dans le sang des rats utilisés lors de ses expériences sur la calciphylaxie.

Il s'était constitué une bibliothèque personnelle composée d'environ 900 000 tirés à part, peut-être la bibliothèque la plus riche au monde en ce qui avait trait à l'endocrinologie, mais avec son propre système de classification et une douzaine de bibliothécaires pour s'en occuper. Il me l'a offerte quelque temps avant sa mort. Malheureusement, seul le transfert de classification — de la sienne à la classifica-tion internationale que nous avons toujours utilisée à l'IRCM — aurait exigé le tra-vail de quatre ou cinq bibliothécaires pendant quelques années. L'IRCM n'avait ni l'espace ni l'argent pour le faire et j'ai dû décliner.

Ses dernières années ont été tragiques. Il souffrait d'hypertension sévère et m'avait été référé par son orthopédiste du Presbyterian Hospital de New York. C'est d'abord moi qui l'ai soigné et ensuite mon collaborateur le Dr Otto Kuchel qui était lui aussi d'origine tchèque. Il est mort déçu et amer, chez lui, après s'être replié sur lui-même et en refusant tout secours médical. C'est Marc Cantin, qui avait été son élève et qui avait beaucoup d'admiration pour lui, qui a été appelé pour constater sa mort. Ayant toujours été chercheur et n'ayant pas de licence de pratique médicale, il a dû faire appel à Otto Kuchel pour signer le certificat de décès.

Un autre personnage important de la scène scientifique de l'époque était le Dr Armand Frappier, qui avait étudié la bactériologie pendant un an dans l'état de New York, au laboratoire de Saranac Lake qui se spécialisait surtout dans la tuberculose. Il avait ensuite passé une année au Public Health Service à New York, puis trois mois à l'Institut Pasteur à Paris pour apprendre la technique de fabrication du vaccin BCG (bacille Calmette-Guérin) utilisé contre la tuberculose. À son retour à Montréal, il s'est lancé dans la fabrication de vaccins et dans l'enseignement. On lui doit l'organisation des cours de bactériologie à l'Université de Montréal de même que celle des laboratoires de bactériologie en milieu hospitalier.

Son idéal était de doter le Québec d'un institut semblable à l'Institut Pasteur où seraient fabriqués nos propres vaccins qu'il souhaitait commercialiser afin de financer ses travaux de recherche. Les recherches comme telles n'ont toutefois véritablement pris leur essor qu'en 1964 lorsqu'il a déménagé son institut de la colline universitaire jusqu'à Laval-des-Rapides alors que l'Institut de microbiologie et d'hygiène est devenu l'Institut Armand-Frappier. Dans les années antérieures, ses laboratoires étaient logés à l'université même, dans des locaux mal adaptés au type de travail qu'il faisait. Il travaillait beaucoup avec des animaux de ferme que les employés devaient amener au laboratoire en faisant un long détour à travers l'université. Il arrivait parfois que ceux-ci coupent au plus court en passant par la bibliothèque. On imagine facilement la distraction que pouvait amener aux étudiants une chèvre que les employés devaient tirer et pousser pour qu'elle avance à travers la bibliothèque !

En 1963, il a réussi à obtenir du gouvernement Duplessis une subvention de 75 000 $ qui lui a permis d'acheter une ferme à Rivière-des-Prairies pour y déménager ses laboratoires. Libéré de la supervision de l'université et des conflits administratifs, il a véritablement commencé à mettre sur pied des laboratoires de recherche qui ont pris beaucoup d'expansion avec les années. Cependant, comme qu'il me l'a souvent répété lui-même, il s'intéressait plus à la fabrication de vaccins et de sérum qu'à la recherche fondamentale à long terme, à moins qu'elle ne soit applicable directement et à courte échéance à l'amélioration des produits biologiques fabriqués à l'Institut. Si après deux ans de subvention la recherche n'aboutissait à rien, il coupait les fonds.

C'était un grand ami. Lorsqu'il a été malade, il a été soigné à l'Hôtel-Dieu où j'allais le visiter et à plusieurs reprises, nous avons eu de longues conversations sur sa carrière et ses idées. C'était un homme d'une persévérance remarquable, qui a travaillé dans l'adversité et pour lequel j'ai gardé beaucoup d'admiration, particulièrement en raison de la sérénité dont il savait faire preuve devant les difficultés et les nombreuses frustrations qu'il a dû subir.

Il y avait aussi, bien sûr, Pierre Masson et l'équipe de pathologistes qu'il a contribué à former : Joseph-Luc Riopelle à l'Hôtel-Dieu ; Louis-Charles Simard qui a mis sur pied l'Institut du cancer à l'Hôpital Notre-Dame avec Antonio Cantero ; Louis Berger qui est parti à Québec y diriger le Département de pathologie de l'Université Laval. Le Dr Masson faisait un travail de recherche en pathologie remarquable et son groupe a produit des contributions d'un très haut standard scientifique.

Malheureusement, en dépit de leur valeur, les travaux de M. Masson, tout comme ceux du Dr Selye et du Dr Frappier, ne pouvaient à eux seuls parvenir à sortir la médecine canadienne-française de son isolement. Il y avait ici un véritable cercle vicieux pratiquement impossible à briser. Nos universités étaient jeunes. Nous étions pauvres, mal organisés, coincés dans notre provincialisme étroit, sans contacts personnels avec les grands de la médecine américaine. Nous étions vaguement conscients de notre retard, mais en même temps inconnus et ignorés faute de recherche et de contribution à la science médicale universelle. Nous exercions une médecine coloniale qui faisait que nos diplômes universitaires et nos hôpitaux étaient peu considérés à l'étranger. Même si les universités de Montréal et de Laval étaient reconnues et accréditées aux États-Unis, beaucoup de jeunes médecins se voyaient refuser des postes, des stages ou même l'accès à des examens professionnels américains parce que nos hôpitaux universitaires, eux, ne l'étaient pas. Beaucoup de collègues et de jeunes externes m'écrivaient lorsque j'étais aux États-Unis afin de savoir où aller et à qui s'adresser pour obtenir un poste ou se présenter aux examens de l'American College of Physicians. Le plus souvent, ils essuyaient un refus parce que l'hôpital dans lequel ils avaient fait leur résidence n'était pas accrédité. Les jeunes avaient très peu de chance d'accéder à des postes de fellows, de résident ou d'interne et finissaient souvent comme simple observateur, ce qui n'est pas du tout la même chose que de travailler soi-même et d'avoir des responsabilités. Les médecins canadiens-français qui allaient à l'étranger et qui disaient venir de l'Université de Montréal se faisaient souvent répondre : « Oh, vous voulez dire de McGill » ; et bien souvent, parce que c'était agaçant et humiliant, ils finissaient par répondre : « C'est exact, de McGill ! »

La Faculté de médecine de l'Université de Montréal avait fait l'objet d'évaluations quinquennales de la part du Council on Medical Education and Hospitals de l'Association médicale américaine au cours desquelles de nombreuses déficiences avaient été sévèrement critiquées. Une autre évaluation, demandée en 1946 à M. Comroe par le conseil des gouverneurs de l'Université de Montréal, avait été confiée pour la partie médicale à l'expertise du Dr V. Johnson de New York et du Dr H.G. Weiskotten, doyen du Collège de médecine de l'Université de Syracuse.

Bien qu'étant encore à Hopkins à l'époque, j'ai eu vent de cette enquête dont le rapport n'avait pas encore été déposé. J'étais moi-même très préoccupé par notre retard scientifique et j'avais, de mon côté, commencé à réfléchir, à discuter avec des amis et, finalement, à écrire un article sur la question. Je trouvais tout simplement incroyable de voir que la grande majorité des médecins, dans nos hôpitaux et nos universités canadiennes-françaises, ne soient pas au courant des progrès phénoménaux qui avaient été accomplis à Hopkins, à Philadelphie, à Harvard et à Chicago et qu'aucune mesure ne soit prise pour remédier aux énormes lacunes de notre médecine.

Comme je craignais de n'être pas suffisamment objectif ou d'être trop sévère, j'ai pris l'initiative d'aller consulter Weiskotten pour lui demander son avis. Je suis donc parti de Baltimore dans ma petite voiture en direction de Syracuse par un soir de janvier 1948, accompagné de mon ami Fernand Grégoire.

Il faisait ce soir-là un froid exceptionnel, près de moins trente sous zéro °F, et à peine étions-nous sortis de Baltimore, après 60 à 80 km de route, que la chaufferette de la voiture nous a laissé tomber. Nous sommes arrêtés à quelques stations-service, sans pouvoir trouver de mécanicien ; nous avons décidé de continuer malgré tout et de remonter tout l'ouest de la Pennsylvanie jusqu'à Syracuse par ce froid polaire. Il faisait si froid que les jambes nous gelaient jusqu'au bassin et qu'il fallait nous arrêter à toutes les heures. Nous arrêtions prendre un café ou une soupe chaude chaque fois qu'on voyait un « diner », le temps de se réchauffer et de retrouver assez de mobilité pour pouvoir peser à nouveau sur l'accélérateur, et nous repartions. Cette nuit-là, les « diners » nous ont sauvé la vie !

Nous sommes arrivés à Syracuse à cinq heures du matin, par une tempête de neige épouvantable. Pour ajouter à nos déboires, nous y avons trouvé l'hôtel complet. Nous avons demandé au réceptionniste de l'hôtel s'il était possible de nous installer sur les sofas du hall jusqu'à l'heure de mon rendez-vous avec Weiskotten. L'homme nous a pris en pitié, nous a dit de nous y allonger et est revenu vers six heures et quart nous offrir la chambre d'un client qui venait de quitter. Grégoire s'est arrangé pour prendre une peu de sommeil pendant que j'allais à mon rendez-vous.

J'ai montré au Dr Weiskotten ce que j'avais écrit et je suis resté près de deux heures avec lui à en discuter. Son rapport n'allait être remis qu'en avril, mais il était heureux de voir que j'arrivais, moi, un observateur vivant dans le milieu, aux mêmes conclusions que les siennes et celles de Johnson. Les points sur lesquels j'insistais dans mon article correspondaient exactement à leurs observations, lesquelles confirmaient ce qu'avaient aussi constaté les experts de la Fondation Rockefeller et ceux des comités d'accréditation.

J'ai ensuite fait lire l'article à M. Masson qui m'a lui aussi rassuré en me disant que ma critique de la médecine canadienne-française correspondait à beaucoup de ses convictions. Je l'ai aussi soumis au chanoine Groulx, qui avait une belle plume et qui écrivait un magnifique français. Tous les deux trouvaient que c'était un article courageux et modéré.

Je partageais une grande part du nationalisme de Groulx et j'avais écrit cet article pour défendre et promouvoir les intérêts canadiens-français. Je l'avais voulu extrêmement positif et j'y énonçais des propositions claires et positives.

L'article, que j'avais intitulé « L'avenir de la médecine canadienne-française », a été publié en octobre 1948 dans l'*Union médicale du Canada*. J'y soulignais nos déficiences, la pénurie de personnes compétentes à temps plein dans les facultés de médecine, le manque d'argent pour les payer, le manque d'organisation, la répétition de certains cours ainsi que le maintien de cours presque entièrement inutiles. Je déplorais l'absence de laboratoires de recherche, le manque de support moral et financier, le fait que les quelques laboratoires universitaires étaient le plus souvent dissociés de la clinique et des hôpitaux et, surtout, l'isolement scientifique dans lequel on était. J'apportais aussi des solutions, inspirées de mon expérience aux États-Unis.

L'article a eu des échos et j'ai reçu un grand nombre de lettres de jeunes confrères qui appuyaient mon intervention. En réalité, j'avais écrit ce que les gens ne pouvaient pas encore exprimer clairement ou ce qu'ils n'osaient dire trop fort par peur de représailles et beaucoup me disaient dans leur lettre : « Enfin quelqu'un qui dit tout haut ce que l'on pense tout bas. » Malheureusement, il y avait du côté des personnes en poste beaucoup de réticences à mes critiques. Le seul à avoir eu le courage de répondre publiquement a été le Dr Ralph Boutin, alors directeur médical de l'Hôpital Notre-Dame. Il a publié un article extrêmement louangeur, qui corroborait le mien et qui disait combien mon article arrivait à point.

Il reste que cet article, « L'avenir de la médecine canadienne-française », a eu un effet souterrain à long terme même s'il n'y a eu que peu d'effet immédiat. Les choses ont continué à stagner, pendant près de dix ans, et il a fallu attendre que la Faculté de médecine de l'Université de Montréal soit menacée de désaccréditation et que le comité d'agrément de l'Association médicale américaine donne un ultimatum, en 1962, pour que l'abcès crève véritablement.

Les membres du conseil d'administration du Sanatorium Saint-Joseph de Rosemont étaient au courant de certaines de nos faiblesses, mais ils ignoraient encore, comme la plupart des Canadiens français, la gravité de la situation et les critiques formulées par les experts américains. L'université n'avait fait aucun étalage des critiques qui n'avaient conséquemment pas beaucoup circulé en dehors du conseil des gouverneurs et de la Faculté de médecine.

Cependant, comme beaucoup, on reconnaissait que notre médecine n'était pas à la hauteur de la médecine scientifique des grands centres universitaires américains ou européens et que notre enseignement médical était inférieur. Il était notoire que ceux qui en avaient les moyens — parmi lesquels des hommes politiques canadiens-français importants — allaient régulièrement se faire soigner aux États-Unis. Je trouvais humiliant pour la médecine canadienne-française que des gens éminents de notre milieu aillent consulter des médecins anglophones ou se faire traiter dans des cliniques américaines telles que la clinique Lahey et la Pratt Diagnostic Clinic à Boston ou, encore, la Clinique Mayo à Rochester.

J'ai été franc avec les membres du conseil d'administration et je leur ai mis cartes sur table. Au lieu de simplement refuser leur offre et de rester sur un non, je leur ai plutôt proposé quelque chose de positif et auquel je croyais. J'étais convaincu que ce qui était avant tout nécessaire au Québec était de combler nos faiblesses et de mettre sur pied un centre plus élaboré, plus apte à corriger nos déficiences. Je leur ai expliqué que ce qui manquait ici était un véritable centre de diagnostic pour les cas difficiles, complété par de nombreux laboratoires cliniques dans un cadre de médecine à temps plein, comme aux États-Unis.

Il y avait parmi les membres du conseil d'administration des hommes d'affaires et des gens éminents comme Me Marcel Piché, le juge Prévost, Me Doyon et autres. Aucun d'entre eux n'avait un quelconque intérêt personnel dans un tel projet, mais tous ont compris la réalité du problème. Ils ont tout de suite senti que c'était bien là la chose à faire et ils ont appuyé le projet avec enthousiasme.

Le conseil d'administration du Sanatorium Saint-Joseph était présidé par Me Marcel Piché, homme extrêmement intelligent et brillant qui a été pour moi, tout au long de ma carrière, d'une aide inestimable. Pendant plusieurs années, il avait été en charge du bureau légal de Marine Industries dont il connaissait très bien les propriétaires, la famille Simard, alors très influente en politique, tant au provincial qu'au fédéral. Par eux, Me Piché avait eu ses entrées auprès de Duplessis, qu'il voyait souvent et qui l'avait pris en amitié. Marcel Piché, un homme dévoué, qui, en plus de tenir son bureau d'avocat, aimait à présider les conseils d'administration, auxquels il consacrait beaucoup de son temps. C'est ainsi qu'il est devenu président de la Place des arts, de l'Association des hôpitaux de Montréal, chancelier de l'Université de Montréal et président du Comité pour l'unité canadienne. Il s'est aussi beaucoup dévoué pour l'IRCM en assumant la présidence du conseil d'administration jusqu'en 1991. Nous lui devons énormément.

M. Piché, quelques jours après notre rencontre, est allé rencontrer M. Duplessis accompagné de Fernand Grégoire et du Dr Marcel Verschelden. Il lui a exposé clairement la situation de sorte que M. Duplessis, qui était allé lui-même consulter des médecins aux États-Unis, a considéré le projet d'un œil favorable. M. Piché lui a fait valoir l'idée du centre de diagnostic et lui a peu à peu vendu l'idée du projet.

Voyant les choses prendre une tournure encourageante, j'ai proposé aux membres du conseil d'administration de venir visiter l'Institut Rockefeller. J'avais d'excellentes relations aux États-Unis, je connaissais une bonne partie de l'intelligentsia de la médecine américaine à Hopkins, à Philadelphie, à New York, à Boston et j'avais des entrées un peu partout dont je pouvais leur faire profiter. C'est ainsi que Marcel Piché est venu visiter ces centres à New York et a pu rencontrer les directeurs de fondations et les directeurs d'hôpitaux. L'architecte Gaston Gagné, l'économiste M. Doyon et le juge Prévost sont venus à leur tour, à deux reprises.

Les visites étaient assez sommaires, mais elles ont été pour eux une révélation. Aucun ne s'était douté de ce qu'il découvrait tout à coup. Ils étaient ébahis et dès leur première visite, ils ont abandonné le projet du centre de maladies thoraciques. Ils se voyaient participer à une œuvre qui amènerait au Québec un progrès important. À leur retour à Montréal, ils ont communiqué leur enthousiasme aux autres membres du conseil d'administration de sorte que leur visite a eu un effet d'entraînement à long terme.

À la fin février 1951, l'architecte Gagné avait déjà complété les plans préliminaires de l'agrandissement du Sanatorium Saint-Joseph et de l'Institut Lavoisier. Ce n'était encore qu'une ébauche, mais elle donnait une idée des caractéristiques du futur centre et un ordre de grandeur des coûts — évalué à environ 5 millions de dollars — ce qui devait permettre de présenter le projet aux fonctionnaires. Il s'agissait d'un petit hôpital et d'une grosse clinique ambulatoire où les médecins seraient à temps plein et à salaire, à l'exemple de Hopkins et de la Clinique Mayo. Dans l'hôpital, on trouverait de nombreux laboratoires dont le but serait d'aider à résoudre les problèmes des patients dans les cas de diagnostics difficiles et de trouver les causes et les mécanismes de la maladie tout en poursuivant des projets de recherches cliniques.

Les discussions préliminaires avec les hommes politiques ayant été positives, le projet ne semblait pas devoir poser trop de difficultés. Si l'argent n'était pas sur la table, du moins, Marcel Piché avait-il une grande confiance qu'il pourrait l'obtenir. Malheureusement, des élections se préparaient et M. Duplessis hésitait à présenter le projet à l'Assemblée nationale avant les élections. En réalité, un pareil projet constituait une brisure dans la tradition médicale canadienne-française et reposait sur des idées nouvelles qui allaient se heurter à beaucoup d'incompréhensions et d'intérêts établis. Les membres du conseil d'administration du Sanatorium Saint-Joseph de Rosemont avaient compris immédiatement le bénéfice que pourrait apporter un tel centre, mais le grand public, lui, n'était pas encore acquis et il fallait que la décision politique qui créerait le centre vienne de haut. En fin de compte, les politiciens ont jugé que ce serait précipité de le faire avant les élections.

Nous avons ainsi fini par apprendre que le projet ne serait pas présenté en Chambre avant décembre 1952 et qu'on ne pouvait rien espérer d'ici là.

J'ai essayé de tirer le meilleur parti possible de la situation et de faire en sorte que ce délai soit employé de manière constructive et utile. Estimant que c'était peut-être une occasion de compléter ma formation, j'ai suggéré au conseil d'administration une enquête en Europe afin d'y visiter tous les grands centres de médecine et de recherche biomédicale et de pouvoir comparer ce que j'avais vu aux États-Unis avec ce qui se faisait là-bas. Il y avait certainement beaucoup d'expérience a y prendre.

Les membres du conseil d'administration ont jugé l'idée excellente et se sont mis d'accord pour que je prenne une année sabbatique. M. Piché a obtenu que je sois délégué par le gouvernement du Québec qui pourvoirait aux frais du voyage tandis que, de son côté, le ministre de la Santé à Ottawa, M. Paul Martin, père de l'actuel ministre des Finances, m'a fourni des lettres de recommandation.

Évidemment, un tel voyage m'obligeait à interrompre mes recherches pendant un an. C'était par ailleurs une occasion extraordinaire — une chance comme il en arrive une fois dans sa vie — et que je ne devais pas manquer. Il n'y avait pas à hésiter !

En juin 1951, je partais pour l'Europe.

Voyage en Europe

L'Europe se remettait encore des ravages de la guerre au moment où j'y suis arrivé. Tout y était désorganisé et à reconstruire, y compris les grands centres scientifiques dont les activités avaient été pour une bonne part détournées vers la recherche militaire. Beaucoup de savants avaient fui aux États-Unis, ce qui vidait l'Europe de plusieurs de ses meilleurs cerveaux. L'atmosphère y était sombre et pessimiste. Les Européens avaient pris conscience de leur retard médical avec l'arrivée des armées américaines dont les services médicaux surclassaient de loin ce qui existait alors en l'Europe. Cette prise de conscience s'est accentuée par la suite lorsque certains chercheurs et médecins sont venus en visite aux États-Unis.

Je me souviens, au moment où j'étais encore à Hopkins, le directeur médical de l'hôpital m'avait demandé de servir d'interprète et de cicérone au professeur Robert Debré — le grand pédiatre français et père du futur premier ministre Michel Debré — et au professeur Van Creveld de Hollande qui venaient visiter certains grands centres américains avec l'appui de la Fondation Rockefeller. Ils étaient tous deux profondément étonnés de voir l'organisation des hôpitaux, des centres de recherche et la qualité du travail qui s'y faisait.

Les chercheurs européens n'avaient ni l'infrastructure ni les moyens qu'avaient les Américains. L'Europe ne comptait pas de fondations philantropiques comparables aux grandes fondations américaines, mise à part la Fondation Nuffield en Angleterre. Cette dernière était cependant loin d'avoir les ressources financières de la Fondation Rockefeller. Les subventions à la recherche venaient alors très maigrement des gouvernements et encore plus maigrement du secteur privé. Ce n'est que beaucoup plus tard que les pays d'Europe se sont dotés de politiques nationales et qu'ont été créées des institutions comme le Conseil médical de recherche en Angleterre et le Centre national de la recherche scientifique (CNRS) en France. Les États-Unis avaient, à cet égard, une avance d'au moins une cinquantaine d'années sur l'Europe.

La Fondation Rockefeller était très active en Europe durant l'après-guerre où elle a aidé un grand nombre d'institutions scientifiques à se remettre sur pied.

Beaucoup d'Européens qui souhaitaient créer un nouveau laboratoire demandaient son soutien et les administrateurs de la fondation qui voyageaient en Europe étaient grandement sollicités dans l'espoir d'obtenir des subventions. Ces derniers avaient leurs entrées partout, visitaient tous les centres et rencontraient tout le monde. Leurs observations étaient consignées en détail dans des rapports qui servaient ensuite de sources de références et de renseignements extraordinaires.

J'avais d'excellents contacts à la Fondation, notamment avec son directeur médical, le Dr Robert Morison, de même qu'avec le Dr Rulf Struthers, tous deux étant très au courant de tout ce qui se passait en Europe sur le plan de la recherche médicale. Ils connaissaient là-bas tous les grands centres de recherche de même que beaucoup de médecins et chercheurs. Le Dr Struthers m'a énormément aidé à organiser mon voyage en m'ouvrant les portes de nombreux centres de recherche de l'Europe de l'Ouest. Je lui dois pour une bonne part le succès de mon enquête ainsi que je le dois au directeur de la Fondation Nuffield pour la Grande-Bretagne, M. Farrer Brown.

Tout au cours du voyage, j'ai suivi le conseil de Struthers et j'ai pris des notes à la manière des administrateurs officiels de la Fondation. Dès que j'avais un moment libre, je m'isolais pour rédiger mes observations sur les laboratoires et les personnes que je venais de rencontrer. J'ai gardé toutes ces notes qui constituent aujourd'hui une riche mine d'informations sur la recherche en Europe de l'après-guerre.

En Belgique, j'ai pu rencontré, à l'Hôpital Saint-Pierre, le Dr Paul Govaerts, une autorité en hypertension. J'ai aussi été au Danemark où j'ai visité les laboratoires Calsberg, mis sur pied grâce à la générosité du fondateur de la brasserie du même nom. Il s'y faisait de la recherche biomédicale de première classe. J'ai rencontré à Stockholm le professeur Ulf Von Euler, un futur lauréat du prix Nobel, comme son père, et avec qui je me suis lié d'amitié. Il est devenu par la suite président de la Fondation Nobel.

J'ai aussi eu la chance de rencontrer, à Upsala, en Suède, le Dr Arne Tiselius qui avait obtenu le prix Nobel pour ses contributions sur l'électrophorèse et, à Stockholm, le Dr Luft. Ce dernier venait justement de recevoir une lettre de Hans Selye lui disant qu'il serait heureux de prononcer une conférence lors de son passage à Stockholm... Le Dr Selye avait cette technique qui consistait à écrire à ses amis lorsqu'il projetait de visiter leur ville afin de se faire inviter à prononcer une conférence sur ses recherches. Une fois revenu au Canada, il donnait une conférence de presse pour dire qu'il avait été invité à donner des conférences un peu partout... Cette technique habile a été imitée par d'autres chercheurs à Montréal.

La Suède est un pays extrêmement tranquille les samedis et dimanches. À tel point que lorsque j'ai demandé au professeur Tiselius comment il se faisait qu'il y avait des découvertes si importantes en sciences fondamentales, il m'a répondu par cette anecdote. Il m'a raconté qu'un dimanche matin, alors qu'il allait travailler à son laboratoire, il avait trouvé un jeune fellow roumain assis à son bureau, la tête entre les mains, qui semblait ne rien faire du tout. Lorsqu'il a demandé au jeune homme ce qu'il faisait là, celui-ci lui a répondu que la Suède était si monotone et ennuyante le dimanche qu'il n'y avait absolument rien d'autre à faire que d'essayer de réfléchir !

En Hollande, je me suis tout particulièrement intéressé aux travaux du professeur Borst, qui avait fait une observation originale en rapport avec l'utilisation de la réglisse dans le traitement de l'ulcère d'estomac. Son observation était partie du fait que durant la guerre, un grand nombre de gens souffraient d'ulcères gastriques et duodénaux à cause du stress et des privations. Il avait remarqué qu'un médicament fait à base de réglisse soulageait beaucoup les malades. De là, le professeur Borst avait donné de la réglisse pure à des patients en notant les même effets bénéfiques, mais aussi un effet secondaire notable qui était de provoquer des œdèmes et une augmentation modérée de la pression artérielle chez certains. Il venait de démontrer que la réglisse favorisait la rétention de sel dans l'organisme et qu'elle pouvait être une cause d'hypertension. Il y avait en Europe plusieurs observateurs et cliniciens d'envergure qui, comme le professeur Borst, ont fait des contributions importantes parce qu'ils savaient observer de près leurs patients et faire avancer les connaissances par leurs recherches cliniques.

En France, j'ai eu l'occasion de rencontrer plusieurs grandes personnalités : des directeurs au ministère de la Santé, le directeur de l'Institut national d'hygiène, les doyens des facultés de médecine de Paris et de Lyon ainsi que de nombreux chercheurs parmi lesquels Jean Bernard et René Fauvert. J'ai visité l'Institut Pasteur où j'ai rencontré le Dr Pierre Lépine et d'autres grands médecins de France tels que le Dr Lacassagne, qui était directeur de l'Institut du cancer, et, surtout, à cause de mon intérêt pour les maladies rénales, le professeur Ambard, alors âgé de 77 ans et dont les travaux avaient mis en évidence en 1903-1904 la relation entre le sel et l'hypertension.

Même si pour plusieurs, particulièrement pour les Canadiens français, Paris était toujours une des capitales scientifiques et médicales du monde, les médecins français ne se faisaient guère d'illusions sur l'état réel de la recherche dans leur pays et admettaient facilement leur retard. L'Institut Pasteur et le Collège de France étaient toujours des centres à la hauteur de leur prestigieuse réputation. Par contre, il se faisait en général peu de recherche clinique ou fondamentale dans les centres hospitaliers qui, pour la plupart, étaient largement sous-équipés en laboratoires et en infrastructures de recherche.

Le retard de la médecine française était aussi imputable, en partie, au fait qu'un véritable « mur de Berlin » séparait encore les chercheurs fondamentalistes et les cliniciens. Les fondamentalistes travaillaient de leur côté, en dehors des cliniques, sans contact avec les malades, et devaient généralement se débrouiller avec de maigres ressources financières. Les cliniciens se réservaient les malades et les honoraires qui venaient avec la clinique. Il n'y avait, en pratique, ni subvention gouvernementale ni subvention privée pour la recherche clinique. Seul l'Institut national d'hygiène disposait d'une certaine autonomie et de certains moyens financiers.

Un autre facteur était le fait que bien peu de médecins francais connaissent la langue anglaise pour lire les publications américaines et encore moins les traduire. Une incompréhension profonde régnait entre la France et les États-Unis. Les Français étaient souvent irrités, non sans raison, de voir que les Américains qui, de leur côté, lisaient aussi très peu les revues françaises, redécouvraient parfois ce que des Français avaient observé avant eux. La littérature française était ignorée et rarement citée aux États-Unis où elle continue d'ailleurs d'être méconnue, bien qu'à un degré moindre. Beaucoup de chercheurs américains n'ont pas tendance à citer les travaux qui ont été faits ailleurs dans une autre langue. C'est une pratique qui leur a été reprochée et, dans certains cas, avec justesse.

Le fait de se savoir à tel point en retard contribuait à la morosité des chercheurs et des médecins francais. Parlant de la médecine française, un jeune médecin clinicien des hôpitaux m'avait même dit : « Vous autres Canadiens, vous êtes chanceux, votre richesse, c'est l'avenir. Nous autres Français, notre richesse, c'est le passé ; et l'avenir, c'est encore notre passé ! »

Heureusement, la médecine française a beaucoup évolué depuis lors, surtout grâce à la réforme proposée en 1953 par le Pr Robert Debré. Il a cependant fallu attendre 1964 pour que la France se dote de véritables leviers d'aide à la recherche et que soit créé l'Institut national de la science et de la recherche médicale (INSERM). Ce dernier est à peu près l'équivalent de notre Fonds de la recherche en santé du Québec (FRSQ), créé la même année sous le nom de Conseil de la recherche médicale du Québec (CRMQ). Depuis trente ans, on assiste à une renaissance de la médecine française. Les hôpitaux sont équipés de laboratoires de recherche clinique où il se fait des travaux de calibre international et on y trouve des chercheurs de grande valeur auprès desquels les jeunes médecins canadiens-français peuvent obtenir des postes ainsi que des responsabilités. Et puis, il y a toujours l'Institut Pasteur, une institution unique au monde, qui a énormément contribué au progrès de la médecine en biologie moléculaire avec des savants comme Jacob, Monod et Lwoff, dans la recherche sur le sida avec Montagnier et dans bien d'autres domaines.

L'Angleterre a été une des étapes importantes de mon enquête. Le Dr Struthers m'y a mis en contact avec le directeur de la Fondation Nuffield, M. Farrer Brown, qui s'est occupé des moindres détails de mon voyage avec une grande gentillesse. Tous mes rendez-vous et toutes mes réservations d'hôtel ont été organisés par les soins de la Fondation qui m'a ouvert les portes de tous les grands centres d'Angleterre et d'Écosse. Grâce à eux, j'ai fait une tournée inoubliable.

À Londres, j'ai rencontré le professeur Harold Himsworth, un clinicien-chercheur de grand renom. Sir Himsworth était alors secrétaire du Conseil de la recherche médicale d'Angleterre et souhaitait créer un centre analogue à celui du National Institute of Health de Bethesda. Comme en France, les médecins anglais jalousaient la médecine américaine et, peut-être par réaction aux façons de faire de la recherche américaine, Himsworth affirmait qu'il fallait étudier les maladies ordinaires dont souffrent les malades, telle la grippe, et non pas ce qu'il appelait les cas rares ou ésotériques qui n'ont rien de commun avec les maladies dont souffrent le plus fréquemment les malades. Pour cette raison, Hinsworth tenait à ce que le nouveau centre de recherche clinique soit juxtaposé à un hôpital général ordinaire. Je n'étais pas du tout d'accord avec lui.

Le centre en question a, en effet, été construit quelques années plus tard en annexe à l'Hôpital général de Northwich Park, en banlieue de Londres. Le site était cependant mal choisi et plusieurs ont décliné l'offre d'en devenir directeur afin de ne pas s'éloigner de Londres, des bibliothèques et des grands spécialistes consultants. Le centre a d'ailleurs été supprimé il y a quelques années par le Conseil médical de recherche d'Angleterre qui a préféré redistribuer les différentes unités de recherches à travers le pays. Celles-ci sont souvent isolées ou groupées par intérêts assez étroits, selon leurs domaines spécifiques. Ces unités de recherche clinique n'en font pas moins un travail remarquable et de haut calibre.

Maints groupes de chercheurs anglais travaillaient alors sur l'hypertension. Himsworth, qui était au courant de mes intérêts, m'en a fait connaître plusieurs, dont le fameux couple anglais Jim Tait et Sylvia Simpson. Il a organisé une petite rencontre afin de me les présenter, rencontre pendant laquelle ils m'ont fait part de leur toute récente découverte. Ils venaient de trouver ce sur quoi plusieurs chercheurs — dont moi-même — travaillaient depuis un certain temps et ils étaient très excités. Grâce à la collaboration des chimistes de la compagnie Ciba, ils étaient parvenus à isoler et à synthétiser une hormone naturelle, l'aldostérone, qui est sécrétée par les glandes surrénales et qui contrôle la régulation du sel dans l'organisme. Il s'agissait d'une découverte majeure dont ils avaient raison d'être fiers.

J'ai aussi fait la connaissance du Dr Stanley Peart, qui était un as dans le domaine de l'hypertension, de même A.F. Lever, J.J. Brown et J.I. Robertson du groupe de Glasgow. Un autre groupe important était celui du Dr Robert Platt, devenu plus tard Lord Platt, qui était chef de médecine à Manchester. Il y avait enfin le groupe du Dr George Pickering, qui ne croyait pas du tout à l'hypothèse du sodium dans l'hypertension. J'ai eu l'occasion de dîner avec lui à plusieurs reprises, lors de banquets au cours desquels il faisait chaque fois la démonstration de son scepticisme. Il demandait la salière, dévissait le bouchon, versait le sel dans son assiette à pain, y trempait ensuite son pain qu'il mangeait en disant : « Voyez, le sel n'a pas d'effet : ma pression est toujours à 105 ! » Il était à l'époque un des grands experts du système rénine-angiotensine et de l'hypertension clinique et expérimentale, mais — curieusement — il a longtemps refusé d'admettre le rôle du sel dans l'hypertension.

À Londres, j'ai eu le privilège de visiter les locaux de la Fondation Ciba. Ciba, une grande compagnie pharmaceutique suisse, y avait installé sa fondation dans un édifice de cinq étages, lequel elle avait acheté un peu après la guerre grâce à des fonds mis à l'abri en Angleterre avant le début des hostilités par crainte que les Allemands n'envahissent la Suisse. La compagnie souhaitait créer un centre où les savants du monde pourraient se rencontrer et discuter de leurs travaux afin d'éviter la répétition inutile des recherches et de favoriser la collaboration internationale. L'intention première avait été de placer le centre aux États-Unis, préférablement à New York, mais c'est le choix de Londres qui a prévalu à la suite des arguments d'un avocat londonien qui avait fait valoir que sa situation géographique, à mi-chemin entre l'Europe et l'Amérique, était idéale. La compagnie Ciba eut la bonne fortune et la sagesse de trouver un directeur de tout premier ordre en la personne de Gordon Wolstenhome, qui a su donner à la fondation un statut international. Les symposiums qu'il a organisés — tous des symposiums fermés réunissant de petits groupes d'experts — ont joué un rôle important pendant la période où il a été directeur. La fondation a été une des contributions importantes de la compagnie Ciba à la recherche biomédicale et une stimulation puissante à la recherche en Europe.

J'ai eu la chance de rencontrer, à Newcastle-Upon-Thames, Sir James Spence, qui était non seulement un des grands humanistes et hommes de la médecine contemporaine, mais aussi un des grands professeurs de pédiatrie. Il insistait à répétition sur ce qu'il appelait, en recherche, le précepte du « clear thinking » et dont la base se résumait à ces trois questions essentielles : Que veut-on faire ? Comment doit-on le faire ? Peut-on le faire ? Ce précepte revenait continuellement dans les discussions et je l'ai toujours gardé en mémoire.

J'ai aussi eu le plaisir de recevoir à Londres une lettre de mon amie Nancy Walker m'annonçant la visite de son beau-frère, Prescott Bush, père du futur président G.H.W. Bush. Prescott Bush, qui était à l'époque sénateur du Connecticut et un financier important de Wall Street, s'était rendu à Paris afin d'essayer de convaincre Eisenhower de se présenter comme candidat républicain à la présidence des États-Unis. Comme il connaissait peu l'Angleterre, Nancy Walker m'avait écrit pour me demander si j'aurais le temps de l'emmener faire un peu de tourisme, ce que j'ai accepté avec plaisir. Il est donc venu en Angleterre après son séjour à Paris et je l'ai emmené en ballade à travers Londres, Oxford, Cambridge et Windsor Castle. C'était un homme de très grande taille — il mesurait facilement 1,95 m — et ses genoux dépassaient le pare-brise de ma petite voiture Hillman !

Le projet du Centre médical Claude-Bernard

Tandis que je parcourais l'Europe, Marcel Piché poursuivait à Montréal le travail que nous avions commencé avant mon départ. Il avait procédé, en novembre 1951, à la demande d'incorporation du futur centre de recherche sous le nom de Centre médical Claude-Bernard. Le but de cette demande était de créer l'entité juridique destinée à recevoir l'argent si éventuellement cette incorporation nous était accordée. Selon la description que M. Piché en avait faite, ce centre devait intégrer un hôpital de 150 à 160 lits pour les consultations, une clinique pouvant recevoir de nombreux patients ambulatoires et un important centre de recherche clinique. Tout le personnel clinique et de recherche devait y être à salaire sur une base de temps plein et le centre porterait une attention spéciale à l'enseignement et à la formation des jeunes cliniciens-chercheurs.

Les choses semblaient devoir aller bon train et dès le mois de décembre suivant, le premier ministre Duplessis rendait publique la construction d'un futur centre de diagnostic au coût de 5 millions de dollars. Malheureusement, l'annonce de ce budget de 5 millions a causé, ainsi que Marcel Piché me l'a expliqué dans la lettre qu'il me faisait parvenir à Paris peu après, de profonds remous et faisait couler beaucoup d'encre dans le milieu médical canadien-français. Plusieurs personnes voyaient le lien entre l'avis d'incorporation du Centre médical Claude-Bernard qui avait été publié récemment dans la *Gazette officielle* et les 5 millions promis par M. Duplessis pour la création d'un centre de diagnostic. Certains parmi eux se souvenaient aussi de mon article de 1948 et faisaient le rapport entre mes critiques, mes suggestions et le concept à la base du Centre médical Claude-Bernard. Marcel Piché me disait recevoir de nombreux appels téléphoniques et ajoutait que le gouvernement faisait l'objet de beaucoup de demandes de la part de médecins et d'hôpitaux de partout à travers la province qui désiraient tous et chacun créer leur propre centre de diagnostic. Le gouvernement se voyait de plus en présence de l'opposition de nombreuses personnes qui estimaient que le Collège des médecins du Québec devait avoir son mot à dire sur la nature du projet et sur l'attribution des fonds.

Dans l'ensemble, l'opposition tenait au fait que les gens auraient préféré que le projet annoncé par Duplessis ait une visée plus étendue et que l'argent soit distribué de manière à ce que tous puissent en profiter, selon la méthode si coutumière au Québec. La vieille jalousie de Québec vis-à-vis de Montréal se mettait aussi de la partie, Québec voulant chaque fois recevoir autant ou sinon plus que Montréal. Tous ces remous et débats ont fini par faire reculer Duplessis qui a demandé à Marcel Piché d'accepter que la loi d'incorporation du Centre médical Claude-Bernard soit reportée à la session suivante, ce qu'il a bien été obligé de faire.

Sur ces entrefaites, le 24 février 1952 exactement, M. Piché a reçut la visite du Dr Jean-Paul Bourque, spécialement délégué par la directrice générale de l'Hôtel-Dieu, sœur Louise Allard. Le motif de cette visite était de proposer, au nom de la communauté des religieuses de Saint-Joseph, d'établir le Centre médical Claude-Bernard sur les terrains de l'Hôtel-Dieu. La communauté proposait de fournir au centre les installations d'hospitalisation et tous les services de laboratoire et de nursing à la condition, toutefois, d'en devenir propriétaire. Par ailleurs, le Centre médical Claude-Bernard conserverait son nom, son administration et sa corporation autonome. La proposition était accompagnée d'une invitation à venir rencontrer sœur Allard.

L'offre était loin d'être dénuée d'intérêt. Elle comportait même des avantages certains, dont celui d'être incorporé à un hôpital universitaire que je connaissais très bien pour y avoir été résident pendant trois ans et qui jouissait d'un nursing d'une qualité incomparable — sans compter un esprit de compassion qui a toujours été pour moi un élément essentiel de la médecine. Dans la lettre qu'il m'a envoyée pour m'informer de la proposition de sœur Allard, Me Piché me faisait cependant mention des désavantages évidents qu'elle comportait, dont celui d'une administration constituée uniquement de religieuses qui ignoraient tout de la recherche biomédicale moderne et des exigences de la recherche-clinique. On pouvait par ailleurs appréhender la difficulté d'obtenir dans les laboratoires de routine de l'hôpital le standard scientifique indispensable aux diverses analyses de recherche de même que l'impossibilité à plus long terme de construire notre propre clinique indépendamment du contrôle de l'Hôtel-Dieu. Il y avait aussi à craindre les protestations des autres hôpitaux mécontents de ne pas avoir été choisis pour recevoir le centre.

M. Piché et moi étions du même avis : il était clair que la nouvelle institution gagnerait à être autonome.

En juin suivant, tandis que j'étais encore à Stockholm, je reçus de M. Piché un télégramme m'annonçant dans les 48 heures l'arrivée à Paris du sous-ministre de la Santé, le Dr Jean Grégoire, officiellement délégué par Duplessis en Europe pour y étudier l'organisation de la médecine et profiter de mes observations et de mes contacts. L'affaire, selon M. Piché était urgente, tellement que je me suis préparé à quitter

Stockholm la nuit même dans ma petite voiture Hillman. Je me proposais de faire le voyage d'une traite jusqu'à Paris en compagnie de mon vieil ami Pierre Elliott Trudeau.

Pierre Trudeau et moi, nous nous étions rencontrés par hasard, après le souper, en face du Grand Hôtel à Stockholm. Il venait tout juste de rentrer d'Afrique, qu'il avait tenté de traverser du Nord au Sud par le désert du Sahara en faisant la route avec les caravanes. Son voyage avait cependant été interrompu lorsque, juste avant d'arriver au Congo belge, il avait été affligé d'un abcès dentaire sérieux qui avait provoqué un œdème assez marqué sur un côté du visage. Il s'était alors empressé de se rendre à Brazzaville, d'y prendre le premier avion en direction de Paris pour s'y faire soigner par un dentiste compétent. Il s'était ensuite dirigé jusqu'à Stockholm pour y retrouver des amis. Apprenant que je partais d'urgence pour Paris y rencontrer Grégoire, il a demandé à m'accompagner.

Nous devions, en principe, nous arrêter dormir dans un village, un peu avant Paris, afin ne pas avoir l'ennui d'y chercher un hôtel tard le soir. Nous étions lancés dans une discussion si serrée et mouvementée sur la question de l'assurance-maladie — pour laquelle Trudeau, évidemment, prenait parti — que nous étions déjà dans Paris avant même de nous en être rendu compte !

À Paris, je suis allé à la rencontre du sous-ministre, avec qui je me suis longuement entretenu. Grégoire semblait désirer aller dans le sens des nombreuses requêtes que le ministère de la Santé avait reçues et favoriser l'établissement de plusieurs petits centres de diagnostic sous la direction du gouvernement. J'ai eu plusieurs autres conversations avec lui par la suite, mais sans réussir à le convaincre de l'avantage de notre projet. En fin de compte, M. Piché est intervenu et lui a envoyé une lettre pour lui faire comprendre le danger d'éparpillement des ressources que favorisait la formule des petits centres et lui faire valoir à quel point était préférable la création d'un centre de haute excellence regroupant les plus grandes compétences.

Malheureusement, la lettre de M. Piché n'a pas eu l'effet espéré. La situation au Québec évoluait même en notre défaveur et l'avenir du Centre médical Claude-Bernard se voyait de jour en jour plus compromis par des décisions politiques qui jouaient contre nous. Le projet de 5 millions de dollars devant servir à la création d'un centre de diagnostic était ainsi devenu un projet de 6 millions destiné à la création de centres de diagnostics — au pluriel ! Il n'était désormais plus du tout question d'un centre de recherche et de consultation affilié à un hôpital universitaire où les chercheurs donneraient tout leur temps à la médecine sans avoir à se soucier des honoraires des patients, mais au contraire, d'un grand nombre de petits laboratoires dispersés sans chercheurs qualifiés, sans masse critique et sans intégration interdisciplinaire. C'était le concept à la base même de notre projet qui se trouvait mis en veilleuse, voire écarté.

Lorsque je suis rentré à Montréal au début de l'été de 1952, les discussions entourant les subventions allaient bon train. Tout le monde mettait son pion dans la partie et plusieurs hôpitaux réclamaient désormais leur part des 6 millions pour ouvrir leur propre laboratoire de diagnostic.

La confusion n'a fait que s'accroître avec la campagne électorale provinciale de juillet lorsque Duplessis a annoncé que le gouvernement construirait à Montréal « un centre de diagnostic où les moins fortunés et les gens à revenus modestes pourront obtenir des indications précises sur leurs misères physiques. Il en coûtera 4 à 5 millions, ajoutait-il, mais nous les donnerons avec plaisir parce qu'il importe que nos gens soient en santé, soient soignés à temps, et qu'ils n'aient plus à craindre d'aller chez le médecin » (*La Presse*, 10 juillet 1952).

L'annonce, évidemment, a suscité de nouvelles discussions et une nouvelle vague de pressions sur le gouvernement. Duplessis, voyant les nombreuses divergences entre les médecins, entre les hôpitaux en général et entre les hôpitaux de Québec et de Montréal en particulier, a préféré laisser filer les choses, faire l'élection et, comme il arrive souvent dans ces cas-là, reléguer le projet aux oubliettes. Quelques années plus tard, vers 1955-1956, le même scénario allait se reproduire de la même manière exactement, avec cette fois un projet de 8 millions. De nouveau, il y aurait une foule d'opposants et des jalousies, puis des élections, puis d'autres priorités, de sorte que les belles promesses restaient une fois de plus lettres mortes.

Quant à moi, j'étais de mon côté toujours profondément convaincu de la nécessité et de la justesse du projet. J'étais d'ailleurs très occupé par la rédaction de mon rapport de voyage pour lequel le sous-ministre Jean Grégoire avait mis à ma disposition son bureau de Montréal et les services d'une secrétaire. J'ai passé tout l'été 1952 à l'écrire et à attendre que le projet du Centre médical Claude-Bernard se concrétise. Les choses traînaient en longueur, mais cela me semblait à la rigueur compréhensible et je parvenais à raisonner mes espoirs. Ce projet était une première pour l'époque, aucun gouvernement provincial n'investissait alors d'argent dans la recherche : on ne pouvait pas espérer faire une révolution de cette nature en un an. J'avais d'un autre côté consulté beaucoup de gens, j'avais beaucoup réfléchi. Je savais être sur la bonne voie et j'avais la certitude que le projet verrait le jour à son heure. Et en même temps, justement parce que j'avais cette certitude, j'étais impatient et m'imaginais que les choses devraient aller plus vite. En réalité, les délais et les tergiversations du gouvernement n'ont fait que se multiplier tout au long de cet été 1952 et plus le temps passait, moins je voyais venir le jour où on nous accorderait les fonds nécessaires. Sur ces entrefaites, sœur Allard m'avait invité à la rencontrer. Elle me fit l'offre de mettre sur pied à l'Hôtel-Dieu un département de recherches cliniques. Sœur Allard était une personne de vision et de décision !

Différentes avenues de carrière s'offraient alors à moi. L'une d'entre elles — la plus conventionnelle — était de me lancer dans la pratique privée où les honoraires pouvaient facilement atteindre six à huit fois le salaire proposé. J'aurais sans doute pu devenir un des bons médecins de Montréal et avoir une vie matérielle extrêmement confortable. Cela aurait toutefois été pour moi une tragédie : cela aurait signifié que les dix années de ma vie consacrées à faire des études postuniversitaires et à la recherche dans les plus grands centres américains ne m'auraient en bout de ligne été utiles qu'à pratiquer une médecine exclusivement clinique dans une ambiance et un climat déficients sur le plan scientifique.

D'un autre côté, j'étais polyvalent et j'avais toujours, si le désirais, la possibilité de rester aux États-Unis pour y faire carrière. Ma formation était solide et je jouissais des contacts nécessaires. J'aurais été prêt à le faire s'il n'y avait eu chez moi le sentiment d'une mission à accomplir et une volonté de faire quelque chose pour le Québec ; j'y voyais comme un défi. C'est mon désir de le relever qui, en fin de compte, a fait pencher la balance et m'a incité à accepter l'offre de sœur Allard qui me permettait de créer mon propre laboratoire de recherche dans le domaine de l'hypertension.

Bref, dès l'automne 1952, je m'attaquais à mettre sur pied le premier département de recherches cliniques dans un hôpital universitaire québécois francophone.

L'Hôtel-Dieu de Montréal

Il y avait peu de religieuses de l'envergure intellectuelle de sœur Allard. Long-temps directrice de l'École des infirmières de l'Hôtel-Dieu, elle en avait fait une école de premier ordre et acquis beaucoup de notoriété en publiant un livre sur le nursing, lequel était rapidement devenu un classique du genre alors utilisé un peu partout dans le monde francophone. Elle a été une des seules religieuses — et je pense qu'à l'époque elle était même la seule — à se voir attribuer deux doctorats honorifiques. C'était par ailleurs une femme d'autorité, point toujours facile, qui se laissait rarement marcher sur les pieds. Elle avait une manière bien à elle de trancher abruptement les discussions et elle était très respectée.

Nous nous connaissions depuis l'époque de ma résidence. Au temps où j'étais jeune interne-chef à l'Hôtel-Dieu, elle m'avait donné une lettre de recommandation afin d'aller m'instruire à la Clinique Mayo, à Rochester, sur la formation des inter-nes et des fellows et sur l'organisation des soins médicaux. Je ne pense pas qu'elle ait eu de projet précis en tête en venant m'offrir de m'installer à l'Hôtel-Dieu. Elle se tenait cependant au courant des progrès de la médecine moderne et voyait que notre médecine piétinait. Les débats qui avaient entouré la création du Centre médical Claude-Bernard l'année précédente avaient éveillé son intérêt et lui avait fait voir avant beaucoup d'autres les avantages que pouvait représenter un centre de recher-che clinique pour son hôpital.

En me faisant cette proposition, elle faisait faire à sa congrégation beaucoup plus qu'un geste inusité de la part d'une institution hospitalière canadienne-française catholique de l'époque. Je connaissais suffisamment le milieu médical canadien-français pour deviner que j'avais tout à craindre de la réaction de certains de mes collègues. Je savais pertinemment qu'en me confiant le privilège et le défi de mettre sur pied le premier département de recherches cliniques du Canada français et le deuxième dans l'ensemble du Canada, elle me donnait aussi le poids et les inconvé-nients d'être le premier clinicien universitaire à salaire du Québec.

Sachant cela, je suis allé à New York à deux reprises pour consulter le directeur de l'Hôpital Rockefeller, Thomas Rivers, et discuter avec lui des points importants à inscrire dans le contrat qui me lierait à l'Hôtel-Dieu. Celui-ci fut ensuite rédigé, sur les conseils de mon père, par un des juristes les plus compétents du Québec de l'époque, Mᵉ Antonio Perrault, et finalement signé par le conseil d'administration et moi-même en septembre 1952. Ce contrat m'établissait chef du Département de recherches cliniques pour une durée de cinq ans, à temps plein et au salaire de 14 000 $ par année. L'Hôtel-Dieu mettait à ma disposition cinq pièces de laboratoires situées au 2ᵉ étage du Pavillon de Bullion et un service d'investigation clinique d'une dizaine de lits. Il pourvoirait en outre à l'achat de la verrerie et de l'équipement de base de laboratoire. Le tout constituait un centre de diagnostic et de recherche spécialisé dans le domaine de l'hypertension et de la néphrologie, sur lequel on m'accordait totale autorité.

On comprendra mieux la réaction de mes collègues médecins en se faisant une idée de ce qu'était l'Hôtel-Dieu de Montréal en ce temps-là, c'est-à-dire — comme la plupart des hôpitaux du Québec — très différent de ce qu'il est aujourd'hui.

Il faut savoir que, mis à part les médecins et les infirmières laïques, la majorité du personnel était constitué de religieuses de la communauté des religieuses hospitalières de Saint-Joseph, à qui appartenait l'hôpital. Les religieuses dirigeaient l'hôpital, avaient la main haute sur tout, travaillaient dix à douze heures par jour, le samedi et même souvent le dimanche — à moins que leur conscience ne le leur défende — et exigeaient beaucoup du personnel laïque dont les heures supplémentaires n'étaient pas plus comptées que celles de leurs collègues religieuses. Les hôpitaux étaient alors des entreprises privées qui devaient fonctionner à profit pour se maintenir à flot — bien que je ne pense pas que les profits aient été très considérables. Ce sont pour une bonne part toutes ces heures travaillées sans salaire par les religieuses qui en ont permis l'existence et qui ont permis aux Canadiens français d'être soignés convenablement et, au besoin, gratuitement, pendant de nombreuses années.

Aujourd'hui, les communautés souffrent d'une disette de vocation et seules quelques religieuses travaillent encore à l'Hôtel-Dieu, aux soins palliatifs ou à la pastorale ; l'atmosphère y est très différente. Depuis 1970, tout l'appareil médico-sanitaire a été socialisé et progressivement mis sous le contrôle des fonctionnaires. Les postes administratifs ont proliféré et ont amené une véritable boursouflure de la bureaucratie dans les hôpitaux de même qu'au ministère et dans dans les régies régionales. Ce n'est plus par unité qu'on compte les employés : là où il y avait une religieuse avec une ou deux assistantes pour la comptabilité, il y a maintenant un plein département. C'est connu, dès que quelque chose appartient à l'état, il y a des abus : tout le monde se sert et en profite. Il doit maintenant couper dans le gras et faire face aux exigences des clauses normatives imposées par les syndicats.

Les gouvernements intervenaient peu dans la santé publique et les hôpitaux. Toutefois, même si la médecine était privée et les hôpitaux à but lucratif, il y avait beaucoup de dévouement de la part des médecins et un grand sens de l'appartenance à leur hôpital. On se faisait un honneur d'appartenir à l'Hôpital Notre-Dame ou à l'Hôtel-Dieu. Il y avait un « esprit Notre-Dame », tout comme il y avait un « esprit Hôtel-Dieu ». Les hôpitaux, il faut le dire, n'étaient pas aussi imposants qu'aujourd'hui et tous ceux qui y travaillaient se connaissaient.

En dépit du bon souvenir que je peux avoir de cette époque riche en traditions, je dois cependant admettre que mes premières années passées à l'Hôtel-Dieu ont été très pénibles. Je m'attendais évidement à une certaine réaction de la part du milieu médical, mais non pas à l'opposition féroce à laquelle j'ai eu à faire face lors de mon arrivée.

Notre médecine n'avait guère changé depuis les années 1930 dans la mesure où on s'inspirait encore de la médecine française — qu'elle perpétuait à bien des égards de façon un peu caricaturale — et il y avait ici, comme en France, beaucoup de « pontiferie » et de dogmatisme. Bien des médecins faisaient une médecine très honnête, avec compassion et humanité alors que quelques-uns exerçaient, en revanche, une pratique assez commerciale et lucrative. Certains parmi eux étaient un peu hâbleurs, pontifiaient et faisaient pour impressionner ce qu'on appelait des « diagnostics-à-l'œil », affirmant tout haut, par exemple, qu'un patient souffrait d'un ulcère duodénal parce qu'il se plaignait de douleurs au dos et qu'il se levait avec difficulté. Mais si on lui prescrivait une radiographie, on constatait généralement neuf fois sur dix, qu'il n'avait pas d'ulcère.

> Nous avons été, au Canada, et nous sommes encore, au point de vue recherche scientifique, des coloniaux.
>
> Dʳ Roger Gaudry
>
> (Cité par André Laurendeau dans
> *Le Devoir* du 4 janvier 1964)

Intellectuellement et scientifiquement parlant, le milieu médical n'était pas à la hauteur de ce qu'il aurait dû être. L'esprit et la motivation scientifiques faisaient défaut et, comme en France, il y avait ici un véritable « rideau de fer » entre chercheurs et cliniciens. Les premiers restaient dans leurs laboratoires, les derniers dans leurs cliniques. On concevait très bien qu'un chercheur puisse passer tout son temps dans le laboratoire, à petit salaire, mais on considérait que les patients devaient rester le privilège des cliniciens.

On comprendra que les cliniciens de l'Hôtel-Dieu aient vu d'un mauvais œil l'arrivée dans leur hôpital du jeune clinicien-chercheur à salaire que j'étais. Sœur Allard, qui redoutait comme moi l'opposition du corps médical, avait cependant consulté individuellement chacun des médecins membres de la direction avant de signer mon contrat afin de leur faire part de ses plans. Sur le moment, aucun n'avait eu le courage de lui dire ouvertement ce qu'il pensait. Tous s'étaient dit d'accord et personne ne s'était opposé à ce que je sois embauché. Ce n'est qu'une fois le contrat signé et lorsque l'affaire lui a été soumise officiellement que la direction a réagi, mais cette fois, en bloc, l'ensemble des membres faisant soudainement front contre le projet. Du coup, de petite qu'elle était, l'affaire prit une dimension disproportion-née : on affirmait que tout cela était une hérésie, qu'un médecin à salaire vendait son âme au diable et que travailler à salaire revenait à pratiquer de la médecine à forfait... La médecine devait rester une profession entièrement libérale !

Le contrat ayant été signé entre le conseil d'administration de l'Hôtel-Dieu et moi-même, la direction des médecins ne détenait aucun pouvoir sur la situation. Ils disposaient cependant de moyens de pression efficaces qui ont transformé leur résistance verbale en une véritable bataille d'usure. Les membres du service de mé-decine et d'autres se sont ligués pour me marginaliser en ne me référant aucun pa-tient pour consultation et en interdisant à quiconque de le faire. On s'est permis toutes sortes de malveillances et d'insinuations sur mon compte. Les choses ont atteint un tel niveau d'animosité qu'un médecin est allé jusqu'à menacer le Dr Victor Panaccio de violence physique s'il n'annulait pas sa demande de consultation qu'il m'avait adressée pour une patiente gravement malade ! On m'a même fait citer au Collège des médecins du Québec pour pratique de « médecine à forfait », à la suite de quoi le Collège a voté, en 1953, une résolution officielle condamnant la formule temps plein, défendant qu'un médecin à salaire voie des malades dans un hôpital et interdisant aux institutions hospitalières d'engager un clinicien sans que son contrat ne lui soit soumis à l'avance !

Toutes ces mesquineries m'ont beaucoup affecté au début et j'ai quelques fois dû faire des efforts pour les surmonter. Je rentrais souvent tard à la maison, fatigué et déprimé, avec l'envie de me révolter ou de repartir. Heureusement, avec le temps, aidé par le succès que mes recherches connaissaient et la reconnaissance que notre groupe acquérait en dépit des résistances, j'ai compris qu'il était préférable d'oublier tout cela, de pardonner, bref de « bien faire et laisser braire ». Je savais aussi qu'à travers ces hauts cris et ces rebuffades, beaucoup de médecins pensaient comme moi que le mouvement d'opposition allait à contre-courant et qu'on ne pou-vait pas s'opposer au système temps plein sans bloquer complètement tout le pro-grès de la médecine au Québec. C'est ainsi que la résolution du Collège des médecins condamnant la médecine à salaire a été votée — pour satisfaire les opposants —, mais elle est restée lettre morte et n'a jamais été appliquée dans les faits.

Nous étions entre deux époques. C'était l'ancienne médecine qui se rebiffait, celle de nombreux médecins de la vieille garde attachés à leur pratique régulière, sans aucune vision de ce qu'était l'avenir de la médecine universelle. Les voyant réagir si fortement, je ne pouvais m'empêcher de remarquer que les opposants les plus féroces au système temps plein étaient bien souvent ceux-là même qui réfé-raient leurs patients riches à des institutions étrangères comme les cliniques Mayo ou Lahey, c'est-à-dire à des institutions qui devaient justement leur renommée et leur valeur au fait que presque tout le personnel médical, y compris les cliniciens-chercheurs, y étaient déjà à salaire et à temps plein.

Les choses allaient changer rapidement. Quelques années plus tard, en 1963, lorsque j'ai reçu à Toronto le prix Gairdner (international de grand prestige), un des membres du Collège proposa de créer une bourse annuelle de 600 $ portant mon nom pour aider les étudiants en médecine qui souhaitaient s'orienter vers la recherche clinique : alors que d'un côté, on cherchait encore à interdire aux cliniciens-chercheurs à temps plein de soigner des patients, de l'autre, on créait une bourse spéciale afin d'encourager les étudiants à s'engager sur cette voie nouvelle.

Il est parfois difficile aujourd'hui d'imaginer à quel point la venue de cette partie incontournable de la recherche biomédicale qu'est désormais la recherche clinique a pu représenter, à une époque encore récente, une véritable révolution.

Le groupe de recherche en hypertension de Montréal

L'Hôtel-Dieu ne disposait d'aucun matériel ni d'aucune infrastructure susceptibles de servir à équiper un laboratoire de recherche moderne. C'est la raison pour laquelle sœur Allard a autorisé la somme — alors considérable — de 29 000 $ destinée à couvrir mes frais d'installation et, surtout, pour l'achat du matériel de base. Je préférais cependant rester aussi autonome que possible. Je me suis alors adressé au ministère de la Santé à Ottawa dans l'espoir d'y obtenir une subvention. Il n'y avait toutefois, semblait-il, pas grand chose à espérer de ce côté-là. On y rencontrait peu de Canadiens français et tous les postes décisionnels y étaient aux mains des anglophones. Cependant, contre tout espoir, ce sont eux qui m'ont accordé ma toute première subvention de recherche. Lorsqu'ils ont pris connaissance de mon *curriculum vitae*, de mes séjours prolongés à Johns Hopkins et à Rockefeller et de mes lettres de recommandation, ils m'ont accordé d'un coup et en un seul versement une subvention de 30 000 $ qui payait entièrement l'installation des laboratoires et avec laquelle j'ai pu remettre aux religieuses tout l'argent qu'elles avaient engagé dans l'entreprise.

Les mois qui ont suivi mon arrivée à l'Hôtel-Dieu ont été consacrés à l'organisation et à l'installation de mon laboratoire dans les cinq pièces que sœur Allard avait mises à ma disposition au 2ᵉ étage du Pavillon de Bullion, construit quelques années plus tôt. J'ai ensuite passé plusieurs semaines à calibrer moi-même ma verrerie et mes instruments, faisant ainsi bon usage de l'expérience que j'avais acquise à l'Institut Rockefeller en aidant le Dʳ Archibald à y monter son propre laboratoire. Je tenais à laver moi-même toute la verrerie. Je consacrais des heures à la faire tremper dans un mélange sulfo-chromique, à la laver et à la rincer à plusieurs reprises, d'abord dans l'eau courante, puis dans l'eau distillée afin qu'elle soit « chimiquement propre ». C'est à ce travail de moine que le technicien de nuit du laboratoire, Guy Colpron — qui est devenu par la suite directeur général adjoint de l'hôpital — m'a trouvé un soir, après minuit, en venant éteindre les lumières du laboratoire. L'histoire a fait le tour de l'hôpital : un directeur de recherche qui lavait lui-même sa verrerie !

J'avais aussi besoin de ma propre colonie de rats de laboratoire pour faire mes expériences. Une détermination d'aldostérone urinaire par méthode biologique — nous en faisions au moins une ou deux par semaine — pouvait demander à elle seule environ 120 rats, d'âge et de poids précis. La façon de faire la plus pratique, la moins coûteuse et la plus répandue dans les laboratoires où j'avais travaillé était d'avoir son propre élevage. Je suis donc allé à l'Institut Rockefeller afin d'en ramener les vingt-quatre rats de souche « pure », mâles et femelles, avec lesquels j'ai par la suite réussi à bâtir une colonie de plusieurs milliers d'individus. Dans le train qui me ramenait à Montréal, je les ai enfermés dans une boîte que j'ai ensuite glissée dans le petit compartiment sous la couchette, ce qui m'a permis d'apprendre, à mes dépens, que les rats étaient des animaux nocturnes : toute la nuit du voyage, les rats ont fait un « ravaud » ininterrompu, au point que je n'ai pu fermer l'œil ! Au moment de passer les douanes, par crainte que les douaniers ne les trouvent, je me suis assis sur le bord du lit, les jambes pendantes du côté de l'allée, afin que ceux-ci n'aient pas l'idée de relever la couchette sous laquelle était cachée la boîte. Les douaniers, heureusement, n'ont rien suspecté, mais je me demande encore aujourd'hui la tête qu'ils auraient faite s'ils avaient découvert mes vingt-quatre petits passagers clandestins.

Arrivé à Montréal, j'ai acheté de grandes cages que j'ai fait installer au 8e étage de l'hôpital resté vacant parce que les travaux de construction intérieurs n'y avaient jamais été complétés. Sœur Allard nous a aussi prêté les services d'un brave Italien à qui fut confié la tâche de nourrir les rats tous les jours. La moulée spéciale coûtant trop cher, on les nourrissait avec le pain laissé par les patients et qui était mélangé à du lait pour en faire une espèce de bouillie épaisse. Le pauvre Italien avait cependant une peur effroyable des rats, de sorte qu'il entrouvrait à peine la porte de la cage pour y jeter à la sauvette de pleines poignées de bouillie et la refermait. Que les rats soient aspergés ou même ensevelis sous la mie de pain détrempée n'avait aucune importance pour lui, en autant que la porte de la cage soit vite et bien refermée. Mais de jour en jour et à force d'y épandre la bouillie à grands gestes, le niveau du plancher de la cage montait peu à peu, tellement que l'espace habitable, au lieu des 75 cm de haut qu'il aurait dû être, se réduisait à moins de 15 cm. Les rats, trop à l'étroit, finissaient par se dévorer entre eux.

J'avais à l'époque comme fellows en recherche Raymond Robillard et Gilles Tremblay. (Le premier est devenu un neurologue de première classe et a fondé la Fédération des médecins spécialistes du Québec dont il a été président, tandis que le second est devenu professeur de pathologie à l'Université McGill.) Tous deux, assistés des techniciennes, m'aidaient pour l'élevage des rats et nous devions souvent, à cause des méthodes un peu particulières de ce brave Italien, passer une partie de nos fins de semaine à gratter à la pelle le fond des cages dont nous sortions des blocs de pain pourri.

Cela faisait partie de nos difficultés et de nos apprentissages des premières années. J'étais en réalité moi-même aussi ignorant que ce pauvre Italien en matière d'élevage de rats et j'ai appris beaucoup à mes dépens et sur bien d'autres choses par la suite.

Pour améliorer le climat scientifique et intellectuel de l'hôpital, j'ai commencé, dès 1953, à organiser chaque semaine des conférences que subventionnaient des compagnies pharmaceutiques et auxquelles de grands chercheurs, principalement américains, étaient invités. C'était malheureusement encore l'époque où beaucoup de mes collègues s'opposaient farouchement à notre département de recherches cliniques. Dès l'annonce des premières séances, plusieurs ont mené une campagne active afin de dissuader les résidents et les internes d'y assister. Il m'est arrivé je ne sais plus combien de fois d'entrer dans la salle de conférences et de n'y trouver que deux ou trois auditeurs pour entendre un invité de grand prestige. Je prenais alors le prétexte que les conférences commençaient toujours en retard et je faisais visiter au conférencier quelques recoins de l'hôpital pendant que mes fellows et mes infirmières ratissaient en vitesse les divers services et les unités de nursing pour y « rapailler » tous les gens disponibles : internes, résidents, étudiants et même mon personnel technique. Nous finissions par réunir ainsi quinze à vingt auditeurs. Mais il arrivait aussi que plusieurs des médecins que j'avais invités à déjeuner ensuite avec le conférencier se décommandaient à la dernière minute et me plongeaient ainsi dans une situation embarassante.

Toutes ces difficultés du début ne m'ont pas empêché de mettre sur pied, dès les premières années, une clinique externe pour les patients hypertendus, clinique qui a rapidement connu un grand succès. À cette fin, les sœurs avaient mis à ma disposition les anciens locaux de M. Masson restés libres depuis le déménagement de son Département de pathologie dans le nouveau Pavillon de Bullion. Les locaux vacants comprenaient la vieille salle d'autopsie, quelques bureaux et le vieil amphithéâtre à la française avec ses gradins en demi-cercle et la lourde table en marbre où se faisaient autrefois les dissections. S'ajoutait à cela une toilette à chaîne comme on n'en voit plus aujourd'hui et qui servait au personnel ainsi qu'aux patients. Trois ou quatre médecins s'installaient chacun dans un coin de l'amphithéâtre pour faire les examens et les consultations. La salle d'autopsie servait aux infirmières pour prendre la pression des patients. Un long et étroit couloir minable où les patients devaient attendre leur tour assis sur des chaises ou sur des bancs tenait lieu de salle d'attente. Toutes les cliniques se faisaient là, d'abord à raison d'une demi-journée, puis de deux demi-journées par semaine.

Dès sa création, la clinique a été multidisciplinaire et regroupait des médecins des diverses spécialités que l'hypertension et les maladies rénales pouvaient concerner : ophtalmologistes, pathologistes, chirurgiens vasculaires, radiologistes, néphrologues, urologues, cardiologues, internistes, praticiens. Nous nous sommes notamment acquis la collaboration précieuse de Paul Cartier (chirurgie vasculaire), de René Lefebvre (pathologie), de Paul Roy (radiologie vasculaire), de Jean Charbonneau (urologie), de Julien Marc-Aurèle (néphrologie), de Jean de L. Migneault et de Léon Lebel (cardiologie). En peu de temps, l'équipe a développé un esprit de collaboration extraordinaire et elle est devenue homogène et efficace. Les problèmes concrets se réglaient souvent dans un corridor, sans devoir passer par une réunion formelle. Il n'y avait ni président ni secrétaire et nous pensions tous de la même façon. C'est certainement cette belle collaboration qui explique qu'en dépit de la vétusté des locaux, la clinique se soit si rapidement développée et ait connu un tel succès. Les patients venaient de plus en plus nombreux des quatre coins de la province et étaient référés de l'extérieur du Québec pour être évalués ou pour participer à nos projets de recherche, tellement qu'à partir de 1960-1965, nous avions ce qui était peut-être la plus importante clinique d'hypertension au monde.

La collaboration était aussi très étroite entre la clinique et le laboratoire de recherche. La clinique permettait de repérer les cas rares ou intéressants dont l'étude se poursuivait éventuellement au centre de recherche. De cette façon, nous avons pu accumuler en l'espace d'une dizaine d'années un grand nombre de patients souffrant de divers types d'hypertension, dont plus de 130 d'hypertension maligne. En 1955, j'ai créé une unité métabolique (d'investigation clinique) qui nous permettait d'étudier ces patients dans des conditions étroitement contrôlées — lorsqu'ils devaient, par exemple, subir des tests particuliers ou lorsqu'ils participaient aux études sur de nouveaux médicaments ou, encore, lorsque nous désirions connaître les effets des diètes calculées sur certains paramètres hormonaux.

Les honoraires demandés aux malades qui avaient de bons revenus ou qui avaient des assurances étaient retournés à l'hôpital pour défrayer en partie les salaires du personnel technique. On pouvait en général se fier à la position sociale du patient, qui était assez facile à déterminer, pour fixer les tarifs. Dans les cas « frontière », c'était toujours gratuit.

Un souvenir de cette époque m'est toujours resté en tête. Celui d'une dame qui avait plusieurs enfants, qui prenait soin de sa mère et dont le mari ne travaillait pas. Elle avait un compte de 100 $ en souffrance à la clinique et m'avait écrit une lettre très gentille pour me demander d'échelonner les paiements. Je lui avais répondu que son compte était annulé, que ça nous faisait plaisir de l'aider. Dix-huit ou vingt ans plus tard, elle m'a envoyé cette autre lettre, que j'ai toujours gardée, avec un chèque de trois fois le montant qu'elle nous devait à l'époque, disant qu'elle n'avait jamais oublié le geste que nous avions fait pour elle. Elle avait élevé sa famille et avait ensuite pris soin, pendant plusieurs années, d'une femme âgée qui lui avait légué sa fortune.

Je me faisais un point d'honneur de rembourser complètement l'hôpital de mon salaire à même les honoraires des patients et d'organiser mon laboratoire uniquement avec les subventions que je recevais de différents organismes privés ou publics. J'ai ainsi toujours remboursé à l'hôpital à peu près autant d'argent que j'en recevais en salaire personnel. Tout le personnel scientifique, de même que tout l'équipement, l'instrumentation, les animaux, les produits chimiques, etc. ont été payés à même les sommes que je suis allé chercher et quêter à gauche et à droite. Mis à part le gaz, l'électricité, quelques autres services et les locaux qui nous étaient fournis, le centre de recherche coûtait peu à l'hôpital qui obtenait presque gratuitement le bénéfice et le prestige de nos contributions scientifiques.

Les partenaires et les proches de la première heure

L'équipe de recherche s'est constituée progressivement, à mesure que le centre prenait de l'expansion et que les budgets le permettaient. Dès 1953, j'ai pu engager un jeune chimiste d'origine polonaise, Wojciech Nowaczynski. Ce dernier venait tout juste d'arriver au Canada après avoir obtenu son doctorat en chimie à l'Université de Fribourg, en Suisse, lorsqu'une une jeune fellow polonaise, Lydia Gowar, me l'a présenté. J'avais justement besoin d'un chimiste pour aider au laboratoire et je souhaitais embaucher quelqu'un qui pourrait s'intégrer à l'équipe sans idée préconçue.

La subvention que j'avais reçue d'Ottawa ayant toute été dépensée pour l'équipement du laboratoire, je n'avais en réalité aucun argent pour lui verser un salaire. Heureusement, j'ai pu faire bon usage des contacts que j'avais gardés aux États-Unis. J'ai appelé le directeur de la Fondation Rockefeller, Robert Morisson, à qui j'ai expliqué le détail de ma situation. Celui-ci a tout de suite compris et, sans hésitation, sans même connaître le Dr Nowaczynski ou demander à me rencontrer en personne, il m'a fait parvenir, quelques jours plus tard, un chèque d'un montant suffisant pour couvrir la première année de son salaire.

Nowaczynski avait une personnalité agréable, toujours serein et de bonne humeur. C'était aussi un excellent chimiste qui a fait des contributions importantes et qui est devenu au cours des ans un de mes plus proches collaborateurs.

J'ai aussi engagé un ingénieur d'origine estonienne, Erich Koiw. Ce dernier avait dû quitter son pays pendant la guerre au cours de laquelle il avait combattu avec le grade de lieutenant-colonel. Il y avait presque tout perdu. L'un de ses fils avait été tué lorsque les Allemands avaient envahi la Russie et l'autre retrouvé mort sur une plage de la côte finlandaise après que les Russes eurent repoussé les armées allemandes et envahi les états Baltes. Une nuit — cette fameuse nuit où des dizaines de milliers d'Estoniens appartenant à l'élite ont été déportés comme des esclaves en Sibérie — un de ses amis de la police l'a mis en garde, le prévenant qu'il était sur la liste des Russes. Il a eu une heure pour s'enfuir avec sa femme et sa seule fille et rejoindre le port de Tallin où il a pu trouver un petit bateau qui les a amenés en Suède.

Il s'est installé à Uppsala où il a réussi à trouver un emploi et à refaire sa vie comme technicien dans le laboratoire du professeur Arne Tisélius, futur lauréat du prix Nobel. Sa fille y a grandi et a rencontré un jeune estonien diplômé en architecture. Jugeant qu'il n'y avait pas d'avenir en Suède pour un architecte étranger, celui-ci a décidé d'émigrer au Canada. Les parents Koiw n'avaient que cette fille qui était toute leur richesse et ils ont décidé de la suivre jusqu'ici.

Peu après son arrivée à Montréal en 1954, Koiw a fait la connaissance de Lucien Piché, alors vice-recteur de l'Université de Montréal, à l'occasion d'un cours sur l'instrumentation scientifique à l'Université de Montréal. Celui-ci savait que je cherchais un technicien de laboratoire et me l'a référé. Koiw a donc débuté avec nous à titre de technicien. Il a toutefois rapidement gravi les échelons pour devenir administrateur adjoint du futur Institut de recherches cliniques de Montréal. C'était un homme d'une précision et d'une compétence technique remarquables que tout le personnel estimait et respectait à juste titre. Lui et Nowaczynski se complétaient bien.

Je disposais de plus d'une équipe d'infirmières hors pair qui compensaient la pauvreté de nos ressources par leur dévouement et leur imagination. Grâce à elles, le soin des malades a toujours été aussi parfait qu'on puisse l'imaginer. Toutes sont devenues de véritables assistantes de recherche, aussi gentilles que compétentes, et d'une loyauté indéfectible. La cheville ouvrière de cette équipe était l'infirmière-chef de la clinique, Fernande Salvail, qui a maintenu le même esprit d'excellence, d'efficacité et de gentillesse pour les patients depuis la fondation de la clinique en 1953 jusqu'à sa retraite en 1985.

Je dois également mentionner le dévouement de notre diététiste de la première décennie, Anne Brossard, qui s'occupait des diètes pauvres en sel et de toutes les autres diètes dont la composition devait être soigneusement contrôlée, comme la diète restreinte en graisses animales que nous avons ajoutée dès 1953 au régime de tous nos patients hypertendus. L'un de mes collègues à l'Institut Rockefeller, le Dr Edward Ahrens, avait démontré qu'une diète pauvre en graisses saturées faisait baisser le cholestérol sanguin. Ses travaux ayant été confirmés en même temps par Beveridge de l'Université Queen's et par L. Kinsell en Californie, nous avons recommandé à nos patients de retrancher le gras animal de leur diète en éliminant ou en réduisant fortement l'apport en crème, beurre et jaune d'œuf et leurs dérivés ainsi que le gras de viande. Un esprit de collaboration qui caractérisait notre équipe. C'est ainsi que Fernande Salvail, qui n'était pas diététiste, avait mis au point à cette époque un gâteau sans sel dans lequel elle avait substitué le bicarbonate de sodium par du bicarbonate de potassium et dont le goût était excellent.

We have been convinced, as it has been repeatedly demonstrated in the past by many different workers, that presence of hypertension is a factor accelerating the appearance and severity of atherosclerosis and of its complications of ischemic, cardiac and cerebral disease. The available evidence, although far from unequivocal and conclusive, has decided us to introduce dietary changes in hypertensive patients with a high serum cholesterol or with evidence of aortic, coronary or cerebral atherosclerosis.

Jacques Genest

(Présentation à la réunion conjointe de
l'Association médicale canadienne et de
l'Association médicale britannique
à Édimbourg, juillet 1959)

Je tiens aussi à souligner les services fidèles, dès les premières années, de Lise Lanthier qui a été secrétaire de la direction, de 1954 à 1984 et qui m'est restée attachée jusqu'en 1994. D'une rare habileté en sténographie et en dactylographie — 150 mots/minute et sans faute d'orthographe ! —, on peut affirmer sans exagérer qu'elle a fait, à elle seule, avec une discrétion et une loyauté exemplaire, le travail de trois secrétaires. Je m'en voudrais de ne pas souligner l'amitié de Roger Larose, alors à la compagnie Ciba, qui m'a obtenu de son entreprise mon premier octroi de recherche et plusieurs autres par la suite. Quel homme dévoué et toujours prêt à rendre service !

Tous savaient que j'étais un homme très exigeant et pour cela, beaucoup me craignaient. Lorsque je faisait ma tournée des patients en tant que patron accompagné de toute l'équipe de fellows, d'internes et d'infirmières, c'est toujours d'un œil sévère que je lisais les histoires de cas de mes résidents et de mes fellows. Je lisais d'ailleurs toujours les notes des infirmières, car on y trouve beaucoup d'observations sur l'état du patient et que, selon moi, trop de médecins ont tendance à ignorer.

Ces lectures quotidiennes des dossiers m'ont permis de collectionner quelques lapsus douteux et quelques coquilles amusantes, telle cette observation rédigée par un interne : « Le patient prend une diète riche en selles ! »

Un autre interne qui avait écrit le mot « cauchemord » et à qui j'avais demandé d'en vérifier l'orthographe m'était revenu avec « côchemord ».

Un résident avait demandé à un patient s'il passait du sang dans ses selles et avait écrit sa réponse : « Oui, quand je me mouche. »

En voici encore quelques autres récoltées pendant ces années-là : « Constipation chronique due à l'augmentation du volume de la prostate. »

« La patiente a eu une ligature des trompes d'Eustache pour stérilité. »

« La patiente reste toujours découchée, se dit fatiguée... »

« La démarche anormale la plus commune se rencontre dans l'inébriété. »

Un autre des moments tragi-comiques de cette période est celui de la consultation que j'ai donnée à Lady Forget, l'une des plus célèbres dames de notre « establishment » canadien-français de l'époque. Je l'ai reçue un après-midi de 1953 à mon bureau du laboratoire, mais comme je ne pouvais pas la voir dès son arrivée, une technicienne lui a apporté une chaise pliante en métal pour la faire asseoir. Nous étions à ce moment-là au tout début de nos recherches sur l'aldostérone urinaire et tandis que Lady Forget attendait dans le couloir, les Drs Robillard et Tremblay travaillaient à ouvrir l'abdomen d'une centaine de rats pour y prélever l'urine de la vessie et mesurer la teneur en sodium et en potassium. J'étais encore dans mon bureau lorsque j'ai entendu un cri d'effroi qui m'a fait sortir en courant pour trouver ma patiente à moitié affalée sur sa chaise en train de perdre connaissance.

Trop absorbé par leur expérience, les deux fellows avaient déposé un seau rempli de rats éventrés dans le couloir sans se rendre compte qu'ils le déposaient juste à côté de la chaise où attendait Lady Forget. Celle-ci avait tourné la tête, vu ce qu'il y avait dans le seau... On peut facilement comprendre la réaction de la grande dame. Je me suis excusé, mais elle n'avait plus du tout l'humeur à la consultation... et je ne l'ai plus jamais revue !

Ironiquement, c'est à son petit-fils Rodolphe Casgrain et à son épouse Normande, qui était une ancienne infirmière de l'Hôpital Notre-Dame, que je dois d'avoir rencontrer celle qui allait devenir mon épouse. Rodolphe, un vieil ami d'enfance, était à la tête de Casgrain et Cie, une entreprise financière très prospère qu'il avait montée lui-même. Sa mère était la célèbre militante féministe Thérèse Casgrain, qui avait été consœur de ma mère au couvent du Sacré-Cœur.

J'ai d'abord rencontré Estelle Deschamps en 1953, à un cocktail où Rodolphe me l'a présentée, puis une semaine plus tard, à un souper chez lui où il nous avait invités tous les deux. Ce fut un véritable coup de foudre. Estelle avait tout pour me faire rêver : elle était très jolie, extrêmement intelligente, musicologue raffinée, linguiste (français, anglais, italien, espagnol et allemand), cultivée et possédait des qualités de cœur remarquables. Quelques semaines après cette seconde rencontre, je faisais ma proposition et cinq mois plus tard nous étions mariés.

Un mariage est souvent un coup de dé et il est parfois difficile de savoir si les tempéraments et les caractères vont s'harmoniser. La chance la plus extraordinaire de ma vie a été de trouver en elle l'épouse idéale, parfaitement complémentaire — et qui l'est toujours, cela depuis quarante-cinq ans.

Je tiens à lui rendre hommage, d'autant plus qu'elle a aussi été une collaboratrice incomparable et un soutien fidèle à toute ma carrière. J'ai rarement publié quoi que ce soit sans lui faire réviser mes textes, particulièrement les articles qui

avaient trait aux politiques de recherche et aux systèmes de santé. Elle me con-
seillait, mettait de la modération dans mes propos lorsqu'elle les jugeait trop durs,
me suggérait de changer des formulations pour adoucir mes paroles. Elle m'a évité
de faire des bêtises et je n'ai jamais publié un texte sur lequel elle avait des réticences.

Il y a souvent une femme derrière les réussites. À l'époque, je faisais tout en
même temps : organisation du département, recherche, soins aux patients, demandes
de subventions, rédaction d'articles scientifiques, conférences, etc. Mes journées de
travail duraient 15 ou 16 heures, de 7 h 30 jusqu'à minuit, le samedi compris. Le
dimanche était consacré à ma famille et à la préparation de conférences. J'aurais pu
laisser tomber la recherche et aller en pratique privée où j'aurais pu gagner dix fois
mon salaire de chercheur. Je recevais parfois aussi des offres d'emploi dans d'autres
centres et à de bien meilleures conditions. Mon épouse a fait preuve de beaucoup
d'abnégation. Je me considère chanceux d'avoir trouvé en elle une épouse extraordinaire, qui m'a si bien compris et si bien soutenu.

Une famille unie est, sans aucun doute, un élément de stabilité et de sécurité
indispensable à la quiétude d'esprit nécessaire à un travail productif. J'ai vu beaucoup de carrières ébranlées ou détruites par des conflits conjugaux persistants et je
crois que sans la sérénité que donnent une épouse fidèle et des enfants bien élevés,
on ne peut pas fonctionner avec liberté et au maximum.

Nous avons eu cinq enfants, dont deux fils et trois filles. Mes deux fils, élevés
dans un milieu fortement canadien-français, sont devenus médecins : Paul, radio-
oncologue, et Jacques, cardiologue. Ils ont épousé de charmantes et intelligentes
collègues, toutes deux élevées dans des milieux totalement anglophones et parlant
peu le français qu'elles ont cependant appris depuis. L'une, Susan Lavoie, est néphrologue et l'autre, Jacquetta Trasler, fait de la recherche en génétique. Mes trois filles
sont Suzanne, Marie et Hélène. Suzanne, mariée à un architecte italien, Amedeo
Guerra, vit à Rome où elle dirige son propre atelier de haute couture. Marie est
sculpteure et a épousé Serge Rivest, homme d'affaires. Hélène a obtenu une maîtrise
à Johns Hopkins et une autre à Columbia après avoir eu son B.A. à Ottawa et elle
travaille depuis quelques années pour la Banque mondiale à Washington.

Estelle et moi sommes très fiers de notre famille qui, bien qu'elle soit disper-
sée, est restée extrêmement unie grâce aux voyages et surtout au téléphone qui nous
réunit régulièrement.

Les travaux du groupe de Montréal

Van Slyke, qui avait lui-même mis au point de nombreuses méthodes de mesures qui ont révolutionné la biochimie, répétait et insistait sur le fait que tout progrès en recherche repose avant tout sur une bonne méthodologie. Cela est vrai dans tous les domaines et particulièrement en médecine où on ne peut progresser sans méthodes fiables et précises. Le fait est que le développement de techniques de détection et de mesure infinitésimale est responsable des progrès les plus considérables de la recherche clinique. Pour cette raison, le groupe de recherche en hypertension de l'Hôtel-Dieu a consacré dès le début une grande partie de ses énergies à l'élaboration de méthodes de mesure spécifiques, précises et très sensibles. Toutes les analyses étaient faites en double et rien n'était publié sans que tout ne soit revérifié : ce que j'appelais la discipline du « double check » ! Cela, je le dois à Donald Van Slyke et à Reginald Archibald qui m'ont formé aux disciplines de la méthodologie en recherche : reproductibilité, spécificité, précision et sensibilité.

En 1955, grâce à une méthode de purification et de dosage de l'aldostérone urinaire mise au point dans nos laboratoires, nous avons pu démontrer que l'hypertension était accompagnée d'une augmentation de l'excrétion de cette hormone dans l'hypertension essentielle. C'était un pas important dans la compréhension de la physiologie de l'hypertension, puisque cette découverte mettait en relation de façon claire et définitive le rein, le sodium et la glande surrénale d'où provient la sécrétion d'aldostérone.

Sitôt que j'ai complété l'analyse de nos résultats, avant de publier quoi que ce soit, je me suis rendu à l'Université Columbia à New York pour y consulter le professeur Robert Loeb qui avait été le premier à démontrer le rôle des glandes surrénales dans la régulation du sodium. Il était alors considéré comme un des plus grands experts dans le domaine. Il a été enthousiasmé par nos résultats et m'a confirmé l'importance de la découverte.

Je suis allé ensuite à l'Institut Rockefeller pour demander l'opinion de Vincent Dole avec qui j'avais travaillé lorsque j'y étais fellow. En plus d'être un des plus grands savants que je connaisse, il était aussi un expert en statistiques. Après une heure de travail sur sa machine à calculer, il m'a à son tour confirmé la valeur de nos résultats : la différence du taux d'aldostérone entre les sujets hypertendus et les sujets normaux était, selon ses calculs, hautement significative (« p » à 0,001). C'était bel et bien une découverte importante et j'étais extrêmement excité !

Le premier article que j'ai écrit sur le sujet a été publié dans la revue *Science*, qui est la plus prestigieuse des revues scientifiques américaines. Peu de temps après, j'ai été invité à présenter nos travaux à la réunion de l'American Society for Clinical Investigation à Atlantic City — ce qui est un honneur bien spécial, puisque tous les grands de la médecine américaine s'y retrouvent. Cette première contribution a beaucoup aidé à donner une reconnaissance internationale au groupe de l'Hôtel-Dieu que l'on commençait déjà à nommer ailleurs dans le monde « le groupe de Montréal ». Il nous a été par la suite beaucoup plus facile d'obtenir des subventions de recherche suffisantes pour supporter un personnel de près de trente personnes.

L'étape suivante de nos recherches a été d'étudier l'effet d'infusions intra-veineuses de diverses substances hypertensives sur l'aldostérone. Nous avons donc infusé à des sujets normaux, sous contrôle constant, des quantités précises d'angiotensine II, de norépinéphrine, de néosynéphrine, etc. à des taux subpresseurs et presseurs afin d'étudier l'effet de ces substances sur l'excrétion urinaire d'aldostérone et de sodium.

En 1958, donc trois ans après notre première découverte, nos expériences ont montré de manière concluante que les infusions d'angiotensine II, en plus d'élever la pression, provoquaient toujours une augmentation très nette d'aldostérone. Même en infusant des doses d'angiotensine trop faible pour élever la pression, on notait toujours une augmentation de l'aldostérone dans les urines ainsi qu'une diminution de l'excrétion de sodium. On ne remarquait cependant rien de semblable avec les infusions de norépinéphrine ou de néosynéphrine. Nous avons donc été les premiers à démontrer que l'angiotensine II stimulait la sécrétion d'aldostérone, reliant ainsi la glande surrénale, le sodium et le rein.

Des travaux similaires se faisaient ailleurs dans le monde, notamment par James Davis au Missouri et John Laragh à New York, qui ont rapidement confirmé notre découverte. L'avantage que nous avons eu sur eux et qui nous a valu la primauté est d'avoir été parmi les premiers à disposer d'angiotensine II synthétique, et cela, grâce à mon ami Franz Gross qui était directeur médical de la compagnie Ciba de Bâle (maintenant connue sous le nom de Novartis).

Cette contribution fondamentale a évidemment apporté un prestige supplémentaire au groupe de Montréal et nous a permis d'obtenir d'autres subventions importantes. De même, à cause de notre réputation et grâce aux contacts que j'avais établis dans les compagnies pharmaceutiques, celles-ci nous fournissaient gratuitement une bonne part des médicaments dont nos patients avaient besoin. Nous avons reçu jusqu'à

250 000 pilules par année, pour une valeur de 30 000 à 40 000 dollars, que nous donnions gratuitement aux patients sans revenus ou à revenus modestes, ce qui nous a évidemment aidés à nous constituer une source considérable et fidèle de patients hypertendus.

Les compagnies pharmaceutiques nous demandaient aussi régulièrement de faire l'essai de nouveaux médicaments antihypertenseurs. Les études se faisaient alors sur des groupes de trente ou quarante patients hypertendus à qui était donné le nouveau produit en prenant pour point de comparaison un groupe semblable qui était traité avec un placebo de couleur et de grosseur identique. Nous avons effectué de nombreuses études et publié beaucoup d'articles sur l'évaluation de ces nouveaux agents.

Les patients hésitaient rarement à se prêter aux expériences pour tester sur eux-mêmes les médicaments. Plusieurs avaient vu leurs parents mourir des complications résultant de l'hypertension et craignaient de subir le même sort. La médecine commençait alors tout juste à offrir des traitements aux hypertendus dont l'espérance de vie dépassait rarement les cinquante-cinq ans. Dans les cas d'hypertension maligne, le pronostic était généralement fatal. Quatre-vingt-dix pour cent d'entre eux décédaient dans l'année qui suivait l'apparition de la maladie qui progressait chez eux à un rythme accéléré, produisant une artériosclérose sévère des petites artères du rein, du cerveau et du fond de l'œil et s'accompagnant d'une pression extrêmement élevée : 225, 280, 300 sur 120, 140 mm Hg.

La médecine d'aujourd'hui possède plusieurs médicaments qui agissent à des niveaux différents et assurent un contrôle très satisfaisant de la pression artérielle dans 100 % des cas. Des tests comme ceux que nous avons faits sur nos patients ont aidé leur développement de même qu'à la connaissance de leurs effets secondaires parfois très ennuyeux que certains d'entre eux pouvaient entraîner. C'est ainsi que nous avons pu constater qu'un des nouveaux médicaments mis à l'essai provoquait des cauchemars épouvantables chez les deux premiers malades qui l'ont reçu — ils croyaient voir des animaux ramper sur les murs et les plafonds de l'hôpital — chose que l'expérimentation animale dans les laboratoires de la compagnie n'avait évidemment pas pu révéler, les animaux de laboratoire ne pouvant se plaindre d'hallucination. Il va sans dire que les essais de ce nouveau médicament ont été interrompus sur-le-champ. Nous avons aussi été les premiers à montrer que l'association de certains médicaments administrés à faibles doses et, donc, avec moins d'effets secondaires permet un contrôle plus efficace de l'hypertension que l'usage d'un seul médicament à forte dose.

Ces tests doivent obéir à un protocole très rigoureux et exigent que les patients suivent très exactement le traitement qui leur est prescrit. L'une des méthodes que nous utilisions pour nous assurer de leur fidélité consistait à leur donner exactement le nombre de pilules requises entre deux rendez-vous. Si le patient venait chaque mois et qu'il devait prendre une pilule deux fois par jour, les infirmières lui donnaient exactement les soixante pilules bien comptées dont il avait besoin. Lorsqu'il revenait, elles lui demandaient, l'air de rien, s'il lui restait encore des médicaments et si c'était le cas, elles mettaient une petite note au dossier. L'autre méthode consistait à gagner sa confiance, à l'interroger sur sa vie personnelle, familiale ou professionnelle et, au besoin, à noter les choses importantes dans le dossier pour ensuite s'informer de la régularité avec laquelle il prenait ses pilules. Le médecin savait ainsi au moment de la consultation médicale non seulement s'il y avait eu un deuil ou tout autre événement grave dans la vie ou la famille du patient, mais aussi s'il prenait fidèlement sa médication.

Notre politique était rigoureuse : si le patient trichait une ou deux fois, il avait droit à un simple avertissement ; à la troisième incartade, il recevait son congé. Pendant plusieurs années, une de nos infirmières, Mireille Kirouac, visitait certains d'entre eux à domicile et veillait à ce qu'ils suivent correctement leur diète et prennent fidèlement leurs médicaments. Elle en venait ainsi à bien connaître le milieu familial et à pouvoir les aider et nous conseiller.

Les compagnies pharmaceutiques tirent beaucoup de profit de ces expériences. Elles ont cependant besoin que le travail soit fait avec intégrité par des cliniciens compétents et voués au service de la vérité objective. Elles ne veulent pas être trompées ni induites en erreur par des individus capables de fausser les résultats pour le prestige d'avoir démontré que tel ou tel nouveau médicament est extraordinaire au risque de lancer un produit nocif sur le marché. Nous avons, quant à nous, toujours travaillé avec la plus grande rigueur. Nous avions développé un système de double vérification constante, dite « double check », expression qui est devenue une des maximes de la clinique et du laboratoire ! Au cours de ces études, de même qu'avant de publier chaque article, je demandais toujours aux infirmières de faire les tableaux et de tout revérifier. C'était beaucoup de travail, qu'il fallait toujours refaire deux fois, mais grâce à ce système, nous avons réussi à ne faire que peu d'erreurs.

En échange du service que nous leur donnions, les compagnies pharmaceutiques nous payaient les frais que l'étude pouvait occasionner, comme les salaires des infirmières. Les surplus d'argent, lorsqu'il y en avait, nous servaient à la recherche fondamentale, à acheter des livres, à constituer de petites bourses avec lesquelles nous pouvions envoyer un fellow à un congrès ou à engager une technicienne surnuméraire si nous étions débordés. Ces subventions ne duraient que le temps du contrat, mais leur utilisation était en revanche plus flexible que celles du Conseil médical de recherche du Canada ou des autres organismes officiels.

Le succès de nos recherches aidant, l'autorité morale nous a permis de nous imposer graduellement, si bien qu'au bout de quelques années, je suis parvenu à obtenir la confiance des médecins de l'Hôtel-Dieu. Ceux-ci sentaient que j'apportais quelque chose d'unique et de spécial à notre médecine, à tel point qu'en 1957, ils m'élirent président du comité exécutif du bureau médical de l'hôpital, et cela, à deux reprises jusqu'en 1962, lorsque j'ai été appelé par le conseil d'administration de l'Université de Montréal à participer à la réforme de la Faculté de médecine de l'Université de Montréal. J'avais gagné ma bataille : le « mur de Berlin » entre les cliniciens et les scientifiques commençait à s'effriter.

Ce n'est qu'à partir de 1960, lorsque le manque d'espace à l'Hôtel-Dieu s'est fait sentir de façon critique au point de freiner notre expansion, que je suis revenu à la charge pour le projet du Centre médical Claude-Bernard. J'ai alors recommencé à militer plus activement en faveur d'un centre de recherche clinique, à donner des conférences publiques et à écrire dans les journaux pour expliquer au public sa nécessité et son importance.

Mon rêve se réalisera finalement en 1967 lorsque sera inauguré l'Institut de recherches cliniques de Montréal où déménagera tout le groupe de recherche en hypertension de l'Hôtel-Dieu. Je crois avoir beaucoup apporté à l'Hôtel-Dieu pendant mes quinze années à titre de directeur de ce département et, à partir de 1964, comme chef du Département de médecine. C'est ainsi que l'Hôtel-Dieu fut connu dans le monde scientifique par nos contributions sur les mécanismes et le traitement de l'hypertension qui nous valurent de nombreux prix. Du coup, j'avais été le premier à organiser des cours annuels de formation pour les omnipraticiens, cours qui attiraient de 150 à 160 médecins praticiens pendant trois à quatre jours. Et en 1963, nous organisions le troisième symposium international sur l'hypertension auquel participait une soixantaine des plus grands experts dans ce domaine dans le monde. Les présentations de ce symposium furent publiées dans un numéro spécial du journal de l'Association médicale canadienne et apportèrent un grand rayonnement à l'Hôtel-Dieu. J'ai aussi contribué à l'organisation de la première unité métabolique dans un hôpital francophone du Québec. C'est dans le bureau médical de l'Hôtel-Dieu que le Club de recherches cliniques du Québec fut fondé et tenait sa première réunion scientifique. Dès 1953 et pour de nombreuses années par la suite, je représentais l'Hôtel-Dieu et la médecine canadienne-française au Conseil de recherche médicale du Canada, à des comités du ministère de la Santé et à de nombreux comités nationaux et internationaux. Cela, en plus des nombreuses conférences internationales que j'étais invité à prononcer, faisait connaître l'Hôtel-Dieu à l'étranger.

L'affaire de la cellulothérapie de Niehans

La cellulothérapie de Niehans est un sujet dont j'ai eu quelques fois l'occasion de parler lors de conférences ou d'« after dinner speeches » et qui a toujours suscité beaucoup d'intérêt chez mes auditeurs. Je n'ai encore cependant jamais rien publié sur cette affaire parce qu'elle se situe en marge de ma carrière scientifique. C'est d'ailleurs un peu par hasard que j'y suis arrivé.

La partie de cette histoire qui me concerne débute autour de 1956, au moment où le riche entrepreneur canadien-français Charles Monat est allé se faire soigner à Vevey, en Suisse, auprès du Dr Niehans, chirurgien devenu célèbre pour avoir traité le pape Pie XII l'année précédente. Monat possédait une fortune assez imposante pour l'époque dont il consacrait une part aux bonnes œuvres, principalement à la lutte contre la tuberculose. C'était, en outre, un bon ami de sœur Allard et un des bienfaiteurs de l'Hôtel-Dieu auquel il a d'ailleurs légué une partie de sa fortune.

Monat était revenu enchanté de son séjour en Suisse et, surtout, fortement impressionné par Niehans dont la thérapie de rajeunissement connaissait un grand succès auprès de certains membres de l'aristocratie européenne. Il en était revenu d'autant plus impressionné que Niehans lui avait laissé entendre qu'il était alors en pourparlers avec des médecins de Toronto où l'on souhaitait mettre sur pied une clinique de cellulothérapie semblable à celle de Vevey. Il était question de pouvoir offrir aux patients canadiens les bienfaits de ce traitement qu'il avait développé et qui aurait, d'après lui, guéri le Pape. En bon Canadien français, Monat avait été piqué au vif de savoir Toronto sur le point de devancer Montréal. Sitôt revenu au pays, il a mentionné une somme d'environ un demi million de dollars — ce qui était énormément d'argent en 1955 — pour permettre à l'Hôtel-Dieu d'accueillir, avant Toronto, le premier centre de cellulothérapie de Niehans en Amérique.

Sœur Allard était évidemment intéressée par l'offre généreuse du riche entrepreneur. Elle n'était cependant pas du genre à foncer tête baissée dans une telle aventure sur le seul avis de Monat et sans prendre conseil auprès de médecins capables de l'aider à se faire une opinion exacte de la valeur scientifique du projet. Aussi a-t-elle suggéré à Monat que j'aille moi-même sur place juger de cette fameuse cellulothérapie dont il prétendait qu'elle redonnait la jeunesse aux malades et guérissait de nombreuses maladies chroniques. Si mon rapport était favorable, Monat investirait éventuellement dans le projet et l'Hôtel-Dieu se lancerait dans la cellulothérapie.

J'ai accepté et suis parti en septembre 1956 passer trois semaines à Vevey, sur le bord du Lac Léman, dans un hôtel voisin de la somptueuse villa où Niehans tenait sa clinique.

Niehans avait les allures d'un aristocrate et ressemblait, par certains traits, à Teilhard de Chardin : des cheveux gris cendrés, grand de stature et de très belle prestance. C'était un bel homme qui, physiquement, en imposait.

C'était aussi un élégant causeur, qui s'exprimait très bien et qui maîtrisait l'art d'enjoliver les conversations d'allusions sur ses relations prestigieuses et sur les patients importants dont il avait la confiance. De fait, il avait parmi ses patients des barons, des ducs, des lords, des hommes politiques bien connus : toute une coterie de gens importants et de nobles de la haute aristocratie déchue d'Europe vivant des restes de leurs héritages et qui venaient se faire soigner à grands frais pour toutes sortes de maladies ou d'indispositions. La cellulothérapie, il faut le dire, avait la réputation de soigner beaucoup de maladies, de l'artériosclérose à la perte de mémoire en passant par la diminution de vitalité en général. Bref, elle pouvait guérir à peu près toutes les maladies dégénératives et tout particulièrement l'impuissance sexuelle. En réalité — pour dire les choses telles qu'elles m'ont paru —, il y avait là surtout des gens d'un certain âge dont l'énergie sexuelle était en déclin et qui attendaient des miracles de ce médecin qui prétendait non seulement avoir traité le pape Pie XII, mais aussi le duc de Windsor et quantité d'autres gens importants.

La cellulothérapie consistait à injecter aux malades des tissus vivants provenant de différents organes prélevés sur le fœtus d'une brebis fraîchement abattue. Selon la théorie de Niehans, les cellules embryonnaires injectées au patient passaient dans les courants lymphatique et sanguin et allaient naturellement se fixer sur les organes malades pour les rajeunir et leur redonner leur vitalité d'autrefois en se substituant aux cellules mortes ou vieillissantes. Suivant la maladie traitée, Niehans pouvait injecter des extraits de rate si la rate était jugée malade, de foie si le problème se situait au foie, d'hypothalamus si l'hypothalamus était en cause, de cœur, de poumons, etc., et cela, avec divers raffinements selon la gravité et la complexité de la maladie.

Même si la cellulothérapie ne reposait pas sur des assises scientifiques claires à mes yeux, la théorie sur laquelle elle se fondait pouvait être plausible. Certains traitements, comme celui des greffes de moelle osseuse aujourd'hui, se font sur le même principe : après avoir anéanti avec des traitements massifs de rayons X la moelle du malade, on lui injecte les cellules de moelle d'un donneur compatible, cellules qui vont se substituer à celles du receveur et s'y multiplier. Un traitement de la maladie de Parkinson utilisant des cellules embryonnaires humaines prélevées sur des fœtus humains avortés fait actuellement l'objet d'un débat aux États-Unis — traitement qui pose évidement des problèmes éthiques sérieux.

On comprendra dès lors que c'est avec une certaine curiosité qu'un matin, j'ai accompagné le Dʳ Niehans et toute son équipe à l'abattoir. J'ai appris là différentes choses, notamment que Niehans utilisait des fœtus de brebis pour des raisons pratiques, parce qu'il était aisé de les obtenir et que leur petite taille les rendait plus facile à manipuler que, par exemple, des fœtus de vache ou de jument. Niehans m'a d'ailleurs affirmé que l'effet thérapeutique était d'une façon ou d'une autre exactement le même et qu'il n'avait constaté aucune différence quant au résultat. Deux choses devaient cependant être prises en compte et respectées rigoureusement : le fait que la gestation soit de quatre mois environ le jour où la brebis était abattue et que l'injection des tissus d'organes du fœtus se fasse dans l'heure suivant la mort de la mère brebis.

L'opération devait donc être menée rapidement. Sitôt abattue, la brebis était pendue à un crochet et on lui ouvrait immédiatement le ventre pour en sortir l'utérus. Cela était fait de manière aseptique : l'utérus était badigeonné d'iode puis enveloppé dans des draps stériles. On se précipitait ensuite en voiture jusqu'à la clinique, sorte de petit hôpital où les patients, préparés à l'avance et allongés sur le ventre, attendaient de recevoir leurs injections. Dès son arrivée à la clinique, Niehans ouvrait l'utérus pour en sortir les fœtus qu'il défaisait en morceaux afin d'en extraire isolément les organes, qu'il hachait ensuite à l'aide de ciseaux très fins. Il incorporait alors les divers hachis d'organes à un sérum physiologique salé, obtenant ainsi pour chaque organe une solution qu'il injectait à ses patients selon un diagnostic établi préalablement.

L'injection se faisait dans la fesse avec des seringues de 20 ml dont les aiguilles étaient beaucoup plus grosses que la normale afin de pouvoir laisser passer librement les grumeaux d'organes qui flottaient en suspension dans le liquide physiologique. Selon la gravité ou la complexité du cas, chaque patient pouvaient recevoir jusqu'à huit injections intramusculaires d'organes différents par séance. Ils devaient rester couchés un minimum de trois à quatre jours pour donner le temps aux cellules embryonnaires de rejoindre l'organe cible, et cela, autant que possible sur le ventre afin de ne pas comprimer les tissus jeunes et fragiles aux endroits d'injection. Niehans interdisait aussi à ses patients tout médicament et toute radiographie le temps que durait la cure pour la raison que les doses données à un adulte risquaient, selon lui, d'endommager ou même de tuer les cellules embryonnaires ou, dans le cas des rayons X, de provoquer un cancer.

Ce qui m'avait paru le plus extraordinaire au terme de cette journée — je m'en étais d'ailleurs assuré auprès du personnel —, c'est qu'il y avait très peu de réactions chez les patients, sinon quelques fois une légère hausse de température et des éosinophiles du sang. Les injections se faisaient, autrement dit, avec relativement peu de risques. Les cellules embryonnaires étaient, semblait-il, bien tolérées ou, en tout cas, mieux que les extraits d'organes adultes qui, au dire des membres de l'équipe, occasionnaient souvent de sérieuses réactions allergiques.

Un diagnostic déterminait au préalable les déficiences physiologiques, les organes atteints et le type d'injection requise pour le traitement de chaque patient. Le diagnostic était fait à Bâle par un dénommé Abderhalden à qui Niehans envoyait les échantillons d'urine des patients. J'ai passé deux jours là-bas afin de prendre connaissance du travail fait par Alberhalden.

Ce dernier était un curieux personnage. Handicapé à la suite d'une poliomyélite contractée dans sa jeunesse, il boitait et marchait en s'aidant de deux cannes. Il était le fils d'un enzymologiste qui avait été célèbre au tournant du siècle et avait lui-même été bibliothécaire pour la compagnie Ciba. Ce qui ne lui donnait en revanche ni la compétence ni la formation voulues pour exécuter le travail que Niehans lui confiait. Il faisait néanmoins lui-même et seul tous les tests dans son garage qu'il avait aménagé pour en faire une sorte de laboratoire, un laboratoire minable équipé de beaucoup de verrerie ébréchée.

Les trois ans et demi que j'avais passés à Rockefeller m'avaient donné une formation plus que suffisante pour juger de ce qu'était un véritable laboratoire et évaluer ce qui se passait en réalité dans celui d'Alberhalden. Dès le premier jour, j'avais entretenu des doutes sur Niehans et sur sa cellulothérapie : Abderhalden les transformait désormais en quasi-certitudes.

Je voulais cependant contrôler les choses à fond et en avoir le cœur bien net. Aussi ai-je apporté le lendemain à Alberhalden deux échantillons d'urine dont l'un d'un riche Canadien français né de mon imagination pour qu'il en fasse l'analyse. Il s'agissait, en fait, dans l'un et l'autre cas, de ma propre urine que j'avais répartie dans deux bouteilles avec un nom différent et en donnant pour chacune une histoire particulière. Il a fait l'analyse et a obtenu, comme je m'y attendais, des résultats substantiellement différents pour chacun des ces deux malades imaginaires. Il y avait désormais peu de doute possible quant à la supercherie.

Personne dans l'entourage de Niehans — il n'y avait là ni chimiste ni biochimiste — n'était en mesure de juger et de comprendre le travail d'Abderhalden, qui restait sans doute aussi nébuleux pour Niehans lui-même que pour la confrérie d'admirateurs qui l'entouraient. Niehans n'avait d'ailleurs pas besoin d'en savoir beaucoup, puisque c'était en principe les tests faits par Abderhalden qui dictaient officiellement sa conduite scientifique en indentifiant les organes atteints et déterminaient les injections nécessaires aux malades. En fait, il se servait de lui comme d'un écran de fumée scientifique, et cela, d'autant plus aisément qu'Abderhalden travaillait à Bâle, à l'abri des questions, loin de la clinique et des patients. Niehans utilisait en outre toujours des termes vagues de manière à entretenir chez eux une confusion peu compromettante : régénération, réjuvénation, revitalisation, amélioration de capacités, stimulation du métabolisme cellulaire, normalisation des déséquilibres... En somme, rien de scientifique, rien de bien précis, mais suffisamment crédible pour bien des pauvres gens, un peu comme on le voit ici, au Québec, dans une certaine mesure, avec certaines médecines douces.

Niehans et Abderhalden en tiraient profit chacun de leur côté. J'ai d'ailleurs eu une copie de la facture que Niehans avait envoyée à M. Monat : un total de 4 500 francs suisses, c'est-à-dire en valeur de 1956 à peu près 1 500 dollars américains pour un traitement de neuf injections à coup de 500 francs chacune ! Leur entreprise était certainement rentable.

Afin de ne pas me restreindre à ma seule opinion personnelle, je me suis aussi informé auprès du milieu médical suisse. Tous ceux que j'ai consultés là-bas — plusieurs grands professeurs de médecine à Genève, à Lausanne et à Zurich, tous des gens de grande envergure — ont unanimement confirmé mes conclusions : jamais ils n'avaient constaté de guérison ou d'amélioration objectives chez les patients traités par Niehans. Celui-ci n'était, selon eux, qu'un charlatan.

Au fil des rencontres où je glanais des informations à droite et à gauche, j'ai fini par en savoir assez long sur Niehans. J'ai aussi appris la vérité sur la soi-disant guérison du pape Pie XII qu'il s'attribuait et à laquelle il devait une part de sa renommée.

Pie XII n'avait jamais été malade de sa vie jusqu'au jour où il s'était trouvé atteint de sérieux malaises gastriques. Il s'était vu subitement affligé d'un hoquet persistant, avait commencé à vomir du sang et était à peu près incapable d'ingurgiter quelque aliment que ce soit. Il était suivi par un ophtalmologiste, Dr Galeazza-Lizi, qui était en réalité moins un médecin qu'un intriguant habile, manœuvrant avec aise dans les couloirs du Vatican. À défaut de posséder de véritables compétences médicales, il avait réussi à se gagner les bonnes grâces du Pape et de sa secrétaire et confidente, sœur Pasqualina. Femme discrète et effacée en apparence, cette dernière était au service de Pie XII depuis l'époque où, encore simple cardinal, il représentait le Vatican auprès de l'Allemagne hitlérienne. Elle jouissait cependant d'une très grande influence sur lui, au point d'être devenue avec les années ni plus ni moins que son bras droit. Le Pape s'en est remis à elle pour le choix de ses médecins.

Quant aux raisons spécifiques qui ont amené Niehans au chevet du Pape, il semble qu'elles soient liées à la méfiance que sœur Pasqualina entretenait à l'égard des médecins italiens. Ou, encore, aux craintes de Galeazza-Lizi, lequel devait sans doute redouter de perdre ses privilèges en s'exposant aux avis de ses confrères italiens plus compétents et préférer l'intervention d'un consultant étranger au milieu médical romain. Quoi qu'il en soit, le Pape a accepté d'être traité par Niehans.

De ce point de vue, donc, Niehans avait dit la vérité : il avait effectivement réussi à « traiter » le pape Pie XII avec sa cellulothérapie. Sauf que, curieusement, il semble qu'il ne lui ait pas fait les injections habituelles de tissus vivants. Il lui aurait plutôt administré des extraits d'organes lyophilisés, c'est-à-dire séchés à froid, comme le faisaient habituellement ses disciples en France et en Allemagne lorsqu'ils n'avaient pas de brebis enceintes sous la main. Le fait est qu'il aurait apparemment eu des difficultés à s'approvisionner en fœtus de brebis au Vatican. Peut-être aussi craignait-il de faire subir au Pape les rares complications, fièvres ou allergies, que pouvaient parfois provoquer les injections de cellules vivantes.

Ce traitement a été poursuivi pendant quelques semaines. Aussi incroyable que cela puisse paraître, il aura fallu tout ce temps avant que, parmi les familiers de Pie XII, certaines personnes commencent à s'inquiéter de l'absence de toute espèce d'amélioration de son état général. On en venait de plus en plus à soupçonner un cancer de l'estomac, mais à tous ceux qui proposaient de faire des examens complémentaires et une radiographie de l'estomac, Niehans opposait un refus, insistant chaque fois sur le danger qu'il y avait pour le malade de recevoir des médicaments ou des rayons X après les injections. Finalement, voyant qu'au lieu de se rétablir, le Pape s'affaiblissait un peu plus chaque jour et continuait à perdre du poids, certains cardinaux se sont décidés à intervenir.

Ils ont appelé en renfort à son chevet le professeur Gasbarrini, de Bologne, de même qu'une autre sommité médicale romaine, lesquels n'avaient aucune sympathie pour Niehans et Galeazza-Lizi. Les médecins ont évidemment été outrés de constater le triste état où cette aventure avait mené le Saint-Père, sans parler des risques de complications auxquelles il avait été exposé pendant le traitement. Ils ont pris les choses en main et ont exigé des radiographies, qui ont montré que le malade souffrait d'une hernie diaphragmatique ulcérée de l'œsophage. Ils l'ont traité de façon conventionnelle et le Pape s'est rapidement retrouvé sur pied.

On imagine aisément que l'Église ne souhaitait pas faire de publicité autour d'une affaire dans laquelle la crédulité du Pape avait joué un si grand rôle et qui mettait à ce point en cause — et de manière aussi gênante — sa crédibilité. Le Vatican a heureusement l'habitude du secret : tout ceux qui y travaillent doivent jurer de ne rien divulguer de ce qu'ils pourraient y voir ou y entendre et il est rare que ce genre d'histoire transpire hors de ses murs jusqu'au public sans être filtrée et ordonnée selon la version des faits que la Curie romaine souhaite en donner. Doublement liés par le serment d'Hippocrate et celui fait au Vatican, les médecins appelés au chevet du Pape sont restés muets, comme il se doit, sur toute cette affaire, de sorte que presque rien n'en a été ébruité. Il semble d'ailleurs que le Pape lui-même soit resté dans l'ignorance de la vérité, puisque, sitôt rétabli, il a officiellement récompensé Niehans et Galeazza-Lizi de leurs services en les honorant du titre insigne de membre de l'Académie pontificale des sciences.

La célérité avec laquelle le Vatican a étouffé cette affaire a eu pour effet que ni l'un ni l'autre des deux charlatans n'ont eu à en subir les conséquences. Ils n'en ont, au contraire, retiré que des bénéfices dans la mesure où le silence du Vatican leur a permis de s'attribuer chacun la guérison du Pape auprès de la presse et du grand public. Niehans est retourné en Suisse, rapportant avec lui son titre d'académicien pontifical et la célébrité qui allait lui permettre d'accroître sa clientèle. De son côté, Galeazza-Lizi touchait les dividendes de sa gloire en exhibant dans son bureau de Rome des photos de lui-même et du Pape, ce qui impressionnait fortement les malades. Niehans expliquait la guérison par la cellulothérapie, Galeazza-Lizi par la gelée royale d'abeille dont il a d'ailleurs fait par la suite un lucratif commerce en utilisant le réseau des paroisses catholiques. Il y eut même un moment, dont je me souviens, où tous les curés de la province de Québec ont reçu une publicité qui en vantait les bienfaits... On imagine facilement l'efficacité que cela a pu avoir sur les âmes pieuses de même que le puissant effet psychologique que la gelée devait avoir à la seule idée de consommer la fameuse gelée royale administrée au Pape !

De retour à Montréal, j'ai préparé un long rapport pour M. Monat et l'Hôtel-Dieu dans lequel j'expliquais en détail mes conclusions sur la cellulothérapie et les observations qui m'y avaient amené. J'ai ensuite confidentiellement informé le cardinal Léger de ce que j'avais appris sur Niehans, Galeazza-Lizi et la maladie de Pie XII. Je connaissais assez bien le cardinal, qui avait su lui aussi cultiver les bonnes grâces de sœur Pasqualina. Comme beaucoup d'autres au Vatican, il ignorait tout de l'affaire Niehans-Galeazza-Lizi. Mais sitôt informé, il s'est mis en contact avec quelques-uns des cardinaux italiens de ses amis pour leur faire part des détails de l'histoire et du véritable rôle que Galeazza-Lizi y avait joué. Ceux-ci étaient donc aux aguets lorsque le Pape est retombé malade en 1958 et que ce médecin a été appelé une seconde fois à son chevet.

On voyait à ce moment-là dans les journaux italiens de nombreuses photos montrant le Pape dans sa chambre, gravement malade ou même agonisant sur son lit. Ces clichés qui exhibaient ouvertement la vie privée du souverain pontife avaient été pris à l'insu du Vatican, qui ne leur avait évidement pas donné son imprimatur, et faisait, pour cette raison, le bonheur des amateurs de scandales et la fortune de la petite presse à sensation. Personne ne doutait que ces photos aient pour auteur quelqu'un de l'entourage immédiat du Pape. On ignorait cependant l'origine de la fuite, de sorte que les cardinaux assistaient à leur diffusion sans pouvoir y mettre un frein.

Ce sont les informations transmises par le cardinal Léger qui ont attiré l'attention des cardinaux sur Galeazza-Lizi, qu'ils ont aussitôt fait surveiller à son insu ainsi que la chambre papale. Leurs soupçons se sont accrus lorsqu'ils ont constaté que Galeazza-Lizi exigeait toujours, chaque fois qu'il rendait visite au Pape, d'être seul avec lui, soi-disant pour l'examiner en privé, ce qui lui donnait l'occasion de prendre toutes les photos qu'il désirait — et en faisait du même coup un suspect tout désigné. Comme on pouvait s'y attendre, ils ont fini par le prendre sur le fait, avec en main une caméra minuscule qu'il dissimulait dans ses vêtements et avec laquelle il prenait ses photos qu'il revendait ensuite aux journaux italiens. On l'a bien sûr remercié, puis il fut chassé de la Société médicale d'Italie pour manque d'éthique, de sorte qu'il s'est trouvé complètement discrédité.

Le traitement à la cellulothérapie de Niehans et la gelée royale d'abeilles de Galeazza-Lizi ne reposaient sur aucune assise scientifique. Dans l'un et l'autre cas, ce n'était qu'un concept nébuleux dont la valeur n'avait jamais été démontrée, que ce soit cliniquement ou autrement. C'était un peu comme les médecines douces aujourd'hui avec lesquelles on abuse bien souvent de l'anxiété et de la crédulité des malades. Là comme en toutes choses, et même à l'égard de la médecine traditionnelle, il faut savoir être prudent : des médecins ont souvent cru ou prétendu découvrir des traitements extraordinaires qui se sont avérés inefficaces et même dangereux par la suite.

Personnellement, j'estime que lorsqu'il s'agit de choses inoffensives comme le ginseng ou la gelée royale d'abeilles, il n'y a pas de motif à l'intervention des corps médicaux pour y mettre un terme, sinon pour en dénoncer une publicité abusive. En règle générale, même si on ne leur a pas trouvé d'effet clinique, ces traitements créent toujours un espoir et donnent au patient une confiance dont l'effet placebo a souvent été démontré, et cela, même si les mécanismes d'action en restent encore inconnus à ce jour. Qu'importe si les gens utilisent les médecines douces, des massages ou autres choses si cela leur fait du bien et les soulage. Je ne vois aucune raison de partir en croisade pour si peu. Mieux vaut s'en tenir à la devise : continuer à bien faire et laisser braire.

La saga du centre médical universitaire

Quinze années s'étaient écoulées depuis l'époque où j'avais fait mon cours à la Faculté de médecine de l'Université de Montréal sans que celle-ci n'ait guère évoluée. On y déplorait toujours les déficiences notées dans le Rapport Comroe et dans celui du Dr R. Morison de la Fondation Rockefeller, déficiences que j'avais moi-aussi pointées en publiant mon article « L'avenir de la médecine canadienne-française » dans l'*Union médicale du Canada* d'octobre 1948. Bien que ces rapports n'aient pas été rendus publics, les autorités universitaires et un certain nombre de médecins attachés au conseil de la faculté n'ignoraient rien des recommandations qu'endossaient également les comités d'agrément américains. En fait, les toutes premières recommandations remontaient au rapport sur l'enseignement de la médecine aux États-Unis et au Canada déposé en 1910 par Abraham Flexner. Dans son rapport de 1920, le Dr Pierce, de la Fondation Rockefeller, écrivait sur la Faculté de médecine de l'Université de Montréal : « Il ne semble pas que ces gens aient la moindre idée de ce que sont les principes de l'enseignement moderne de la médecine quant aux méthodes, dans la mesure où on peut parler de méthodes — celles qu'ils emploient s'inspirent presque exclusivement de l'école de Paris, qu'ils tiennent en très haute estime. » À part quelques efforts isolés, la plupart des améliorations importantes restaient donc à faire et tardaient à se concrétiser. L'une des raisons de ce retard provenait du fait qu'en dépit de leur bonne volonté, les dirigeants ne savaient pas comment s'y prendre et que la faculté était contrôlée surtout par des cliniciens imbus de la supériorité de la clinique. Ils étaient surtout ignorants des progrès énormes de la médecine américane depuis 1890.

Un autre facteur qui expliquait ce retard était que le projet de réforme de la Faculté de médecine était lié à celui d'un centre médical universitaire sur la montagne, aux abords de l'université. L'idée du centre médical universitaire remonte aux années 1920, après les incendies qui ont ravagé l'Université de Montréal en 1919 et en 1922, alors qu'elle se trouvait encore sur la rue Saint-Denis. Devant la vétusté des lieux et l'apparition de nouvelles facultés de lettres, de sciences, de sciences sociales et économiques, de philosophie, on a réalisé que l'université était déjà trop à l'étroit dans ses murs. Les dirigeants se sont mis en quête d'un nouvel emplacement et leur choix s'arrêta sur les espaces verts encore peu développés, sur la face nord du mont Royal. Le conseil de ville de Montréal offrit un terrain de 12,5 hectares sur la rue Maplewood et autour duquel on acheta un certain nombre de terrains dont l'ensemble constitue le site actuel de l'université.

Déjà, à la fin des années 1920, l'Université de Montréal constitua un comité afin d'étudier les besoins de la Faculté de médecine et commencer l'étude préliminaire du projet du centre médical universitaire. Ce dernier projet connut une saga pénible qui dura jusqu'en 1965, moment où le projet fut définitivement mis au rancart. Cette saga a fait l'objet d'une brochure d'une centaine de pages, « Le centre médical universitaire », rédigée par six professeurs de la Faculté de médecine, les Drs Aurèle Beaulnes (pharmacologie), Michel Bérard (gynécologie), Pierre Bois (anatomie-histologie), Jean-Pierre Cordeau (physiologie), Jean-Louis Léger (radiologie) et Gilles Tremblay (pathologie). J'en rédigeai la préface. Ce livre fut publié en 1965 aux Éditions du Jour. Ceux qui sont intéressés par cet aspect pourront s'y référer. On y trouve l'histoire pénible qui reflète le cheminement du peuple canadien-français, toujours ralenti par le manque d'argent, le manque de leadership, de vision scientifique et de contacts avec les grands de la médecine américaine et européenne.

Pendant toute cette période, il y eut un grand nombre de commissions d'étude, de comités, de tournées d'observation aux États-Unis, en Europe, au Canada, de commencements et de suspensions de travaux, de crises de frustration et d'amertume, de déceptions, de souscriptions publiques, de recommencements et de délais qui obligeaient à chaque fois de refaire les plans du centre pour les mettre à jour. À chaque arrêt, il fallait refaire des études préliminaires, d'autres voyages, former d'autres comités, consulter des experts et être frustré par la volatilité des promesses électorales. Pendant que le débat sur le centre médical universitaire accaparait les esprits, aucune amélioration notable n'était apportée à l'enseignement et aucune correction substantielle ne l'était aux nombreuses autres déficiences de la faculté, mises en relief par les différents rapports d'experts et par les comités d'agrément. Tous ces derniers étaient d'accord dès 1948 (Rapport Comroe et Rapport Morison) sur les critiques adressées depuis de nombreuses années à la Faculté de médecine : manque de professeurs à temps plein dans les sciences fondamentales et leur absence en clinique ; nombre excessif de cours magistraux ; enseignement clinique sclérosé et sans supervision ; nominations et promotions suivant le modèle du temps, c'est-à-dire selon l'âge et non pas selon la compétence ; manque de laboratoires pratiques pour les étudiants, particulièrement dans les hôpitaux, etc. Il y avait, de plus, un conflit entre fondamentalistes et cliniciens, ces derniers ayant la main haute sur la conduite de la faculté et résistant au désir de cette dernière de superviser et de contrôler l'enseignement dans les hôpitaux. Même si on était conscient que l'absence d'hôpital universitaire freinait le progrès de la faculté et de l'enseignement de la médecine, on n'en était pas moins conscient de la priorité de réorganiser toute l'administration de la Faculté de médecine.

Si le manque chronique d'argent a joué un rôle important dans ce retard, le jeu néfaste des influences politiques et l'absence de planification et de vision à long terme n'y étaient pas étrangers. À part quelques professeurs dans les sciences de base, aucun membre du personnel enseignant de la faculté n'y travaillait à temps plein si bien que les moments qu'il consacrait au problème important de réforme et du centre médical universitaire était du temps bénévole, en dehors de ses heures de bureau et de ses visites hospitalières. Dans les années 1950, un conflit profond surgit entre deux groupes de cliniciens, conflit qui fut réglé en cour et qui résulta en la nomination du Dr Edmond Dubé comme doyen de la Faculté de médecine. Or, ce dernier cumulait, pour un salaire de 2 500 $ par année, les fonctions de doyen, de professeur titulaire, de directeur médical de l'Hôpital Sainte-Justine en plus de ses activités de chirurgien. L'université ne lui payait aucun frais de déplacement. Il ne consacrait donc à la faculté que trois après-midi par semaine, plus une heure le samedi matin. De la même façon, l'enseignement clinique restait une occupation occasionnelle pour les professeurs qui en tiraient un certain prestige, mais qui devaient gagner leur vie.

Par ailleurs, les rapports des comités d'agrément américains et canadiens, en 1950, 1955 et 1960 répétaient toujours les mêmes constatations et faisaient toujours les mêmes recommandations. Réagissant aux commentaires des experts, l'Université de Montréal s'attaqua à une réforme en profondeur à partir des années 1950 et l'Assemblée législative lui vota une nouvelle charte. Le Dr Wilbrod Bonin devint, en 1952, le premier doyen à temps plein. Bonin était embryologiste et histologiste ainsi qu'un excellent professeur qui s'était toujours dévoué corps et âme à la faculté. Sa bonne volonté était cependant desservie par trois handicaps assez problématiques : d'abord, son manque de contact avec la médecine américaine ; ensuite, le fait qu'il n'était pas très à l'aise en anglais ; et, enfin, que de par ses activités de fondamentaliste, il était peu familier avec le monde hospitalier et ses problèmes spécifiques. Les cliniciens, qui étaient puissants à cette époque, ne voyaient pas d'un très bon œil qu'un fondamentaliste comme Bonin vienne mettre son nez dans leurs affaires quand il était question de choix et de nomination des professeurs cliniques ou de l'organisation de l'enseignement dans les hôpitaux. La situation du Dr Bonin était particulièrement difficile.

Lorsque le comité d'agrément américain et canadien revint en 1960, il ne put que constater la stagnation des affaires de la Faculté de médecine. Il fit néanmoins preuve, une fois de plus, de bienveillance et renouvela l'agrément de la faculté, mais en précisant que le comité reviendrait dans deux ans au lieu des cinq ans habituels. Ce qu'il fit en 1962 et, devant l'absence de réformes substantielles, il menaça de façon claire l'université de lui retirer l'accréditation de la Faculté de médecine l'année suivante. C'était l'ultimatum !

La profession médicale commençait d'ailleurs à s'inquiéter de la gravité de la situation et la réaction du milieu, cette fois, ne se fit pas attendre. Un groupe de soixante-quatre médecins, tous professeurs titulaires et agrégés, venant de l'université et de différents hôpitaux universitaires, se réunirent pour discuter de la gravité de la situation et des moyens à prendre pour la corriger. Ils signèrent, lors de cette rencontre, une pétition qu'ils remirent au doyen Bonin en exprimant le vœu unanime de me voir nommer au poste de chef du Département de médecine de la faculté. Devant la pression de ce groupe, Bonin nous offrit, au Dr Lucien Lamoureux et à moi-même, les postes de directeurs des départements de chirurgie et de médecine de la faculté, respectivement. L'offre de Bonin était inattendue. Sitôt après l'avoir reçue, Lamoureux et moi, nous nous sommes rencontrés afin d'en discuter plus en détail et nous avons demandé conseil à plusieurs personnes importantes de la faculté. Nous avons convenu d'envoyer une réponse conjointe au doyen ainsi qu'à chacun des gouverneurs de l'université. Cette réponse disait en substance qu'il nous était impossible d'accepter les postes offerts dans une situation qui rendait notre tâche quasi impraticable. Car le projet du centre médical universitaire s'était heurté à de nouveaux écueils, dont le principal était celui de l'Institut de cardiologie du Dr Paul David.

L'Institut de cardiologie se trouvait encore, à cette époque, sur un des étages de l'Hôpital Maisonneuve et Paul David rêvait de construire un centre de cardiologie dont le modèle était celui du professeur Ignacio Chavez, à Mexico, projet qu'il pressait Bonin et le conseil de la faculté d'accepter. Or, l'Institut de cardiologie de Mexico était un institut entièrement autonome, séparé du centre médical tout en étant, à ce monent-là, sur le campus. Le projet de Paul David d'un institut de cardiologie autonome rendait, à mon avis et à celui de beaucoup d'autres personnes consultées, impraticable la réalisation du centre médical universitaire en séparant les maladies cardiaques du reste de la médecine et de la chirurgie. Un hôpital universitaire, à cause des relations intimes qui existent entre le cœur et les vaisseaux et tous les autres organes, ne pourrait pas s'épanouir sans inclure les cardiologues et les chirurgiens cardiaques les plus compétents. De plus, il n'est pas souhaitable, à mon avis, de traiter un organe séparément du reste de l'organisme. En outre, ce projet rendait la fonction des directeurs des départements de médecine et de chirurgie extrêmement difficile, dans la mesure où il comportait toutes sortes de conflits d'autorité quant aux limites des territoires cliniques, aux nominations de personnel, aux laboratoires de recherche, etc. Le dernier comité de liaison s'était prononcé contre l'idée d'un institut de cardiologie autonome. J'avais moi-même, en tant que président du comité des affaires médicales, consulté plusieurs autorités en la matière, entre autres : le Dr Ray Farquharson, directeur du Département de médecine de l'Université de Toronto et président du Conseil de la recherche médicale du Canada ; le Dr Ronald Christie, directeur du Département de médecine de l'Université McGill ; le Dr Rulf Struthers, ancien directeur médical de la Fondation Rockefeller. Tous étaient de l'avis que l'Institut de cardiologie devait être sous l'autorité des chefs des départements de médecine et de chirurgie et du doyen.

J'avais rédigé un court mémoire sur la question, lequel était destiné au conseil des gouverneurs de l'université, mais que j'ai aussi fait parvenir au sous-ministre de la Santé, le Dr Jacques Gélinas. J'y soulignais une fois de plus à quel point l'absence de centre médical universitaire freinait le développement de notre médecine et l'importance de passer outre les vieles querelles qui empêchaient toute évolution. La seule issue qui me paraissait alors la plus acceptable et la plus viable était de nommer David professeur titulaire de cardiologie et de lui confier, en reconnaissance de ses services et de sa personnalité, un département de plus grande importance que les autres dans le futur centre médical. Je considérais par ailleurs essentiel que l'Institut de cardiologie soit intégré à tout point de vue au centre médical universitaire — quitte à hypertrophier en compensation les services de cardiologie et à donner une chaire à vie à David. La cardiologie devait répondre, tout comme les autres départements, au doyen et au directeur médical pour les affaires administratives de même qu'aux chefs de médecine et de chirurgie pour les questions d'ordre scientifique. Je concluais mon mémoire en ajoutant que si Paul David refusait de transiger et d'assouplir sa position, il serait préférable que l'Institut de cardiologie s'épanouisse en dehors de l'université. Gélinas, le ministre Couturier et les autorités universitaires se sont tous rangés à mes arguments, qui étaient aussi ceux de nombreux médecins éminents. Le recteur, Mgr Lussier, est donc allé, dans le courant du mois de juin 1963, en ambassade auprès de Paul David pour lui faire part de la proposition telle que je l'avais formulée dans mon rapport. Il a cependant refusé de faire quelque concession que ce soit, de sorte que Mgr Lussier est revenu les mains vides nous faire part de ce qu'il appelait « l'intransigeance inflexible » de David. L'institut était pour David un idéal personnel, auquel il tenait énormément.

À ma suggestion, Mgr Lussier est retourné voir David le lendemain afin de lui proposer de faire arbitrer la question par un comité d'experts externes. J'avais suggéré les noms de l'ancien directeur de la Fondation Rockefeller, Rulf Struthers, celui de Ray Farquharson, le directeur du Département de médecine de l'Université de Toronto, celui du président du Collège royal des médecins et chirurgiens du Canada et président du Conseil de recherche médicale du Canada, le Dr Malcolm Brown, de même que celui de l'ancien directeur du Département de physiologie de l'Université de Montréal, devenu doyen de la Faculté de médecine de l'Université d'Ottawa, le Dr J.J. Lussier... Tous étaient des médecins éminents, d'envergure, et reconnus pour leur objectivité. David, jugeant que le comité ne comprenait pas de cardiologue capable de comprendre son problème, refusa l'arbitrage. Lorsque Mgr Lussier lui offrit ensuite d'adjoindre au comité un cardiologue de son choix, il refusa une fois de plus.

Quelques jours plus tard, David est venu chez moi pour discuter seul à seul du moyen de sortir de l'impasse. Nous avons repris le problème depuis début pour en étudier toutes les issues et toutes les solutions possibles. L'entretien a duré deux heures et s'est déroulé très cordialement, sans animosité, mais David restait fermement campé sur ses positions, revenant toujours sur l'exemple de l'Institut de

cardiologie du Dr Chavez à Mexico, répétant que c'était une formule qui fonctionnait très bien là-bas et qui serait à l'avantage du Québec malgré tous les avis contrai-
res. J'estimais de mon côté que l'hôpital universitaire ne pouvait pas être amputé
d'un domaine aussi important que la cardiologie. David, cependant, restait inflexible, de sorte qu'en dépit de mon opinion et de l'opposition, l'entretien s'est conclu
sur sa décision de construire un institut autonome hors du campus universitaire.

La question de l'Institut de cardiologie a été réglée de cette manière et le
comité a pu poursuivre son travail. Quant à David, il est parvenu à ses fins en créant
l'Institut de cardiologie de Montréal que nous connaissons aujourd'hui, c'est-à-dire
l'un des meilleurs centres en cardiologie et en chirurgie cardiaque, non seulement au
Québec, mais au Canada. L'enseignement qui y est dispensé est de première classe
et de nombreux jeunes cardiologues du Québec ont été formés en ses murs. Cela est
dû en grande partie à l'énergie du Dr David, qui a su y attirer des cardiologues de
talent et y a installé un système temps plein qui permettait à tous les cardiologues et
chirurgiens de consacrer toutes leurs énergies à leurs patients et aux progrès de la
cardiologie.

Le Club de recherches cliniques du Québec

La pauvreté de nos universités canadiennes-françaises et les déficiences de nos infrastructures médicales contribuaient grandement à notre retard scientifique. À cela s'ajoutait cependant notre méconnaissance de ce que les anglophones appellent le « grantmanship », faiblesse qui nuisait énormément à la recherche et à la formation des chercheurs.

Dans les pays anglo-saxons, en Angleterre et surtout aux États-Unis, il y a une technique pour demander une bourse ou une subvention de recherche, c'est-à-dire ce qu'on nomme en anglais un « grant ». Une demande de subvention pour un objet de recherche doit inclure : 1) l'état des recherches récentes dans le domaine et les contributions du demandeur ; 2) le projet lui-même ; 3) la méthodologie qui sera utilisée ; 4) les moyens disponibles ; 5) le pourquoi des instruments nécessaires ; 6) les salaires requis pour l'aide technique ou autre. Il y a une manière de faire une demande, des règles à respecter, sans quoi elle sera refusée. Dans la mesure où leurs diplômes étaient reconnus, les Canadiens français avaient accès aux programmes de bourses et de subventions canadiens et américains, mais il n'y avait pas beaucoup de jeunes chercheurs qui connaissaient la manière de faire. Et parce que le projet de recherche n'était pas présenté avec la clarté et la précision scientifiques voulues, les quelques demandes de subventions présentées par les Canadiens français étaient souvent refusées. L'impasse du centre médical universitaire et le fait que nos hôpitaux universitaires n'étaient pas accrédités jouaient en leur défaveur et une demande pouvait être écartée dès le départ sous prétexte que le chercheur qui l'avait faite n'était pas attaché à un hôpital accrédité.

Le peu de recherche qui se faisait alors au Québec dans les années 1945 à 1955 était l'œuvre de quelques personnes : Pierre Masson à l'Hôtel-Dieu ; Hans Selye et Armand Frappier à l'Université de Montréal ; Louis-Charles Simard et Antonio Cantero à l'Hôpital Notre-Dame... On doit leur rendre hommage, car ils ont contribué à ouvrir les chemins d'une médecine plus scientifique au Québec. Cependant, mis à part Hans Selye, ces pionniers étaient pour la plupart hors des circuits du « grantmanship » et faisaient une recherche qui nécessitait peu d'argent. Le professeur

Masson en est un bon exemple. Il avait dans son département de la verrerie, des colorants, des microscopes, mais aucun appareil coûteux. Le travail de recherche consistait à garder l'œil au microscope des heures et des jours durant pour étudier les tumeurs, les connexions nerveuses, etc. sur des coupes sériées. Lorsque j'étais résident en pathologie à l'Hôtel-Dieu, je lui avais fait remarquer qu'il était un des pathologistes les plus respectés au monde et qu'il pourrait facilement obtenir de l'argent du Conseil de recherche médicale du Canada ou d'ailleurs. Mais il m'avait tout de suite interrompu : « S'ils trouvent que je fais du bon travail, c'est à eux de venir m'en donner. Ce n'est pas à moi d'aller me mettre à genoux et de quêter. » C'était l'attitude européenne : « Si je suis assez bon, qu'ils le reconnaissent et me donnent de l'argent pour continuer mes travaux. » Aux États-Unis, c'était pratiquement l'inverse : « Si je suis assez bon, je suis capable de me soumettre au jugement de mes pairs et de demander de l'argent. »

Il n'y avait d'autre part aucune tradition de mécénat au Québec ou, du moins, rien de semblable à ce qui existait aux États-Unis. Nous avions très peu de millionnaires, la culture du service et du bien public qui incite les gens riches et les grandes entreprises à faire des dons pour le bénéfice de la société était encore peu développée. La première fondation canadienne-française d'importance a été la Fondation De Sève, qui n'existe que depuis une quinzaine d'années. Elle distribue chaque année des millions pour promouvoir la recherche au Québec : en 1994, elle a donné 5 millions à l'Université de Montréal et quelques années avant, 3 millions à l'IRCM. C'était du jamais vu. Nous avions reçu l'équivalent de millions de dollars en équipement de la Fondation McConnell (microscope électronique, spectromètre de masse...) et de d'autres fondations américaines et canadiennes-anglaises, mais seulement des sommes moindres, et cela, très sporadiquement de la part des fondations canadiennes-françaises qui sont encore un phénomène récent dans la société québécoise d'aujourd'hui.

La barrière culturelle et politique entre anglophones et francophones chez les fonctionnaires d'Ottawa ne contribuait certainement pas à faire avancer les choses. Nous étions pris dans une sorte de cercle vicieux : il n'y avait pas de recherche chez les francophones parce que les gens n'étaient pas formés ; les gens n'étaient pas formés parce qu'il n'y avait pas d'argent ; il n'y avait pas d'argent parce que les gens n'avaient pas de contact avec les chercheurs américains et canadiens auprès de qui ils auraient pu acquérir la formation, l'expérience du « grantmanship » et le financement qui en découle. Les anglophones étaient, par ailleurs, peu enclins à se soucier du retard de la médecine canadienne-française et n'ont pas fait à l'époque ce qui a été fait plusieurs années plus tard pour Terre-Neuve, à qui le gouvernement fédéral a accordé des subventions de rattrapage spécialement pour encourager la recherche médicale. De leur côté, les Canadiens français manquaient de solidarité, faisant preuve d'un esprit souvent individualiste qui se traduisait par nombre de petites jalousies et rivalités qui, comme pour l'université et le projet de centre médical, contribuaient grandement à faire stagner les choses.

Ma situation était différente. J'avais reçu une longue formation américaine au cours de laquelle j'avais acquis la manière de penser anglo-saxonne. Je m'étais aussi fait de nombreux contacts lors de mes séjours à Harvard, Rockefeller et Hopkins. Ceux-ci, de même que mes diplômes et ma formation, facilitaient mes rapports avec les chercheurs canadiens-anglais : j'étais même sans doute le premier Canadien français à entretenir d'excellents contacts avec les milieux de recherche canadiens-anglais, américains et européens. Je dois, par ailleurs, ajouter que c'est du côté du ministère de la Santé d'Ottawa, dont les fonctionnaires étaient presque tous des anglophones, que j'ai reçu le plus d'aide et le plus d'argent.

La participation du Québec à la recherche, toutes communautés confondues, était cependant minime. Sur l'ensemble du budget du Conseil de la recherche médicale d'Ottawa pendant les années 1950, à peine 8 à 10 % des fonds allaient au Québec et la presque totalité à l'Université McGill. Il s'agissait essentiellement de subventions statutaires (« consolidated research grants »). Le Dr Penfield recevait, par exemple, 40 000 $, le Dr J.S.L. Browne et le Dr B. Collip, 25 000 $ chacun par année. Du côté des universités francophones, le Dr Selye était le seul à recevoir des fonds. Il avait appris pendant la période où il avait été aux États-Unis et à McGill la technique du « grantmanship » et faisait des demandes d'argent partout pour des sommes considérables. Il utilisait les rats par milliers et ses recherches coûtaient cher. Lorsque j'ai siégé pour la première fois à la division médicale du Conseil de recherche d'Ottawa en 1953, nous avons passé beaucoup de temps à essayer de trouver, avec un budget limité, un équilibre entre les demandes énormes de Selye et celles des autres chercheurs !

L'une des premières choses que j'ai faites en rentrant des États-Unis a été d'ouvrir les fenêtres du milieu canadien-français sur le milieu canadien-anglais et américain. Lorsque je suis devenu chef de médecine à l'Hôtel-Dieu en 1964, j'ai immédiatement mis sur pied avec le Dr John Beck et l'Hôpital Royal Victoria de McGill un programme d'échanges qui permettait à des internes canadiens-français d'aller travailler dans le milieu canadien-anglais et inversement. Les anglophones voyaient d'un bon œil la médecine telle que nous l'avions organisée et profitaient de la chance de perfectionner leur français, tandis que de leur côté, les francophones avaient non seulement la chance d'apprendre l'anglais, mais aussi celle de pouvoir profiter des nombreux contacts dont les chercheurs anglophones et l'Université McGill bénéficiaient.

L'amitié qui me liait à J.S.L. Browne a largement contribué au rapprochement des deux solitudes scientifiques canadiennes. Browne a été un promoteur actif du français à McGill et à l'Hôpital Royal Victoria. Il était né en Gaspésie, à New Carlisle, tout comme René Lévesque, et il trouvait anormal que le personnel hospitalier des hôpitaux anglophones ne puisse s'exprimer en français aux patients francophones. C'était un homme très doux, non pas un batailleur, qui comprenait les aspirations des Canadiens français. Il a insisté maintes et maintes fois pour que les médecins canadiens-anglais apprennent le français.

Browne était directeur du Département de médecine expérimentale à l'Université McGill et il était considéré comme le père de la recherche clinique au Canada. Il travaillait en étroite collaboration avec le Dr Eleanor Venning, une biochimiste de grande envergure, qui veillait au laboratoire, tandis que lui-même travaillait à la clinique. Ils ont fait ensemble des travaux de haut calibre qui leur ont valu une réputation internationale.

Lorsque Browne recevait des savants étrangers, ce qui arrivait souvent, il m'invitait chaque fois aux fameuses réceptions qu'il donnait au Café Martin, sur la rue de la Montagne, où le brocoli à la hollandaise et le Pouilly-Fuissé — qu'il adorait — étaient toujours à l'honneur. De mon côté, j'ai fait la même chose, je l'invitais chaque fois que nous recevions des visiteurs étrangers et il s'en est suivi des échanges à la fois sociaux et professionnels aussi fructueux que plaisants entre les chercheurs des deux communautés. Je lui dois aussi d'avoir été élu membre de l'Association of American Physicians, la société médicale la plus prestigieuse en Amérique, de même que de sociétés renommées telles que le Peripatetic Club et l'American Clinical and Climatological Society, trois sociétés fermées auxquelles les grands de la médecine américaine appartiennent.

Browne avait par ailleurs créé, en 1951, en collaboration avec le Dr Farquharson de Toronto, le Club de recherches cliniques du Canada, une organisation informelle dont la fonction était de stimuler les échanges entre les cliniciens-chercheurs de Montréal et de Toronto. Ce club avait connu un tel succès et était devenu si vivant et actif en peu d'années que dès 1960, il avait été décidé de lui donner une structure formelle en l'incorporant sous le nom de Société canadienne de recherches cliniques. J'ai eu l'honneur d'être un des trois membres signataires de l'acte constitutif de la société et le privilège d'en être le premier président.

M'inspirant de Browne, j'ai moi aussi fondé, en 1959, le Club de recherches cliniques du Québec (CRCQ). Mes motifs étaient les mêmes que les siens, c'est-à-dire regrouper tous ceux qui s'intéressaient de près ou de loin à la recherche médicale et favoriser les échanges. Un tel club me semblait d'autant plus nécessaire dans le cas du Québec francophone que les chercheurs y étaient rares et qu'il y avait un retard considérable. J'y voyais un moyen d'accélérer notre rattrapage scientifique.

La réunion fondatrice du club a eu lieu le 22 septembre 1959 dans le salon du Bureau médical de l'Hôtel-Dieu de Montréal et presque tous les Canadiens français qui étaient intéressés de près à la recherche biomédicale dans les hôpitaux universitaires et les facultés de médecine francophones y sont venus, c'est-à-dire environ une vingtaine de personnes. Huit d'entre eux ont donné une brève communication, d'une dizaine de minutes chacune, pour présenter leurs recherches aux autres membres et en discuter avec eux. Une réunion d'affaires a suivi, au cours de laquelle nous avons défini les objectifs que se donnerait le club. Tout cela s'est terminé par un banquet au Restaurant Hélène de Champlain en présence du doyen Wilbrod Bonin et du professeur de physiologie Eugène Robillard qui a par la suite beaucoup contribué aux réformes de la faculté.

Outre le but de rassembler les jeunes médecins et les chercheurs canadiens-français et celui de favoriser les échanges, le club avait aussi celui de promouvoir les intérêts des scientifiques canadiens-français dans les hôpitaux, dans les universités et auprès des gouvernements. Mais il fallait pour cela que les chercheurs apprennent à se montrer solidaires les uns des autres, ce à quoi le club devait contribuer. En même temps — c'était mon troisième objectif —, je souhaitais que les échanges entre chercheurs favorisent une saine compétition et que le club serve ainsi à hausser les standards de recherche dans le milieu canadien-français. Mais avant tout, le club devait être une tribune francophone, sans prétention. Il est d'ailleurs resté depuis lors tout aussi informel qu'il l'était à ses débuts. Encore maintenant, les objectifs, les modes de fonctionnement, les statuts et les règlements se transmettent selon une tradition orale et le club n'a toujours pas de statuts ni de règlements écrits. Je souhaitais que ses structures soient aussi libres et ouvertes que possible, et elles le sont demeurées. Nous insistions sur le mot « clinique » à cause de son importance dans les milieux hospitaliers en ce qui touche la qualité des soins et le transfert rapide des progrès de la recherche au soin des patients. Nous ne faisions d'ailleurs aucune distinction entre les chercheurs fondamentaux, c'est-à-dire les Ph.D. et les cliniciens-chercheurs. Le club était ouvert à tous. Les chercheurs anglophones y ont toujours été les bienvenus.

Parmi les premiers membres du club, on comptait les Drs Jean-Marie Delage, Jacques Leblanc et Jean-Paul Deschênes de Québec ; Antonio Cantero, Paul David, Pierre Bois, Aurèle Beaulnes, Jean-Pierre Cordeau, Antonio D'Iorio, Gilles Tremblay et André Lanthier de Montréal. De quelques membres, le club allait vite grandir et contribuer de façon remarquable à regrouper les chercheurs biomédicaux du Québec et à favoriser les liens d'amitié et les collaborations.

Jacques Genest à
l'âge de 12-15 mois.

De g. à dr. : Jacques Genest, sa mère Annette Girouard, ses frères Guy et Jean.

De g. à dr. : Jacques Genest, son frère Jean, son père Rosario et son frère Guy, réunis au Club Saint-Denis à l'occasion d'une fête du Barreau de Montréal en l'honneur de monsieur Genest père, nouveau bâtonnier.

Jacques Genest et son épouse Estelle Deschamps en compagnie de leurs enfants à l'occasion de leur 40ᵉ anniversaire de mariage, en 1993. De g. à dr. : Paul, Suzanne, Hélène, Marie et Jacques.

Jacques Genest et son épouse Estelle Deschamps.

Réunion annuelle de l'American Society for Clinical Investigation de l'American Association of Physicians à Atlantic City, en 1947. De g. à dr. : Dr John Lutchers, célèbre pour ses travaux sur l'origine des œdèmes dans les états néphrotiques ; Dr Elliot Newman, devenu professeur de médecine à l'Université Vanderbilt à Nashville et mentor du Dr Genest à Johns Hopkins ; Dr I.C. Winter, directeur médical de la compagnie Searle, qui a joué un rôle important dans la démonstration de l'efficacité de la pilule anticonceptionnelle.

La première équipe du Département de recherches cliniques, à l'Hôtel-Dieu de Montréal, en 1953. Assises, de g. à dr. : Dr Lydia Gowar-Adamkiewicz, Pierrette Marcoux et Lucette Salvail, i.l. Debout, de g. à dr. : Fernande Salvail, i.l., Lise Langevin, Dr Moe Goldner, Dr Raymond Robillard, Dr Jacques Genest, Dr Gilles Tremblay, Dr W. Nonaczguski et Thérèse Vien.

De g. à dr. : Dr Jacques Genest, Lord Robert Platt et Sir George Pickering
lors d'un symposium sur l'hypertension à la Fondation Ciba, à Londres, en 1953.

De g. à dr. : Dr Raymond Robillard, Mme Fernande Salvail, i.l., Dr Jacques Genest,
Dr Lydia Gowar-Adamkiewicz et Dr Gilles Tremblay, collaborateurs et collaboratrices de la première
heure, lors d'une soirée-bénéfice à l'occasion de la retraite du Dr Genest, en 1984. Les Drs Robillard,
Gowar-Adamkiewicz et Tremblay ont été les trois premiers fellows en 1953.

De g. à dr. : Dr Jacques Genest et Me Marcel Piché, président du conseil d'administration de l'IRCM.

Dr Roger Boucher (1968), collaborateur dont les contributions innovatrices lui ont valu une réputation internationale.

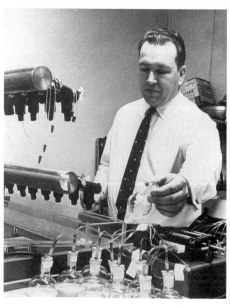

Dr Jacques Genest constate les dommages causés par l'incendie qui a ravagé le laboratoire du Dr Roger Boucher en octobre 1966.

Les étapes du développement
de l'IRCM de 1967 à nos jours.

a) la première construction
   en 1967 ;

b) l'agrandissement, en 1974,
   consistant en cinq étages
   additionnels et l'ajout latéral
   d'une clinique externe ;

c) l'addition d'une
   nouvelle aile réalisée en
   1991 sous la direction
   du Dr Michel Chrétien.

De g. à dr. : le très hon. Daniel Johnson, premier ministre du Québec, le juge Édouard Montpetit, président du conseil d'administration de l'Institut de recherches cliniques de Montréal, le Dr Jacques Genest et M. Jordi Bonet, artiste, lors de l'inauguration de l'IRCM, en 1967.

De g. à dr. : Dr J.S.L. Browne, le très hon. Daniel Johnson, premier ministre du Québec, et Dr D.D. Van Slyke lors de l'inauguration de l'IRCM, en 1967.
On aperçoit les portraits des Drs Browne et Van Slyke sur la murale derrière.

Cette imposante murale en céramique de 9 pieds de hauteur sur 15 pieds de largeur, réalisée par M. Jordi Bonet, est la résultante de trois préoccupations majeures : 1) illustrer la recherche médicale ; 2) rendre hommage aux quatre pays qui ont le plus influencé la médecine canadienne, en y mettant le portrait d'un grand chercheur choisi dans chacun de ces pays ; et 3) imprimer, dès le hall d'entrée, le caractère essentiel de l'IRCM en tant que centre de recherches cliniques.

Les quatre grands chercheurs sont : 1) **Sir Thomas Lewis**, un des grands pionniers de la recherche clinique en Angleterre ; 2) **Claude Bernard**, du Collège de France, reconnu universellement comme le père de la médecine expérimentale ; 3) **J.S.L. Browne**, de l'Université McGill, doyen de la recherche clinique au Canada ; et 4) **Donald D. Van Slyke**, de l'Université Rockefeller, doyen de la biochimie moderne.

Autour des portraits de ces quatre grands savants gravitent les thèmes suivants.

1) La partie supérieure gauche, avec Sir Thomas Lewis, illustre ce qui est la base de toute médecine scientifique, c'est-à-dire l'observation répétée, précise et objective du malade et des phénomènes pathologiques.

2) Dans la partie inférieure gauche viennent ensuite l'expérimentation animale et l'étude de la reproduction des maladies chez l'animal pour mieux en comprendre les mécanismes et les ravages. Tel était le champ d'action de Claude Bernard, dont le portrait est tracé au centre de la murale. En dessous, imprimé dans la céramique, le titre de son livre qui a été un des points tournants de la médecine moderne : *Introduction à la méthode expérimentale*.

3) Au centre droit, on rend hommage au professeur John Browne, un des grands représentants de la recherche clinique moderne. On y voit un treillis cellulaire, qui rappelle la structure de la surrénale, et des formules chimiques dont celle de la cortisone stimulée par le stress, comme l'ont démontré le Dr Browne et son collègue le Dr Venning.

4) Et, enfin, à l'extrême droite, le Dr Donald Van Slyke, dont le travail dans le domaine de la chimie clinique a été un des facteurs les plus importants de l'impulsion et du progrès de la science médicale moderne. Autour du Dr Van Slyke, l'artiste a illustré ses contributions majeures sur les fonctions du rein, sur les déterminations et sur le rôle des gaz du sang. On y voit également des pièces de verrerie qui servent couramment dans tout laboratoire de biochimie.

De g. à dr. : le chanoine Lionel Groulx et le Dr Jacques Genest lors de l'inauguration du nouvel Institut de recherches cliniques de Montréal, en 1967.

Les participants au symposium sur la recherche biomédicale lors de l'inauguration de l'Institut de recherches cliniques de Montréal, en 1967. De g. à dr. : Dr Jacques Genest Dr Paul Milliez (Paris), Dr Thomas Hale Ham (Cleveland), Dr Henry Barcroft (Londres), représentant de la Fondation Wellcome (Londres), Dr Vincent P. Dole (Institut Rockefeller), Dr Donald D. Van Slyke (Institut Rockefeller, père de la biochimie moderne), Dr J.S.L. Browne, doyen de la recherche clinique au Canada, et Dr Malcolm Brown, président du Conseil de recherches médicales du Canada.

De g. à dr. : Dr J.S.L. Browne, de l'Université McGill, doyen de la recherche clinique au Canada, et Dr Jacques Genest lors de la retraite des chercheurs de l'Institut de recherches cliniques de Montréal, en 1969.

De g. à dr. : Me Marcel Piché, président du conseil d'administration de l'Institut de recherches cliniques de Montréal, le très hon. Pierre Elliott Trudeau, premier ministre du Canada, et le Dr Jacques Genest lors de l'inauguration du premier agrandissement de l'IRCM, en 1974.

De g. à dr. : Dr Chao Hao Li, Dr Ulf von Euler, lauréat du prix Nobel, et Dr Karl Beyer lors de l'inauguration de l'agrandissement de l'Institut de recherches cliniques de Montréal, en 1974. Au-dessus de la tête du D^r von Euler, on peut voir son nom gravé dans la céramique et la figure d'un bouton de terminaison nerveuse où se fait la libération de norépinéphrine.

Sœur Louise Allard, r.h.s.j., devant la murale sur la pharmacologie clinique sur laquelle on aperçoit son portrait.

De g. à dr. : M. Henry Gasden, chef de la direction de Merck et Cie, et Dr Jacques Genest lors de l'inauguration de l'agrandissement de l'Institut de recherches cliniques de Montréal, en 1974. Sur la murale derrière eux se trouve la figure de Karl Beyer, découvreur des thiazides qui ont joué et qui jouent encore un rôle si important dans le traitement de l'hypertension artérielle et des œdèmes.

L'ingénieur Erich Koiw du Centre audiovisuel de l'Institut de recherches cliniques de Montréal.

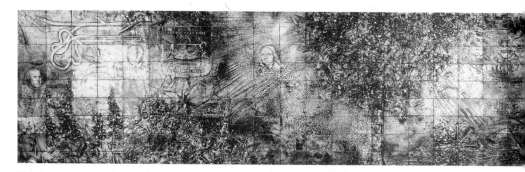

Murale en céramique de 3 m x 6 m de l'artiste Jordi Bonet (1974). Elle illustre la pharmacologie clinique et rend homma(
(de g. à dr.) au Dr Karl Beyer, découvreur des thiazides, (en dessous) au chercheur Witheral, découvreur de la digitalin
(plus à droite) au Dr Ulf von Euler, découvreur de la norépinéphrine, (en dessous) aux Drs Henry Dale et Otto Loew
découvreurs de l'acétylcholine. À droite sont mentionnées la pituitaire et les diverses hormones sécrétées par cette glan
clé et isolées en bonne part par le professeur Chao Hao Li, (en dessous) un hommage est rendu au Dr Harold Copp, (
Vancouver, découvreur de la calcitonine de saumon, (au centre) Sœur Allard qui représente la profession d'infirmière
l'arbre de vie.

Cette murale reflète les principaux intérêts des nombreux chercheurs de l'IRCM, c'est-à-dire l'hypertension artérielle,
cardiologie, l'étude des hormones et le rôle trop souvent négligé, mais si essentiel, des infirmières.

Statue du *Christus Consolator*
dans la rotonde d'entrée de
l'Hôpital Johns Hopkins (réplique
en marbre de la sculpture de
Thorvaldsen dont l'original
domine le maître-autel de la
cathédrale de Copenhague). Son
généreux donateur est un
philanthrope de Baltimore, M.
William W. Spence. Depuis cent
ans, elle accueille les patients qui
se rendent à Hopkins, une des plus
importantes institutions de soins
médicaux et de recherche
biomédicale au monde
(J.H.M.J. 151, 1er juillet 1982).

De g. à dr. : Dr Jacques Genest et Dr Roy Vagelos, chef de la direction de Merck et Cie, lors d'une réunion annuelle du conseil d'administration au Sky Club, à New York.

Les membres du conseil d'administration de Merck et Cie, en 1990.
Assis, de g. à dr. : Jacques Genest, Albert Merck, Roy Vagelos, John Lyons, Marian Heiskell et John Horan.
Debout, de g. à dr. : Lloyd Elam, Ruben Mettler, Paul Rogers, Richard Ross, William Bowen, Dennis Weatherstone, Charles Exley, Bruce Atwater, Carolyne Davis et Frank Carey.

De g. à dr. : M. Vernon Stouffer, Dr Jacques Genest, Dr Merlin Bumpus et Dr Stanley Peart lors de la remise des prix Stouffer du Council for High Blood Pressure Research de l'American Heart Association.

Prix Gairdner 1963

Dr. Pierre Grabar, Dr. Irvine Page, Dr. Murray Barr, Mr. J.A. Gairdner, Dr. Jacques Genest, Dr. E.G.L. Bywaters and Dr. Walton Lillehei.

De g. à dr. : Dr Pierre Grabar, Dr Irvine Page, Dr Murray Barr, M. J.A. Gairdner, Dr Jacques Genest, Dr E.G.L. Bywaters et Dr Walton Lillehei lors de la remise des prix Gairdner, en 1963.

Dr Jacques Genest recevant la Médaille de Compagnon de l'Ordre du Canada des mains du Gouverneur général, l'honorable John Mitchener, à Rideau Hall, en 1967.

Les premiers récipiendaires des prix annuels du Québec, en 1977. De g. à dr. : Léon Bellefleur, Félix Leclerc, Léon Dion, Jacques Ferron et Jacques Genest.

Dr Jacques Genest recevant le prix de la Banque Royale des mains du chef de la direction, M. Earl McLaughlin, en 1980.

Dr Jacques Genest recevant la décoration de Grand officier de l'Ordre national du Québec des mains du premier ministre du Québec, l'honorable Robert Bourassa, au Salon rouge du Parlement, en 1991.

Remise d'un doctorat honorifique de l'Université Rockefeller par le Dr Josh J. Lederberg, lauréat du prix Nobel et président de l'Université Rockefeller, au D^r Ed Kilbourne et au Dr Jacques Genest. De g. à dr. : Dr Genest, Dr Lederberg et Dr Kilbourne.

Remise d'un doctorat honorifique au Dr Jacques Genest par l'Université de Montpellier. Le président de l'Université, Pr Jacques Mirouze, épingle la médaille d'honneur. À l'extrême droite, le premier ministre de France, M. Michel Rocart.

De g. à dr. : Dr Jacques Genest et Dr Vincent P. Dole, de l'Université Rockefeller, au Center for Disease Control à Atlanta lors de l'enregistrement des mémoires du Dr Genest à titre de Leader in American Medicine.

Les débuts de la Révolution tranquille :
l'assurance hospitalisation et le Conseil
de la recherche médicale du Québec

Any medicare system will be deficent if not part of a concerted plan to eradicate some of the basic causes of diseases. What would be the long range good of treating sick people if at the same time positive efforts are not made to eliminate slums, which are important factors of poor hygiene and dissemination of infections, to eliminate unemployment, the most serious agent of moral and spiritual degradation, of familial dysunity, of poor nutrition, and of many anxieties and maladaptation states.

J. Genest, Canadian Club of Montreal, 20 décembre 1965.

Le Club de recherches cliniques est né au tout début de la Révolution tranquille, quelques mois avant l'élection du gouvernement de Jean Lesage. Beaucoup de choses commençaient à changer au Québec. On envisageait, entre autres, la possibilité de créer ici un régime d'assurance hospitalisation et, éventuellement, un système d'assurance-maladie semblable à celui qui avait été établi en Angleterre.

Le Service national de santé britannique était alors un modèle et une expérience que beaucoup de pays développés observaient avec intérêt. Je m'y étais moi-même intéressé depuis mon voyage en Europe en 1952 et j'avais été invité à plusieurs reprises après mon retour à donner des conférences sur la question qui ont donné lieu à des articles pour le journal de l'Association médicale canadienne. L'Angleterre avait été amenée à l'assurance-maladie par la guerre, dont elle était sortie ravagée par les bombardements et surtout très appauvrie. La situation de guerre avait progressivement obligé le gouvernement à prendre sous son contrôle et à sa charge la très grande majorité des services publics, dont presque tous les hôpitaux qui étaient alors gérés par un comité central à Londres. La guerre, combinée à cette prise en charge des services publics par le gouvernement, avait eu pour conséquence une augmentation considérable des impôts qui avait amené le Parti travailliste et les ouvriers à réclamer en échange un service médical universel et gratuit. D'autre part, les souffrances et les sacrifices encourus par toute la communauté britannique avaient suscité un fort sentiment de solidarité et d'égalité, de sorte que la population était, dans l'ensemble, réceptive à la demande des travaillistes. Leurs arguments étaient soutenus par le fait que les quelques hôpitaux privés n'arrivaient pas à fonctionner sans les subsides du ministère de la Santé. En 1945, le gouvernement assumait près de 90 à 95 % de leur budget, de sorte que l'ensemble des services de santé était déjà presque totalement à la charge du gouvernement britannique avant même que ne soit créé le Service national de santé.

Tous ces facteurs, auxquels est venu s'ajouter en 1942 le plan Beveridge sur la sécurité sociale, ont amené le gouvernement britannique à créer l'assurance-maladie gratuite, universelle et obligatoire pour tous, à nationaliser les hôpitaux et les services d'hygiène publique de même qu'à réduire la profession médicale à faire partie du fonctionnarisme gouvernemental.

La venue d'une forme d'assurance-maladie au Québec et ailleurs dans le monde se faisait d'autant plus pressante que les progrès de la médecine pendant la guerre et au cours des années 1950 en avaient graduellement transformé la pratique. D'un service personnel où n'existait que le médecin, le patient et un minimum d'équipement, la médecine était devenue de plus en plus une science hautement technique et sophistiquée qui comportait désormais une infrastructure considérable : des équipements spécialisés de surveillance et de diagnostic, des laboratoires de biochimie, de bactériologie, d'immunologie, d'hématologie, de virologie, etc. Ces progrès avaient entraîné une augmentation énorme des coûts des soins hospitaliers, devenus trop dispendieux pour la majorité des malades, sinon catastrophiques pour plusieurs.

Le problème était que la grande majorité des régimes d'assurance-maladie privés ne donnaient pas une protection suffisante, surtout en cas de maladies chroniques, de maladies catastrophiques et de convalescences prolongées pendant lesquelles les patients ne pouvaient pas travailler et pourvoir aux besoins de leurs familles. Je jugeais de plus en plus important, quant à moi, de procéder progressivement au Québec à des réformes similaires à celles du plan Beveridge. Je considérais qu'il y avait de très bons points à retenir de l'expérience britannique, mais aussi de très bonnes leçons à en tirer. Déjà en 1958, je suggérais dans des articles publiés dans les deux langues qu'il y avait là matière à s'inspirer pour créer chez nous un système équivalent. Malgré les nombreuses faiblesses que j'avais pu constater dans le système britannique, j'ai été un des premiers médecins canadiens à réclamer publiquement, dès 1958, la création d'un régime d'assurance hospitalisation qui allait être voté en 1960 sous le gouvernement Lesage.

En général, la profession médicale était réticente aux réformes. Les changements envisagés étaient considérables et venaient s'ajouter au fait que la profession et les hôpitaux avaient déjà de la difficulté à s'adapter aux progrès scientifiques. Les médecins montraient d'autant plus de répugnance à s'y engager qu'ils se voyaient souvent la cible de propos accusateurs et injustes venant de divers milieux, surtout de la part de travailleurs sociaux, de journalistes, de sociologues et de chefs syndicaux. Ceux-ci réclamaient non seulement l'assurance hospitalisation, mais aussi une assurance-maladie totale, ce qui n'est pas du tout la même chose. En réclamant cela, ils s'inspiraient du rapport Beveridge et du Service national de santé britannique dont le leitmotiv était « from cradle to grave », c'est-à-dire du berceau à la tombe — expression qui signifiait, en pratique, un régime d'assurance qui protégeait le citoyen contre toute interruption de travail et prévoyait toutes les compensations économiques nécessitées par la maladie, le chômage, les invalidités, les déficiences physiques, etc.

Malgré les nombreux points positifs du rapport Beveridge, je trouvais que sa philosophie d'inspiration socialiste et matérialiste restreignait les libertés fondamentales des médecins et des patients. Je ne voyais aucune différence entre le concept de sécurité totale qu'on y défendait, et qui était réclamé ici, et celui qui existait dans les pays communistes. C'était la même vision socialiste, généreuse et utopique mais égalisatrice et asservissante, celle d'un monde écrasé par une énorme bureaucratie dont le seul but était de pourvoir aux besoins matériels sans se préoccuper des autres aspects humains. On sait que lorsque l'État décharge l'homme de ses responsabilités personnelles et les assume toutes à sa place, ce dernier se trouve maintenu dans une condition d'infantilisme, à la merci d'une bureaucratie et d'un fonctionnarisme routinier et sans vision.

Les médecins étaient pour la plupart favorables à l'assurance hospitalisation, mais ils redoutaient avec raison la bureaucratie et les fonctionnaires. Personne ne s'étonnait d'ailleurs que les fonctionnaires envisageaient d'un bon œil la venue d'un régime d'assurance-maladie qui allait accroître leur pouvoir et leur importance. C'était d'autant moins surprenant que les fonctionnaires ont eux-mêmes, en général, l'attitude psychologique idéale pour désirer et rechercher la sécurité.

Personnellement, j'étais, depuis le début, contre l'assurance-maladie totale et universelle qui allait être mise sur pied en 1970. Car, en réalité, ce n'est pas la visite chez le médecin, mais plutôt l'hospitalisation qui ruinait les patients et qui faisait fondre leurs économies. Une visite chez le médecin coûtait 3 à 5 $ et les gens parvenaient toujours d'une manière ou d'une autre à payer la consultation. Et s'ils ne l'avaient pas, ils étaient tout de même traités de manière équitable et avec compassion : la charité et l'assistance publique réglaient le problème social de la santé aussi bien, sinon mieux, que le système que nous connaissons, basé uniquement sur le facteur économique et sur des organigrammes de fonctionnaires ignorants de la complexité humaine et technique du monde de la santé. On a voulu éliminer la médecine à deux paliers basée sur le « means test » (c.-à-d. sur la situation financière du patient) et on en a créé une nouvelle basée sur les influences personnelles.

Après l'adoption de l'assurance hospitalisation en 1960, j'ai voulu profiter du vent de renouveau qui soufflait sur le Québec et revenir à la charge avec mon projet du Centre médical Claude-Bernard. J'ai donc présenté cette année-là un mémoire au premier ministre Jean Lesage pour lui faire valoir l'importance de créer un centre de recherche clinique tel que je le concevais.

C'était un mémoire semblable à ceux que nous avions présentés en 1953, semblable aussi à celui que nous avions remis en 1958 au gouvernement Duplessis lorsque celui-ci nous a une seconde fois fait entrevoir la possibilité d'accorder des fonds pour les centres de diagnostic. C'était autrement dit une étude de faisabilité, avec des plans préliminaires et un budget approximatif. Le projet était le même, seule la présentation avait été rajeunie et actualisée.

Je commençais alors à bien connaître le processus pour acheminer une demande. J'allais d'ailleurs souvent refaire l'expérience par la suite. Ne serait-ce que pour obtenir le financement du dernier agrandissement de l'Institut en 1992, nous avons dû nous y prendre, dès 1981, à cinq reprises et devant cinq ministres différents ! La demande doit d'abord être acceptée par le ministre qui doit ensuite consulter son personnel et ses conseillers politiques, ce qui peut prendre plusieurs mois pendant lesquels il faut revenir à la charge pour faire accélérer les choses. Une fois le projet accepté par le ministère — en espérant qu'un nouveau ministre n'ait pas été nommé entretemps — le projet doit être approuvé par le Conseil du Trésor qui, à son tour, annoncera s'il y a assez d'argent en caisse et si le projet cadre avec les priorités financières du gouvernement...

À nos première et deuxième demandes, la réponse avait été la même : le projet quoique magnifique ne cadrait avec les priorités gouvernementales immédiates... Ce fut un peu différent dans le cas du rapport que j'ai remis en 1961 à Jean Lesage qui paraissait beaucoup plus favorable au projet, bien que le résultat ait finalement été le même. Les choses ont traîné un peu, après quoi la corporation du Centre médical Claude-Bernard a déposé un deuxième mémoire au début de l'année 1962. Cette même année, la corporation s'est donné un nouveau nom pour devenir la corporation de l'Institut de diagnostic et de recherches cliniques de Montréal, devenu par la suite IRCM après avoir laissé tomber le mot diagnostic et déposé une troisième demande de fonds. D'une fois à l'autre, le projet a été, non pas refusé, mais reporté — sous prétexte qu'il n'y aurait pas les fonds disponibles avant 1965 — si bien que j'ai continué un bon moment à entretenir un mélange d'espoir et de frustration.

Je voyais, par ailleurs, dans le projet d'assurance hospitalisation que préparait le gouvernement Lesage la possibilité d'un appui plus actif pour la recherche clinique. Dès sa première réunion, le Club de recherches cliniques a formé un comité afin d'étudier la question des laboratoires de recherche et des unités métaboliques dans les hôpitaux avec les autorités universitaires, hospitalières et gouvernementales dans le contexte de l'assurance hospitalisation qui s'annonçait. Après une année d'études et de réflexions le club a soumis, en mars 1960, quelques propositions au premier ministre Paul Sauvé et au ministre de la Santé, Arthur Leclerc. Nous y demandions que la recherche médicale soit une des principales préoccupations des gouvernements en vue d'assurer de meilleurs soins et que l'assurance hospitalisation couvre les frais d'hospitalisation des patients admis à l'hôpital dans le cadre d'études spécialisées et de recherches médicales. Nous demandions aussi un salaire minimum de 18 000 $ pour les chefs de départements ou de laboratoires ayant un entraînement supérieur et accrédité. Enfin, nous souhaitions que le financement des départements et des laboratoires de recherche dans les centres hospitaliers universitaires soit en partie inclus dans les budgets de l'assurance hospitalisation.

Au total, nous réclamions qu'une proportion de 1 à 2 % du budget de l'assurance hospitalisation soit consacrée à la recherche clinique. La demande était passablement utopique pour l'époque et notre rapport a suivi le chemin habituel des nombreux rapports de toutes sortes remis aux divers ministères pour promouvoir de nouvelles idées. Les politiciens ont écouté nos requêtes d'une oreille distraite, sans leur donner de réponse autre qu'un encouragement verbal. Mais je ne lâchais pas, me disant que c'était malgré tout une forme de préparation des esprits et une manière d'affirmer là l'importance de la recherche clinique dans les hôpitaux et la nécessité de la soutenir financièrement.

Constatant une fois de plus notre retard, l'inertie des gouvernements, le manque de soutien financier et l'absence de subvention de rattrapage, l'idée m'est venue de mettre sur pied une fondation privée consacrée à la recherche biomédicale au Québec. Le principal problème de la recherche biomédicale au Québec résidait dans le fait que les Canadiens français n'avaient pas encore atteint les standards scientifiques voulus pour pouvoir espérer obtenir les fonds dont ils avaient besoin pour progresser. Et comme les subventions du Conseil de la recherche médicale du Canada (CRM) étaient accordées selon le mérite scientifique et non en vue de permettre un rattrapage scientifique, la majorité de celles qui allaient au Québec étaient attribuées aux chercheurs de McGill. Il fallait, selon moi, donner aux chercheurs canadiens-français les moyens économiques de rattraper leur retard en suppléant au CRM.

Mon idée initiale était d'aller chercher de l'argent auprès des grandes fondations, des gouvernements, des compagnies pharmaceutiques et autres et de créer un fonds de dotation dont les intérêts pourraient ensuite être redistribués à la recherche. J'ai donc plus ou moins commencé à faire campagne, à exposer mon projet un peu partout et à en discuter avec d'autres chercheurs et des représentants de compagnies et de fondations. Je me suis cependant vite rendu compte de la quantité de temps et d'énergie qu'une telle entreprise exigeait pour être menée à bien et à quel point j'avais été idéaliste. Mes idées se sont précisées avec le temps, à mesure que je prenais conscience des difficultés. J'ai fini par réaliser que le gouvernement du Québec devait faire comme celui d'Ottawa et créer, à même le budget de la province, un fonds spécial destiné à la recherche biomédicale. J'ai donc commencé à militer en faveur de ce nouveau projet qui allait voir le jour quelques années plus tard, en 1964.

Le ministre de la Santé d'alors à Québec était le Dr Alphonse Couturier. Homme prudent en toutes choses, ce dernier était un urologue qui avait une grosse clientèle à Rivière-du-Loup et qui, jugeant que la politique était un domaine précaire, avait gardé sa pratique et continuait a opérer ses patients les samedis et dimanches tout en travaillant au ministère la semaine. C'est avec réserve, craignant de faire un faux pas, qu'il a reçu mon projet, sans pourtant le rejeter tout à fait. Il faudra attendre 1962 et la nomination du Dr Jacques Gélinas au poste de sous-ministre de la Santé pour que le projet soit entendu favorablement et commence à se concrétiser.

Je connaissais Jacques Gélinas depuis longtemps. Nos pères avaient été associés pendant de nombreuses années dans la pratique du droit et une forte amitié de famille nous unissait. C'était un homme de première classe qui avait pratiqué la médecine pendant plusieurs années et qui avait été directeur médical de l'Hôpital Maisonneuve. Il avait donc l'expérience et la compétence idéales pour assumer la charge qu'on lui avait confiée. Il était en outre doté d'un sens de la justice et d'un sens de l'humour extraordinaires et il savait comme personne détendre l'atmosphère des réunions les plus tendues. Dès que je lui ai fait part de mon projet, il a immédiatement compris ce que je voulais faire et a accepté avec enthousiasme de le soutenir devant le ministre. De fait, il a donc intercédé pour nous auprès de l'honorable Couturier et il nous a aidés — comme il l'a fait par la suite en soutenant le projet de l'IRCM — avec une constance et un dévouement exceptionnels. En septembre 1963, quelques mois après sa nomination, il avait réussi à convaincre le ministre et à obtenir son appui pour la création du futur Conseil de recherches médicales du Québec (CRMQ).

Il m'a alors demandé de lui suggérer des noms de membres pour ce conseil. La réunion de fondation a pu avoir lieu un mois plus tard au bureau du ministre de la Santé à Montréal. Sur la proposition du Dr Heinz Lehmann et du Dr J.-P. Cordeau, j'en ai été élu le premier président.

La deuxième réunion s'est tenue les 10 et 11 janvier 1964. Nous y avons préparé un mémoire que nous avons remis au ministre et qui définissait les tâches et les responsabilités du CRMQ. Sa mission serait de coordonner, d'orienter et de stimuler la recherche médicale au Québec et de favoriser l'épanouissement des laboratoires de recherche dans les centres hospitaliers universitaires. Son rôle serait, d'une part, d'informer le ministre et les autorités professionnelles de toutes les questions liées à la recherche médicale, particulièrement de ses besoins et de ses ressources, de même que de la politique à suivre pour encourager les chercheurs et développer la recherche. Le CRMQ aurait, d'autre part, l'obligation d'évaluer les projets de recherche et les demandes de bourses de formation, d'études, de stages, de symposia, etc. qui lui seraient soumises et de préparer un budget annuel.

Sa création a été annoncée publiquement en mai 1964. Ce jour-là, en guise de réponse au chef de l'opposition Daniel Johnson qui demandait en Chambre au ministre de la Santé ce qu'il faisait pour aider la recherche médicale au Québec, le ministre répondit par sa décision de créer le CRMQ.

Lors de sa troisième réunion, en septembre, le conseil a soumis au ministère un premier budget de 165 000 $. Celui-ci comprenait des subventions d'établissement d'une valeur de 10 000 $ attribuées à des jeunes chercheurs sur la base de leurs dossiers personnels et de leurs projets de recherche, subventions qui devaient leur servir à mettre sur pied leur propre laboratoire, à payer le salaire d'une technicienne ou d'une secrétaire à mi-temps et leur permettre de commencer à produire. Il offrait aussi des bourses de formation pour les jeunes chercheurs de même que des bourses d'études destinées aux étudiants en médecine, en chirurgie dentaire et en pharmacie qui auraient désiré interrompre leurs cours après la deuxième année pour faire un an de recherche en laboratoire. On espérait que l'année passée en laboratoire donnerait la « piqûre » aux jeunes étudiants et qu'ils persisteraient en recherche une fois leurs études terminées. Ce dernier programme est malheureusement tombé à l'eau, faute d'avoir été soutenu par les facultés de médecine. Quelques mois plus tard, soit le 2 décembre 1964, le gouvernement sanctionnait par l'arrêté en conseil n° 2305 la création du Conseil de recherches médicales du Québec.

Le succès du CRMQ a été quasi instantané. Dès la première année d'activité, il recevait un total de soixante-deux demandes pour une valeur de 450 000 $ — alors que son budget n'était que de 165 000 $! Ceci prouvait sans l'ombre d'un doute la nécessité de son existence et anticipait le grand rôle qu'il allait progressivement jouer dans l'éclosion de la recherche médicale et le rattrapage scientifique au Québec.

Le programme le plus important établi par le CRMQ a été la création de subventions d'établissement, dès 1965, de l'ordre de 10 000 $, mais rapidement augmentées à 20 000 $, puis à 40 000 $. Les chercheurs médicaux du Québec sont unanimes à dire que ce fut une des contributions les plus importantes pour la recherche biomédicale. Beaucoup de chefs de file actuels et de leaders de la recherche biomédicale au Québec ont reçu de telles subventions d'établissement : Édouard Bolté, Yves Warren, Maurice Verdy, Pierre Jean, Henri Friesen, Pierre Bois, Maurice Brassard, Réginald Nadeau, Alcide Chapdelaine, Fernand Roberge, Claude Laberge, Yves Lamarre, Jacques de Champlain, Michelle Gagnan-Brunet, Michel Bergeron, Michel Chrétien, Jean Davignon, Guy Pelletier, René Simard, Patrick Vinay, Serge Rossignol et de nombreux autres. Depuis 1965, les subventions d'établissement ont été augmentées à un maximum de 40 000 $ et pendant les trente années qui ont suivi, un nombre total de 584 jeunes chercheurs ont reçu de telles subventions d'établissement pour un total de 20,4 millions. En 1975-1976, un autre programme important fut créé à la suite de la recommandation du comité de la recherche de l'Association des médecins de langue française du Québec, présidé par le Dr Michel Chrétien. Il s'agit du programme de salaires pour boursiers-chercheurs qui, en vingt ans, a subventionné 485 chercheurs réguliers et de 1988-1989 à 1995-1996, 108 autres ont reçu des bourses de cliniciens-chercheurs du FRSQ.

La réforme de la Faculté de médecine de l'Université de Montréal

L'ultimatum lancé par le comité d'accréditation en 1962, même s'il entachait la réputation de la Faculté de médecine auprès des Américains, allait au moins avoir le bon côté d'enfin obliger les autorités universitaires à réagir. Il allait aussi avoir une influence considérable sur la nature de mes activités dans les années à venir.

Peu après le dépôt du rapport du comité, le recteur de l'université, Mgr Irénée Lussier, m'a invité à déjeuner avec lui au Café Martin, sans toutefois me préciser le motif cette rencontre inusitée.

Le rapport du comité n'était alors pas encore publié. Seuls les membres du conseil des gouverneurs de l'université et ceux qui étaient engagés de près dans les affaires de la Faculté de médecine en avaient pris connaissance. Notre discussion porta évidemment sur l'ultimatum du comité et sur l'éventuelle réforme de la faculté. Mgr Lussier me confia que les gouverneurs étaient conscients de la tragédie que serait la désaccréditation de la faculté. Ils savaient que si elle perdait son accréditation, il faudrait sans doute plusieurs années de travail avant que l'université ne l'obtienne de nouveau, années pendant lesquelles nos diplômes ne seraient pas reconnus et nos jeunes médecins seraient empêchés d'aller parfaire leur formation dans les grands centres américains. Et comme l'affaire deviendrait inévitablement publique, la crédibilité de la faculté en sortirait forcément diminuée, et peut-être pour longtemps. Je partageais entièrement son opinion. En somme, constatant l'impasse dans laquelle se trouvaient la faculté et les réformes urgentes qui devaient y être apportées, le conseil des gouverneurs de l'université l'avait délégué afin de me demander de devenir membre du conseil des gouverneurs et de participer aux changements. Jugeant moi aussi qu'il y avait un coup de barre à donner et qu'il était temps d'agir, que c'était là une responsabilité et un devoir autant qu'un défi, j'ai accepté.

Le premier geste du conseil des gouverneurs a été de former un comité des affaires médicales et de m'en confier la présidence. Ce comité devait proposer des réformes dans les structures de la faculté et pouvait suggérer des remaniements dans le personnel. Il devait aussi voir à la réalisation du centre médical universitaire.

Le comité comprenait le Dr Roger Gaudry et le juge André Montpetit. De tous les gouverneurs, Roger Gaudry était celui qui était le plus au fait de la médecine et de la recherche. C'était un homme de grande compétence, docteur en chimie de l'Université Laval, ancien directeur de la recherche à la compagnie pharmaceutique Ayers, McKenna et Harrison, à Saint-Laurent. Il croyait tout comme moi que l'enseignement de base en biologie, en chimie et en physique était déficient à la Faculté de médecine. Quant au juge Montpetit, c'était un homme sage, au jugement sûr, qui avait toujours vécu dans l'atmosphère universitaire et qui connaissait le domaine comme peu d'autres. Nous formions un trio très homogène, partageant la même estime mutuelle et la même vision.

Dès l'été 1962, Wilbrod Bonin démissionna de son poste de doyen de la Faculté de médecine afin d'être remplacé, à la suggestion du comité des affaires médicales, par le Dr Lucien Coutu. Celui-ci avait fait trois ans de recherche et obtenu son Ph.D. auprès de Hans Selye, puis il avait cessé toute recherche pour devenir directeur médical de l'Hôtel-Dieu tout en faisant un peu de pratique en endocrinologie. Professeur agrégé, de surcroît, il avait le profil souhaité pour le poste : celui d'un homme combinant administration et recherche, expérience clinique et expérience scientifique.

Le comité des affaires médicales proposa aussi la nomination du Dr Jean-Pierre Cordeau au poste de vice-doyen de la faculté, celle du Dr François Archambault à celui de secrétaire de même que celles de quelques adjoints au doyen en vue d'assurer un suivi constant des différents aspects de la réforme. Nous souhaitions trouver une personne qui aurait pour mission précise de s'occuper de la réforme du programme d'études et de l'intégration de l'enseignement préclinique et qui agirait comme doyen des étudiants ; une deuxième personne qui serait responsable de l'intégration de l'enseignement clinique dans les hôpitaux et les écoles affiliées ; et une troisième personne qui devrait organiser l'enseignement postuniversitaire à l'intention des médecins.

Nous étions convaincus de la nécessité de créer un esprit nouveau et qu'il fallait une équipe neuve pour y parvenir. Ces nouvelles nominations auraient été impossibles sans les démissions spontanées des Drs Henri Charbonneau et Joseph-Luc Riopelle (deux personnes remarquables pour leur compétence professionnelle et leur intégrité) de leurs postes au conseil de la faculté. Nous nous sommes divisés la tâche de manière à pouvoir consulter beaucoup de gens, le plus rapidement possible. Nous nous réunissions ensuite régulièrement pour discuter et préparer notre premier rapport que nous avons pu déposer dès novembre 1962 au conseil des gouverneurs.

Ce rapport soulignait une fois de plus la constance des problèmes que connaissait la Faculté de médecine depuis les années 1920. L'une de nos grandes critiques portait sur les nombreuses scissions qu'il y avait à la faculté : entre les hôpitaux affiliés à l'université, entre ces hôpitaux et la Faculté de médecine, entre les cliniciens et les professeurs des sciences dites de bases. Toutes ces scissions avaient pour effet de provoquer le désintérêt de la grande majorité des cliniciens d'hôpitaux vis-à-vis de la faculté. Nous reprochions l'absence de communication efficace entre l'administration de la faculté et les directeurs de départements cliniques de la faculté de même que le trop petit nombre de chercheurs et de cliniciens à temps plein uniquement attaché à la Faculté de médecine et pouvant se consacrer exclusivement à l'enseignement et à la recherche dans les hôpitaux.

Outre les innombrables tergiversations, le manque de vision et de leadership, l'ignorance des progrès de la médecine américaine, les disputes entre groupes de cliniciens, l'impasse de l'hôpital universitaire, un des grands problèmes de la faculté n'en demeurait pas moins le manque d'argent chronique et endémique : à quoi bon recommander qu'il y ait des professeurs et des cliniciens à temps plein si les budgets pour leur verser un salaire n'étaient pas suffisants. Le comité des affaires médicales avait donc insisté et obtenu que le budget de la faculté soit doublé sur-le-champ et encore considérablement augmenté l'année suivante. Lucien Coutu a ainsi bénéficié pendant ses deux premières années en fonction d'un triplement du budget de la Faculté de médecine (de 732 000 $ en 1962-1963 à 2 335 000 $ en 1964-1965).

Le comité s'est aussi attaqué à la relance du projet de centre médical universitaire. La première décision a été de stimuler le comité *ad hoc* de la faculté et d'accélérer la révision des plans qui furent prêts en 1964. J'ai ensuite fait venir deux experts que je connaissais personnellement : le Dr Russell Nelson, un type formidable qui était président de l'Hôpital Johns Hopkins et un de mes bons amis ; le Dr George Aagaard, alors doyen de la Faculté de médecine de l'Université de Washington à Seattle. Je voulais m'assurer, grâce à l'expertise de ces deux hommes de grande compétence en matière d'hôpitaux universitaires, que le projet du centre médical était tout à fait conforme aux exigences modernes de l'éducation médicale. Ils ont passé plusieurs jours à examiner tous les plans, à proposer certaines modifications qui ont permis de réduire les coûts de construction d'une dizaine de millions, pour finalement donner leur approbation. Ils ont, par ailleurs, insisté sur l'importance de construire le centre sur le campus de l'université en juxtaposition ou à proximité de la Faculté de médecine. Le projet fut accepté d'emblée par le comité des affaires médicales.

Par prudence, le conseil des gouverneurs a demandé à la fin juin 1964 une nouvelle expertise dont les résultats se sont avérés conformes aux prévisions de l'architecte. Un budget élargi à 40 millions a cependant été proposé afin d'y inclure aussi l'aménagement du terrain, l'équipement médical et les diverses autres dépenses accessoires de même que l'éventuelle augmentation des coûts de la main-d'œuvre et des matériaux de construction. Le projet, après son adoption à l'unanimité par le conseil des gouverneurs de l'université en octobre 1964, fut présenté à Jean Lesage qui, à condition que la faculté accepte de recevoir un plus grand nombre d'étudiants chaque année, lui a donné son aval.

Mais encore une fois, le gouvernement du Québec changea d'idée et de nouvelles propositions tuèrent, de fait, le projet du centre médical universitaire qui tomba aux oubliettes pour ne resurgir qu'en 1996 sous une forme entièrement différente. Le nouveau ministre de la Santé, Jean Rochon, élève de Claude Castonguay, imposa la formation du Centre hospitalier universitaire de Montréal (CHUM) formé de trois hôpitaux (Notre-Dame, Hôtel-Dieu et Saint-Luc) en bonne partie vétustes et situés à environ 5 km l'un de l'autre et dont le plus proche de l'université est l'Hôtel-Dieu de Montréal, à 6 à 7 km de la faculté. Le concept d'un hôpital universitaire intégré physiquement à côté de la Faculté de médecine est de nouveau enterré au profit d'une formule moins coûteuse, issue de fonctionnaires (les organigrammes !). Il en est de même pour le CHU de Québec. Ce pis-aller entraîne de sérieuses situations qui accentuent et accélèrent la démotivation des médecins universitaires. Je doute fort que la formule du CHUM soit un succès et qu'il ne faille repartir à nouveau, dans dix ou quinze ans, mais dans quel état ! Un ami parmi les meilleurs cliniciens que je connaisse me disait : « C'est une mission impossible. » La saga du centre médical universitaire est d'une tristesse inouïe. Sous la pression de sociologues, d'économistes et de « concepteurs » de l'assurance-maladie, la santé est devenue une industrie où l'élément principal est l'argent, la « bottom line », et où la « gestion » prédomine : organigrammes, syndicats, multiplications des fonctionnaires, fédérations de médecins. Les composantes de compassion, de dévouement, de relations de confiance entre patients et médecins, de la vie même des patients (listes d'attente...), de compétition ont été reléguées à un plan secondaire !

Cependant, grâce aux budgets augmentés, le conseil de la faculté a pu nommer des médecins à temps plein et prendre un nouvel essor. Jusque-là, mon rôle avait été celui d'un stimulant. Je proposais les réformes d'en haut, par l'entremise du comité, tandis que les médecins à temps plein et les nouveaux administrateurs qui venaient d'être engagés les mettaient en pratique. Il y avait beaucoup à faire : continuer les réformes, mettre les bonnes personnes aux bons postes, etc. Les Drs Eugène Robillard, Aurèle Beaulne, Jean-Pierre Cordeau et Pierre Bois ont rapidement accompli un travail considérable en sciences fondamentales, de sorte que de ce côté, les réformes avançaient à bon rythme. Presque rien n'avait cependant été fait du côté de la clinique où le doyen Coutu se heurtait à de nombreuses difficultés et à beaucoup de résistance de la part des cliniciens. Pour cette raison, à cause de l'envergure du travail à accomplir, mais aussi afin de maintenir l'impulsion déjà donnée à la réforme de la faculté, le doyen Coutu m'a demandé de prendre le poste de directeur du Département de médecine. Il m'a fait savoir, sans mettre de gants blancs, que maintenant que les grandes orientations avaient été tracées, il avait besoin de personnes pour les concrétiser. Il jugeait, me dit-il, que mon tour était venu de mettre la main à la pâte et que je serais plus utile en démissionnant de mon poste de gouverneur et en acceptant de devenir directeur du Département de médecine de la faculté et chef du Département de médecine de l'Hôtel-Dieu de Montréal.

Je me suis laissé convaincre par ses arguments. J'ai pensé, moi aussi, qu'il était bien joli de parler des déficiences de la faculté, mais que c'était peut-être, en effet, à mon tour de m'atteler aux réformes. D'un autre côté, si je cédais à la requête du doyen Coutu, cela signifiait quitter le conseil des gouverneurs pour éviter de me retrouver en situation de conflit d'intérêts. Être gouverneur était un poste prestigieux et honorifique que j'aurais pu conserver plusieurs années tout en continuant à m'occuper principalement de recherche. Le poste de directeur du Département de médecine signifiait, tout au contraire, consacrer beaucoup plus de temps à la faculté et à l'organisation des infrastructures et de l'enseignement et, donc, à avoir beaucoup moins de temps pour effectuer mes propres travaux de recherche. C'était l'équivalent d'aller au front. En même temps, la réforme était au centre de tout ce que j'avais critiqué, écrit et répété si souvent que je me suis cru obligé d'y prendre part. De sorte qu'en mars 1964, j'ai écrit au doyen Coutu pour lui dire que j'acceptais et j'ai fait parvenir plus tard à Mᵍʳ Lussier ma lettre de démission du conseil des gouverneurs de l'université et de président de son comité pour les affaires médicales. À l'automne 1964, je devenais directeur du Département de médecine de la faculté et chef du Département de médecine de l'Hôtel-Dieu de Montréal, avec pour mandat d'intégrer l'enseignement clinique dans les hôpitaux avec le programme de la Faculté de médecine et de mettre sur pied les diverses spécialités médicales qui commençaient alors tout juste à apparaître.

La raison pour laquelle je me voyais attribuer ces deux titres s'expliquait par des expériences d'un passé récent qui avait démontré la nécessité que les directeurs du Département de médecine de la faculté devaient aussi être directeurs du Département de médecine de leur hôpital. Ce principe avait été institué à la suite des ennuis du Dʳ Roger Dufresne au moment où il était chef du Département de médecine de la faculté. Dufresne pratiquait à l'Hôpital Notre-Dame où il se trouvait sous l'autorité du chef de médecine, lequel n'appréciait guère devoir se soumettre, dans son hôpital, aux ordres que son subalterne lui donnait en tant que directeur du Département de médecine de la faculté. De par le pouvoir que lui conférait son poste, il pouvait à son gré bloquer ces ordres s'ils ne faisaient pas son affaire. Dufresne ne pouvait rien répliquer et se trouvait dans cette situation un peu paradoxale où, tout en étant l'autorité en titre, il était cependant totalement impuissant dans son hôpital chaque fois que le chef de médecine ne partageait pas son opinion. Il semble que la situation se soit présentée souvent, du moins assez pour qu'à la fin de son mandat, il ait fortement recommandé que son successeur à la direction du Département de médecine de la faculté soit en même temps chef du service hospitalier de médecine dans lequel il travaillerait comme médecin.

Les réformes auxquelles j'ai participé étaient celles d'une médecine en pleine évolution. Dix années plus tôt, plusieurs des spécialités médicales aujourd'hui reconnues étaient encore à peu près inexistantes et il n'y avait en général, dans la plupart des hôpitaux, qu'un département de médecine et un autre de chirurgie. La médecine englobait la néphrologie, l'endocrinologie, l'allergie et la pneumologie — alors très importante à l'époque à cause de la tuberculose — etc. Les spécialités de cardiologie, de dermatologie et de neurologie étaient cependant reconnues, mais rarement en départements hospitaliers.

Ce sont les spécialistes qui ont peu à peu imposé leurs spécialités, comme cela avait été fait quelques années plutôt pour la neurologie à l'Hôpital Notre-Dame et à l'Hôtel-Dieu où les Drs Antonio Barbeau, Jean Saucier et Roma Amyot avaient créé leur propre département de neurologie distinct de celui de médecine.

Il était temps que soient créées des spécialités définies de façon à ce que les patients puissent être référés aux médecins spécialistes de leur maladie. Il fallait d'autre part uniformiser l'enseignement des spécialités dans les différents hôpitaux universitaires. Le manque d'uniformité était d'ailleurs l'un des reproches des comités de liaison : il n'y avait alors aucune intégration et aucune collaboration entre les différents départements de médecine des hôpitaux universitaire ; chacun faisait ce qu'il voulait et l'enseignement clinique variait de l'un à l'autre.

Pour corriger cette situation, j'ai institué le comité interhospitalier du Département de médecine. Le comité organisait des réunions mensuelles et statutaires de tous les directeurs des départements de médecine des principaux hôpitaux universitaires — Saint-Luc, Notre-Dame et l'Hôtel-Dieu. Elles étaient généralement suivies d'un souper. Il y avait là Jacques Bernier, André Viallet, André Lanthier, Gilles Gosselin : tous des médecins de haute compétence, d'agréable compagnie, disparus prématurément. Nous formions une équipe efficace, sans structure administrative et bureaucratique. Nous nous connaissions tous et nous étions ouverts à toute collaboration. Ensemble, nous tentions d'intégrer l'enseignement de la médecine au sens large et d'améliorer la formation des internes et des résidents. Nous traitions franchement des allocations de budgets, dans un climat de transparence et d'harmonie. Des progrès importants ont pu être accomplis grâce à ce magnifique esprit de collaboration.

Lorsque le comité de liaison nord-américain revint en 1965, ce fut pour constater, non sans grande satisfaction, l'ampleur des progrès et des réformes accomplis. Ses membres furent à ce point satisfaits de ce qu'ils virent, qu'ils recommandèrent unanimement et avec enthousiasme que l'accréditation de la faculté soit renouvelée sans condition pour une période de cinq ans : autrement dit, la Faculté de médecine était sauvée.

La menace qui pesait sur la faculté étant écartée, ma mission s'en trouvait accomplie. Je pouvais désormais songer à me retirer de mes charges universitaires et me consacrer entièrement au futur Institut de recherches cliniques de Montréal dont le dossier avait entre-temps beaucoup évolué.

L'invitation de l'Université McGill

Pendant deux ans, j'ai mené de front le travail à la faculté, la direction du Département de recherches cliniques à l'Hôtel-Dieu et mon travail de chercheur. Dans une semaine ordinaire, je consacrais en moyenne 25 à 30 heures à divers comités à l'université ou à l'hôpital et à peu près 40 heures à l'Hôtel-Dieu. J'arrivais à l'hôpital vers 7 heures le matin, je repartais le soir vers 18 heures et après le souper, je rédigeais mes articles et mes conférences. C'était ainsi tous les jours, sauf pour une bonne partie du dimanche que je réservais à ma famille et à quelques patients spéciaux dont les cas étaient particulièrement graves.

De plus, je continuais à siéger au Conseil de recherche médicale du Canada de même qu'à militer en faveur de l'institut pour lequel je réclamais toujours la subvention qu'on me promettait depuis si longtemps. Je revenais sans cesse à la charge, je donnais des conférences ici et là, aux clubs Richelieu et Kiwanis, insistant sur la nécessité de doter la recherche biomédicale canadienne-française d'une infrastructure adéquate. L'urgence me paraissait d'autant plus grande que le groupe du Département de recherches cliniques de l'Hôtel-Dieu connaissait alors une croissance rapide.

Depuis nos travaux sur l'aldostérone urinaire et l'angiotensine II, nos laboratoires avaient rapidement pris de l'expansion. Nous avions peu à peu débordé les cinq pièces du Pavillon de Bullion que sœur Allard avait mises à notre disposition à mon retour à Montréal en 1952 pour occuper finalement une partie du 8e étage. De nouveaux membres s'étaient joints à l'équipe de la première heure, amenant avec eux de nouvelles compétences, de nouvelles avenues de recherche et de nouvelles percées scientifiques. Les publications auxquelles elles ont donné lieu, le prix Gairdner que j'ai reçu en 1963, de même que les symposiums internationaux sur l'hypertension organisés à Sainte-Adèle en 1963 et au Mont-Gabriel en 1972 réunissant tous les leaders internationaux dans le domaine, avaient contribué à étendre la réputation du groupe partout dans le monde.

Quant à la clinique d'hypertension, elle attirait de plus en plus de malades qui nous venaient de partout, voire des États-Unis. J'ai même eu comme patient à cette époque un professeur de médecine de l'Université McGill qui m'avait demandé de le suivre parce qu'il n'y avait pas dans les hôpitaux affiliés à McGill de groupe spécialisé en hypertension. Il arrivait toujours à la fin de la clinique de façon qu'on ne sache pas qu'il se faisait traiter dans le milieu canadien-français : beaucoup de médecins anglophones admettaient encore difficilement que des francophones puissent les dépasser.

L'équipe d'infirmières avait dû être augmentée en conséquence. C'est ainsi que Lorraine Dagenais — qui allait devenir en 1967 la bibliothécaire en chef de l'IRCM — s'est jointe à nous en 1961 de même que, deux années plus tard, Lucette Gauthier et Mireille Kirouac. Toutes nous ont soutenus avec un dévouement extraordinaire jusqu'en 1995 et 1998 respectivement.

Parmi les nouveaux chercheurs associés au groupe, Roger Boucher est sans doute celui qui a le plus contribué à notre réussite. Il s'est joint à nous en 1962 après avoir complété son doctorat en chimie à l'Université de Montréal en 1959. C'était un homme agréable et modeste, qui prenait plaisir à bricoler et à inventer, mais qui était en réalité un véritable génie.

Nous lui devons la découverte de plusieurs méthodes de dosages, notamment celle de la rénine, encore utilisée aujourd'hui, qui a permis à de nombreux laboratoires à travers le monde de faire progresser nos connaissances sur l'hypertension et sur le système rénine-angiotensine. L'article qu'il a publié à la suite de à cette découverte a eu l'honneur d'être le quatrième article scientifique le plus fréquemment cité dans toute la littérature médicale à travers le monde pendant une période de dix ans. On lui doit aussi la mise au point des méthodes de dosage de l'angiotensine, de l'enzyme de conversion ainsi que la découverte d'une enzyme, la tonine, dont l'action libère directement l'angiotensine II.

Ses découvertes ont eu des applications importantes, par exemple, dans les cas d'hypertension causée par une constriction d'une artère rénale. Cette constriction provoque une hypersécrétion de rénine dont la conséquense est une hypertension stable et sévère. Encore aujourd'hui, le diagnostic précis et causal de ce genre d'hypertension se fait par le dosage de la rénine mis au point par Roger Boucher. Grâce à ce test, on peut être sûr du diagnostic et prévoir que le patient atteint sera guéri de son hypertension ou que son état sera fortement amélioré par la correction chirurgicale de sa sténose artérielle.

Ses contributions lui ont valu d'être nommé membre de la Société royale de médecine et professeur titulaire de la Faculté de médecine de l'Université de Montréal ainsi que de recevoir le prix Archambault de l'ACFAS et celui de l'American Association for Clinical Chemists. Sa réputation en faisait un conférencier sollicité à travers le monde.

Ce fut un plaisir et une chance que de travailler avec lui. Il était devenu pour moi un conseiller précieux. Tous les matins à sept heures nous nous retrouvions pour discuter de nos recherches en hypertension et de méthodologie, mais aussi de tous les problèmes auxquels l'institut faisait face. Son avis était si justicieux que pendant les nombreuses années où il a travaillé avec nous, aucune décision d'importance n'a été soumise au comité scientifique de l'Institut ou au conseil d'administration sans qu'il ne soit consulté au préalable.

Sa mort subite en 1980 a été pour nous une tragédie et pour le Québec une perte irréparable. Il était considéré comme un des grands biochimistes du système rénine-angiotensine au monde. De nombreuses lettres d'hommages des plus grands savants et chercheurs en hypertension à travers le monde sont venues témoigner de l'importance de ses contributions et la Société internationale d'hypertension a consacré une réunion par satellite sur la rénine à sa mémoire lors de son congrès de 1980 à la Nouvelle-Orléans. Afin de perpétuer son souvenir, les chercheurs de l'institut se sont unis pour créer le Fonds Roger Boucher dont les intérêts vont à des prix annuels Roger-Boucher qui sont décernés aux membres les plus performants du personnel technique, infirmier, du secrétariat et de l'entretien de l'institut.

Tandis que le Département de recherches cliniques progressait et que la situation de la Faculté de médecine allait en s'améliorant, les conditions de travail à l'Hôtel-Dieu devenaient, à l'inverse, de plus en plus contraignantes et difficiles.

L'un des gros problèmes était l'espace : les locaux que les religieuses nous avaient cédés ne suffisaient plus aux besoins grandissants du groupe et limitaient son expansion. Ces locaux étaient par ailleurs disséminés à travers l'hôpital : la clinique au 2e étage du Pavillon des Pins, les laboratoires aux 2e et 8e étages du Pavillon de Bullion et l'unité métabolique au 6e. Cette dispersion avait pour effet d'obliger le personnel et les malades à constamment faire la navette entre ces différents locaux, au milieu des appareils et des pièces d'équipement qui débordaient dans les corridors. Toutes ces allées et venues occasionnaient beaucoup de perte de temps.

L'absence de climat scientifique et d'esprit universitaire et les nombreuses intrigues de couloir — prévisibles, mais toujours pénibles à supporter — étaient responsables de tracas administratifs qui absorbaient beaucoup de mon temps et de mes énergies. S'ajoutait aussi le fait que sœur Allard, à qui je devais la création du Département de recherches cliniques à l'Hôtel-Dieu et qui m'avait toujours soutenu, ne dirigeait plus l'hôpital à ce moment-là. Elle s'était vue confier la tâche honorifique de pousser la béatification de Jeanne-Mance — un travail bien en dessous de ses capacités.

Dans le climat de tension et de changement qui était celui de l'Hôtel-Dieu, le moindre problème devenait compliqué et se transformait en petite guerre. Il y eut ainsi plusieurs histoires pénibles, comme celle de la subvention de 50 000 dollars que la Fondation Biermans nous avait donnée pour soutenir nos recherches sur l'hypertension : le chèque avait été émis à l'ordre de l'Hôtel-Dieu et j'ai dû exercer beaucoup de pression pour que l'argent nous soit rendu. Il y a eu aussi un très long et pénible conflit pour le maintien de l'unité métabolique, qui allait durer bien après la création de l'Institut, de même plusieurs autres moments déplaisants qu'il vaut mieux oublier aujourd'hui, mais qui m'ont beaucoup déprimé à l'époque. J'en restais parfois si profondément frustré que j'ai souvent pensé, pendant toute la période entre 1960 et 1967, à me retirer dans la pratique privée où j'aurais pu gagner beaucoup d'argent.

Le comité d'accréditation américain venait à peine de rendre son rapport positif sur la Faculté de médecine et je ne m'étais pas encore retiré de mes charges universitaires lorsque j'ai appris, comme tout le monde, par le biais des journaux, la stupéfiante décision du gouvernement provincial d'établir l'hôpital universitaire à même l'Hôpital Sainte-Justine. La nouvelle eut l'effet d'une bombe dans le milieu médical, dont la réaction fut immédiate. Tous trouvaient la décision inacceptable, autant pour l'université que pour Sainte-Justine dont l'avenir, en tant qu'hôpital pédiatrique, se trouvait sérieusement compromis. Les médecins et les administrateurs de Sainte-Justine, de même que sa fondatrice, Justine Lacoste, se sont violemment opposés au projet.

Je crois que la décision du gouvernement avait été prise sans aucune étude préalable et que les hommes politiques espéraient de cette façon économiser une part importante des 40 millions prévus pour l'hôpital universitaire en logeant celui-ci à Sainte-Justine dont la construction était encore récente. C'était une idée irréfléchie et c'est sans doute pour cela qu'elle n'a pas été retenue. Mme Lacoste, qui avait donné sa vie à l'Hôpital Sainte-Justine pour en faire une des gloires du Québec, n'allait d'ailleurs pas laisser faire une chose pareille. Son influence politique et le fait qu'on s'est vite rendu compte que bien des dimensions de l'hôpital — celles de ses équipements, de ses lits, de ses services — étaient à la mesure des enfants et donc mal adaptées à une clientèle d'adultes ont fait rapidement tomber le projet dans l'oubli.

Ce fut le dernier épisode de la saga. Le projet d'assurance-maladie, avec tout ce qu'il comportait de réformes, de changements et de mises de fonds, a ensuite occupé l'avant-scène des priorités gouvernementales, reléguant peu à peu celui du centre médical universitaire aux oubliettes.

Chaque coup porté au projet de centre médical faisait paraître plus lointain et plus incertain le moment où l'Institut de recherches cliniques de Montréal verrait le jour. L'attente me semblait imméritée et j'en éprouvais d'autant plus d'amertume que j'avais l'impression que le gouvernement ne rendait pas justice à la renommée prestigieuse que le groupe de recherche se gagnait à l'étranger et dont le Québec récoltait les honneurs. On comprendra donc à quel point j'ai été ébranlé lorsque le principal de l'Université McGill, le Dr Rocke Robertson, m'a invité à le rencontrer.

Le Dr Robertson et moi avons déjeuné ensemble, à son invitation, un midi de février 1964. Il m'a expliqué que le comité de sélection pour le poste de doyen de la Faculté de médecine de l'Université McGill avait apprécié la valeur de mes recherches et de mon enseignement à l'Université de Montréal et souhaiterait me voir prendre ce même poste à McGill. Il m'a aussi laissé entendre que si j'acceptais le poste, mon groupe de recherche en hypertension pourrait me suivre et s'installer sur un des étages de l'édifice McIntyre récemment construit. Les nombreuses déceptions que j'avais connues rendaient l'offre de Robertson particulièrement intéressante, et même d'autant plus intéressante que McGill était la Faculté de médecine la plus prestigieuse du Canada et une des mieux reconnues à travers le monde.

J'avais des raisons d'hésiter et plusieurs appréhensions dont Robertson et moi avons discuté ensuite au cours de deux rencontres ultérieures. L'une de mes craintes était la réaction très prévisible de certains médecins anglophones que je savais, dans certains cas, surtout à l'Hôpital général de Montréal, peu sympathiques aux Canadiens français. J'hésitais aussi dans la mesure où accepter son offre signifiait pour moi mettre de côté un des principaux idéaux de ma vie : celui de travailler à la promotion et à l'épanouissement du Québec francophone. Surtout, cela signifiait la fin de mon rêve de créer chez les Canadiens français un institut de pointe entièrement consacré à la recherche biomédicale.

J'ai consulté de nombreuses personnes, en particulier les gouverneurs de l'Université de Montréal de même que Marcel Piché et Maurice Chartré, président et membre du conseil d'administration de notre futur institut, qui suivaient et appuyaient depuis longtemps mon projet de centre de recherche. Sitôt qu'elle a été connue, l'offre de McGill a suscité de vives réactions, particulièrement à l'Université de Montréal où je venais tout juste d'accepter le poste de directeur du Département de médecine. Craignant que mon départ ne suspende la réforme que j'avais commencé à mettre en œuvre, le conseil des gouverneurs de l'Université de Montréal a officiellement délégué Roger Gaudry, le juge Montpetit et Mgr Irénée Lussier à en discuter avec moi. Tous trois m'ont proposé de bâtir l'Institut de recherches cliniques sans attendre sur le campus de l'université dans l'espoir de l'intégrer au futur hôpital universitaire lorsque celui-ci serait construit. Ils ont été jusqu'à me proposer de mettre à ma disposition l'argent qui restait d'une souscription de 1934 pour financer la construction du centre médical.

Malheureusement, j'ai dû décliner leur proposition. Je leur ai répondu que leur offre était magnifique, et d'une générosité imprévue, mais qu'il était primordial pour un institut de recherches cliniques d'être situé à proximité d'un hôpital universitaire. Advenant que l'institut ait été construit sur le campus, l'hôpital le plus proche aurait été l'Hôpital général juif de Montréal, sur la Côte-Sainte-Catherine. Il aurait fallu mettre en place un système de navettes permanentes entre l'université et l'hôpital choisi pour transporter les malades et les prélèvements pour analyse — ce qui non seulement coûterait cher, mais occasionnerait aussi des pertes de temps considérables. Les gouverneurs, qui avaient eu peu de temps pour réfléchir aux conséquences de leur offre, ont facilement compris mes objections et ont vite réagi. Ils ont alors fait alliance avec Mc Marcel Piché, qui était toujours président du conseil d'administration de la corporation du futur Institut de recherches cliniques de Montréal. Les trois gouverneurs, Me Piché de même que Maurice Chartré, qui était un grand ami de Me Piché et qui siégeait depuis quelque temps au conseil d'administration de l'institut, se sont réunis afin d'aller rencontrer le premier ministre Jean Lesage.

J'ai eu la chance, à peu près au même moment, de recevoir l'appui inattendu et involontaire du député libéral de Verdun au Parlement canadien, Bryce McKaisey. Celui-ci, qui présidait à l'époque un comité parlementaire sur la recherche médicale, était venu visiter l'Hôtel-Dieu et avait pu constater, comme bien d'autres, les conditions difficiles dans lesquelles le groupe travaillait. De retour à Ottawa, il fit une sortie fracassante à la Chambre des communes dans laquelle il affirmait haut et fort que les conditions de recherche clinique à l'Hôtel-Dieu de Montréal étaient une « bloody disgrace » et que « for the first time, he was ashamed to be a Canadian ».

Ses propos ont été reproduits dans tous les journaux, faisant à l'Hôtel-Dieu une publicité que les religieuses ont évidemment peu appréciée. Je me suis efforcé de leur montrer le côté positif de l'histoire en leur disant que c'était sans doute la meilleure chose qui pouvait arriver et que c'était aussi une occasion en or pour demander une subvention au gouvernement afin d'améliorer la situation de l'hôpital. Comme on pouvait s'y attendre, les paroles du député n'ont pas rapporté l'argent qu'on aurait pu en espérer et sont rapidement tombées dans l'oubli du public. Sa déclaration témoignait cependant de nos besoins et a sans doute favorisé ma cause. Le premier ministre Jean Lesage a accepté de recevoir le groupe des gouverneurs de l'université et du conseil d'administration de l'Institut de recherches cliniques. Je n'ai pas assisté à cette rencontre. Elle a résulté dans l'offre de Jean Lesage de nous accorder la subvention tant attendue : 5 millions pour construire enfin l'Institut de recherches cliniques de Montréal.

Cinq millions représentaient à l'époque une somme considérable et même très généreuse compte tenu du petit nombre de véritables chercheurs médicaux dans le milieu canadien-français. C'était même plus que ce dont nous avions besoin : il n'y avait pas assez de cliniciens-chercheurs professionnels bien formés au Québec pour faire bon usage de tout cet argent. Nous aurions eu beaucoup trop d'espace de laboratoire. Jean Lesage imaginait nos besoins plus grands qu'ils ne l'étaient en réalité et voyait l'institut comme un petit hôpital pouvant recevoir une soixantaine de malades. Je l'ai rencontré dans les jours qui ont suivi pour lui préciser le concept à la base du projet. Je lui ai expliqué qu'un hôpital, aussi petit qu'il soit, exigeait la présence d'infirmières, de résidents, de laboratoires de biochimie, de bactériologie, de radiologie, etc. et que ce dont j'avais besoin n'était pas exactement un hôpital, mais plutôt un centre de recherche avec quelques lits de jour. Je lui ai fait valoir qu'il serait plus simple et beaucoup moins coûteux de profiter des services d'un hôpital universitaire existant pour ce qui était des malades et d'y affilier le futur institut. Bref, j'ai dit au premier ministre que la somme était trop généreuse et qu'un octroi initial de 2,2 à 2,5 millions serait suffisant pour la construction.

La création de l'IRCM

Tout comme l'offre de McGill, l'annonce de la subvention du gouvernement à l'IRCM a surpris les religieuses de l'Hôtel-Dieu en leur faisant craindre de voir le groupe de recherche quitter leur hôpital à plus ou moins brève échéance.

En réalité, les relations entre l'administration de l'hôpital et le groupe de recherche étaient ambivalentes. En dépit des conflits qui ponctuaient nos rapports, les religieuses restaient très sensibles aux honneurs que leur hôpital recevait en étant associé à nos succès. Elles étaient fières que l'Hôtel-Dieu soit devenu un des hôpitaux prédominants de la vie médicale canadienne et un des centres les plus réputés au monde en hypertension. Il semble d'ailleurs que le prestige de nous avoir dans leurs murs ait été plus fort que les inconvénients, car elles n'ont pas tergiversé longtemps. Dès que la nouvelle de la subvention est devenue publique, l'administration de l'hôpital a envoyé en ambassadeur un des médecins de l'Hôtel-Dieu auprès de Me Piché afin de lui proposer les conditions d'une entente entre l'hôpital et le futur institut. Leur proposition consistait, en gros, à construire le futur institut sur le terrain de l'hôpital et à le prendre en bonne partie sous leur tutelle administrative (qui était à définir).

L'offre n'était pas à dédaigner dans la mesure où elle permettait de faire une économie sur l'achat du terrain. D'un autre côté, les récents conflits que j'avais eu à vivre à l'Hôtel-Dieu m'incitaient à la prudence. Je savais par expérience que le centre de recherche gagnerait à rester totalement libre de l'autorité de l'administration et j'étais plutôt enclin à préférer que l'institut soit logé dans un bâtiment autonome plutôt que dans une aile contiguë à l'hôpital.

L'Institut de recherches cliniques pouvait d'ailleurs être construit à peu près n'importe où. Il n'était plus question, comme cela avait été formulé dans le projet initial de 1952, de construire une grosse clinique attachée à un petit hôpital spécialisé avec de nombreux laboratoires de recherche. Le mieux et le plus économique, comme je l'avais dit au premier ministre, était de s'affilier à un centre universitaire afin de réduire les coûts liés à l'hospitalisation des patients et aux services auxiliaires.

Il y avait des avantages indiscutables à ce qu'un institut de recherche soit logé dans une aile adjacente à un hôpital universitaire, mais pas dans les circonstances d'alors ni dans le climat adminsitratif que j'avais connus à l'Hôtel-Dieu. Je jugeais de loin préférable que l'institut soit une entité totalement autonome, avec son propre conseil d'administration, et qu'une affiliation réciproque soit faite avec l'hôpital. Les chercheurs auraient alors leur bibliothèque spécialisée, leurs salles de réunions, leur services audiovisuel et informatique, leur animalerie et, surtout, une infrastructure administrative distincte et exclusivement consacrée aux chercheurs et à la recherche. L'affiliation permettrait aux chercheurs de profiter des services hospitaliers, des services de laboratoires d'analyse ainsi que des compétences des divers médecins spécialistes de l'hôpital. En échange, l'hôpital y gagnerait des laboratoires de pointe, la collaboration scientifique de chercheurs hautement qualifiés et le prestige d'un institut spécialisé.

Cela dit, l'affiliation pouvait être conclue avec n'importe quel autre hôpital universitaire aussi bien qu'avec l'Hôtel-Dieu. Celui-ci possédait toutefois un avantage pratique sur tous les autres hôpitaux francophones et le rendait préférable à tout autre : le fait d'être situé en plein centre-ville, tout près de l'Université McGill qui a toujours eu la meilleure bibliothèque de médecine au Canada, de même qu'à côté de l'Hôpital Royal Victoria où j'entretenais d'excellents contacts, en particulier avec le groupe de recherche de mon ami J.S.L. Browne. Enfin, en dépit de mes difficultés avec la direction, j'éprouvais — et j'éprouve toujours — un grand attachement pour l'hôpital où j'avais fait ma résidence et travaillé toutes ces années. J'en connaissais toutes les particularités et je savais exactement à quoi m'attendre. Je devais aussi prendre en compte le fait que même s'il y avait eu des moments difficiles avec certains cliniciens dans la période qui avait suivi mon arrivée à l'Hôtel-Dieu, les relations entre les chercheurs du département et la très grande majorité des médecins de l'hôpital étaient excellentes. Rien ne m'assurait que des conflits semblables à ceux que je connaissais ou avais connus à l'Hôtel-Dieu ne se reproduiraient pas ailleurs. Quant aux difficultés avec l'administration, le but de l'affiliation n'était-il pas de les résoudre ? Bref, après avoir longuement pesé le pour et le contre, le conseil d'administration du futur IRCM et moi-même avons finalement opté pour une affiliation avec l'Hôtel-Dieu.

L'affiliation, malheureusement, n'était pas la formule favorisée par les religieuses qui, tout en souhaitant ne pas nous perdre, auraient préféré nous intégrer à leur hôpital. Elles y tenaient même beaucoup. Le problème était qu'une affiliation avec l'Hôtel-Dieu supposait de construire l'institut aussi proche que possible de l'hôpital. Nous avions l'œil sur un terrain situé au coin de l'avenue des Pins et de la rue Saint-Urbain, en face de l'hôpital, où se trouvaient de vieilles maisons décrépites que nous projetions de démolir pour y construire un bâtiment adapté à la recherche moderne. Or, le terrain ainsi que les maisons qui s'y trouvaient appartenaient aux religieuses. Celles-ci, un peu blessées par notre désir d'autonomie, faisaient des difficultés pour nous les céder, sachant bien que sans terrain limitrophe, l'affiliation n'aurait pu fonctionner convenablement et qu'il nous aurait fallu tenter l'aventure avec un autre hôpital moins bien situé.

Le juge André Montpetit, qui siégeait à notre conseil d'administration et que les religieuses respectaient beaucoup, est allé plaider notre cause auprès d'elles. Mon ami Roger Larose, qui siégeait lui-aussi à notre conseil d'administration, est ensuite intervenu à titre de vice-recteur de l'université de même que le cardinal Léger. Tous trois, mais particulièrement ce dernier, ont réussi à convaincre les religieuses du bien-fondé de notre proposition et leur ont fait comprendre qu'il était important que l'institut soit autonome, mais qu'il était aussi à l'avantage de l'Hôtel-Dieu de nous avoir à proximité. Finalement, à la suite de ces intercessions, les religieuses ont accepté de nous céder les terrains et les maisons au prix du marché et un contrat d'affiliation a été signé pour un terme de vingt-cinq ans à compter du 1er janvier 1966. C'est un choix qui n'a jamais été regretté par la suite.

Une question semblable se posait à l'égard de l'université : valait-il mieux devenir un institut intégré aux structures de l'université ou un centre autonome affilié, c'est-à-dire indépendant mais en étroite collaboration scientifique ? Je connaissais, toujours à la suite de mon expérience à l'Hôtel-Dieu, les inconvénients de se voir imposer les politiques d'une administration qui n'est pas exclusivement centrée sur la recherche. Je savais aussi que l'Institut Rockefeller de New York avait eu à trancher la question autrefois et avait choisi l'autonomie, tout comme d'ailleurs Pasteur pour l'institut qui porte son nom.

Mes réticences venaient surtout de la crainte des ingérences administratives et de la lourdeur de la bureaucratie universitaire avec ses nombreux comités et les inévitables intrigues internes. Je craignais que la lenteur décisionnelle nuise au développement du centre de recherche. Je n'ai jamais eu beaucoup de patience envers les comités où siègent souvent un trop grand nombre de personnes qui aiment parler et faire des suggestions qui ralentissent le travail plus qu'autre chose et où on y perd un temps infini. Trop souvent, il faut plusieurs réunions pour arriver à une solution évidente dès le début aux yeux de ceux qui sont dans le milieu et connaissent bien la question.

L'affiliation avec l'université, la solution que nous avons retenue, avait entre autres avantages pour nous d'accorder un statut scientifique aux chercheurs tout en les laissant libre d'agir hors de l'appareil bureaucratique universitaire. Encore là, les arrangements avec la faculté ne se sont pas faits sans certaines réticences de la part des chercheurs et des professeurs réguliers qui, contrairement à ceux de l'institut, sont chargés d'obligations d'enseignement et doivent participer aux nombreux comités. Par contre, au-delà de ces difficultés, l'affiliation me semblait devoir être profitable dans la mesure où elle favorisait les échanges entre les cliniciens-chercheurs et leurs collègues des disciplines fondamentales en même temps qu'elle permettait aux chercheurs de l'institut de se consacrer complètement à leurs recherches.

Comme avec l'Hôtel-Dieu, un contrat d'affiliation fut donc signé avec les représentants de l'Université de Montréal en juin 1967. Nous restions ainsi autonomes, mais nous avions la conscience de contribuer à concentrer les ressources scientifiques et intellectuelles canadiennes-françaises de Montréal autour de son université.

Nous avons commencé au cours de l'année 1965 à préparer les plans du futur institut. Je me suis occupé du plan d'ensemble et de l'intégration des laboratoires avec les divers services tandis que mon associé administratif, Erich Koiw, s'occupait des détails des plans. Nous avons constamment travaillé en équipe et nous nous sommes bien complétés. Nous avons ensuite eu le privilège de compter sur l'expérience et les conseils de Bernard Lupinek, à l'époque l'architecte et le surintendant de l'Université Rockefeller de New York et dont la compétence en matière d'installation scientifique était reconnue partout.

Tout au cours de ces préparatifs, je me suis inspiré de mes observations en Europe et aux États-Unis. J'avais remarqué que la recherche clinique y était souvent éparpillée aux quatre coins des hôpitaux, mal organisée, et que c'était un des nombreux points sur lequel l'institut était en mesure d'innover.

Dans la plupart des hôpitaux universitaires américains et européens, la recherche se faisait en général et à ce moment-là, vers 1940-1950, sans planification et avec peu de coordination entre les chercheurs. Chaque fois qu'un département engageait un nouveau chercheur, le chef de médecine lui trouvait au hasard des espaces disponibles dans un secteur ou un autre de l'hôpital, un local pour y installer le nouveau laboratoire. Arrivait ensuite un autre chercheur et le même processus recommençait, de sorte que deux laboratoires pouvaient parfois se retrouver dans deux ailes différentes d'un bâtiment ou aux deux extrémités d'une même aile. Comme on devait prendre en considération les besoins particuliers de chacun, les laboratoires se trouvaient plus fréquemment jumelés aux bureaux des chercheurs qu'entre eux. Cette disposition improvisée des laboratoires se soldait par un regrettable manque de coordination et de communication entre les différents chercheurs.

Une autre conséquence de cette mauvaise organisation était qu'elle encourageait l'achat en double d'instruments coûteux. Ce problème avait commencé à se poser plus tôt avec l'arrivée des premiers appareils électroniques dans les laboratoires. Ceux qui avaient la chance d'en avoir à leur disposition avaient tendance à se les réserver, précisément parce qu'ils étaient rares et dispendieux, même s'ils ne les utilisaient en général que 10 ou 15 % du temps. Comme les laboratoires étaient distants les uns des autres et que les chercheurs se trouvaient éparpillés aux quatre coins de l'hôpital, chacun demandait — à juste titre — de disposer de ses propres appareils dans son laboratoire. Et comme ils finissaient souvent par l'obtenir, on retrouvait souvent un même appareil en plusieurs exemplaires et presque chaque fois sous-utilisé, ce qui constituait un gaspillage d'argent qui aurait pu être investi ailleurs et à de meilleures fins.

Pour palier la prolifération inutile des appareils et le manque de coordination, je souhaitais qu'une des caractéristiques de l'Institut de recherches cliniques soit la concentration des laboratoires et de l'équipement dans une même zone géographique. L'idée, qui est au fond très simple, mais nouvelle à l'époque, était d'organiser un centre dans lequel tous les professionnels de la recherche clinique, c'est-à-dire les cliniciens-chercheurs ainsi que les fondamentalistes, seraient regroupés dans une seule bâtisse et où l'équipement dispendieux serait mis en commun. Chaque chercheur aurait son laboratoire, autonome et indépendant, mais partagerait avec ses collègues tous les appareils qui ne seraient pas utilisés à plus de 75 % du temps par un seul chercheur.

C'est exactement ce que nous avons fait à l'institut. Les appareils dispendieux ont été mis dans les salles communes où un scientifique veillait à ce qu'ils soient bien utilisés. Les salles d'équipement ont été disposées au centre de chaque étage et les différents laboratoires en périphérie pour profiter de la vue de l'extérieur et de la lumière du jour. Dans le même esprit, nous avons concentré tous les services nécessaires à la recherche : bibliothèque spécialisée, département audiovisuel, salles de réunions, auditorium, animaleries, salles de conférences, service d'informatique avec accès direct à la National Library of Medicine à Washington et aux grands centres de données du monde, etc. La formule s'est avérée bénéfique, car elle favorisait la collaboration et permettait aux gens des différents groupes de recherche de se rencontrer souvent et de parler de leur travail.

Je ne voulais pas qu'il y ait de cloisons étanches entre les différents aspects de la recherche biomédicale, mais, au contraire, un « continuum » allant de la recherche moléculaire, cellulaire et génétique jusqu'à son application directe aux soins des malades. Dans la disposition même des locaux, nous avons tenté d'éliminer les frontières en installant les laboratoires de recherche fondamentale en biologie moléculaire, en génétique et en immunologie à côté des laboratoires de recherche clinique. Dès le début, en 1967, nous avons préconisé — à condition bien entendu que les deux personnalités soient compatibles — la formation d'équipes de recherche constituées d'un clinicien-chercheur et d'un fondamentaliste, l'un ayant la formation biologique et humaine, l'autre la formation chimique, biochimique ou physique.

Ce concept, que nous avons été, je crois, les premiers au monde à mettre de l'avant, a contribué de façon importante au succès de l'institut. Aujourd'hui, cette idée a fait son chemin un peu partout et les grands centres l'ont adoptée. Encore maintenant, trente ans après, je reste persuadé que c'était et que c'est toujours la formule de l'avenir pour tous les hôpitaux universitaires, comme le Dr Harold Varmus, directeur des instituts nationaux de la santé de Bethesda, le faisait remarquer en mai 1996 à la réunion annuelle des « Young Turks ».

Les plans définitifs ont été terminés en novembre 1965. Les travaux de démolition et d'excavation ont commencé presque immédiatement après, suivis des travaux de construction proprement dits.

J'ai la conviction que l'Institut (IRCM) est l'un de nos centres de recherche les plus précieux, les plus importants et les mieux orientés. Ce joyau que nous possédons chez nous en plein cœur de Montréal, nous devons tenir à le conserver précieusement et surtout à le développer dans l'avenir... Je voudrais souligner cette persévérance dont le Dr Genest a donné l'exemple et qui a si souvent fait défaut à nos entreprises. Je voudrais souligner également le trait dominant de toute la carrière du Dr Genest : c'est le souci de l'excellence... Vous nous avez donné, Docteur Genest, l'exemple d'un enracinement très solide dans votre terre, dans votre sol à vous, en même temps qu'une ouverture très large sur le monde, dans tous les continents, dans tous les milieux... Vous avez ouvert les portes toutes grandes... Cela, vous l'avez fait d'une manière extraordinaire sans forfanterie, sans briser quoi que ce soit, et en donnant un exemple tous les jours d'un travail situé, encore une fois, à l'enseigne de la rigueur la plus élevée... Je pense que le Québec vous doit beaucoup parce que vous avez montré qu'on peut atteindre aux normes universelles les plus elevées en même temps qu'on peut être un homme du terroir, un homme d'ici solidement planté chez nous...

Un autre point que je voudrais souligner [...], c'est celui de l'engagement public... De ce point de vue là, je pense que l'exemple du Dr Genest est extrêmement intéressant. Ce que j'aime de vous, Docteur, c'est cet engagement total. Quand vous vous engagez dans une affaire, vous ne protégez pas vos arrières. Vous ne vous demandez pas ce que le curé ou le politicien va penser ; vous y allez à fond.

Claude Ryan,
à l'occasion du 70e anniversaire du Dr Jacques Genest,
au Mont-Gabriel, le 2 juin 1989.

Une dernière épreuve, survenue au cœur de cette période de préparatifs intenses, devait encore nous atterrer avant la naissance de l'institut, celle de l'incendie du 15 octobre 1966 qui a totalement détruit le laboratoire du 8e étage de l'Hôtel-Dieu où Roger Boucher et son groupe faisaient les recherches sur le système rénine-angiotensine.

Il semble qu'un court-circuit se soit produit dans les installations de Roger Boucher. Ce dernier, habile en électricité, avait bricolé un système de minuteries reliées à une série d'appareils par un impressionnant réseau de fils électriques. Grâce à ce système, une bonne partie du laboratoire fonctionnait automatiquement, de nuit comme de jour, sans devoir être supervisé : on pouvait à volonté activer un appareil à minuit, le faire cesser à 3 h, le faire repartir à 6 h, etc. Tout le dispositif fonctionnait à merveille, jusqu'à cette nuit du 15 octobre où j'ai reçu, vers 5 h 30, un coup de téléphone de l'Hôtel-Dieu m'annonçant que les pompiers étaient sur place, que le 8e étage était en feu...

Le laboratoire était une perte totale. Tout y était détruit, inutilisable, calciné : les murs, les plafonds, les appareils, les instruments, les archives et surtout — surtout ! — les cahiers de protocoles dans lesquels avaient été consignés les résultats de nos deux dernières années d'expériences sur la détermination de la rénine dans l'hypertension réno-vasculaire et sur l'effet de la teneur en sel dans les diètes sur le système rénine angiotensine... Pour Roger Boucher, pour toute l'équipe et pour moi-même, la perte était énorme. Je n'ai pu retenir mes larmes.

L'incendie faisait d'autant plus mal que nous étions en avance sur les autres groupes, réellement les leaders dans le domaine, et que nous venions peut-être de perdre notre chance d'être les premiers à publier des résultats importants. Mais nous ne nous sommes pas découragés. Dans mon désarroi, j'ai appelé le président du Conseil de recherches médicales du Canada, le Dr Malcom Brown, pour lui faire part du désastre. Il a été formidable : dans les dix jours suivant le désastre, il nous a fait parvenir un chèque de 50 000 $ puisé à même son budget de président afin de nous permettre de nous ré-équiper et de reprendre le travail le plus rapidement possible.

Le groupe s'est donc entassé au 2e étage — où nous étions déjà très à l'étroit avant l'incendie. Malgré l'inconfort et la déception, nous nous sommes remis à la tâche et nous avons tout recommencé. Nous avons travaillé avec acharnement à des heures différentes pour le personnel (de 7 h à 21 h) et lorsque nos résultats ont enfin pu être publiés quelques mois plus tard, ils n'avaient peut-être pas le volume de ceux que nous avions accumulés pendant les deux années perdues, mais nous étions encore les premiers au monde.

Nous devons cette réussite en grande partie à l'aide efficace et généreuse de Malcom Brown. On peut dire que cet homme a contribué de façon majeure au progrès de la recherche médicale par son envergure de vision et son action énergique au Conseil de recherches médicales du Canada. Il était d'ailleurs un de mes grands amis et nous avons souvent lutté ensemble pour défendre le CRMC. Du temps où Pierre Elliott Trudeau était premier ministre, Malcom Brown s'est beaucoup battu pour défendre l'autonomie du Conseil de recherches face aux tentatives de contrôles ministériels. Comme j'avais des relations assez étroites avec Pierre Elliott Trudeau qui habitait près de chez moi et que je connaissais depuis longtemps, j'ai eu l'occasion d'intervenir et d'intercéder pour Malcom Brown.

À l'automne 1966, la construction de l'Institut de recherches cliniques de Montréal était pratiquement terminée et le Département de recherche clinique de l'Hôtel-Dieu, élargi et enrichi par la venue de nouveaux chercheurs, emménageait progressivement dans le nouvel édifice. J'avais alors eu recours à Michel Mandron pour assurer les aspects administratifs ainsi qu'à Fernand Jodoin pour ceux des finances et de la comptabilité.

Aujourd'hui, si les plans étaient à recommencer, j'oserais dire que je les referais exactement tels qu'ils avaient été conçus à l'époque. À ce moment-là, tout comme aujourd'hui, l'institut était fonctionnel et sans luxe inutile. Aucune profusion de chrome, mais une concentration de moyens multiples ordonnés vers des buts et des fonctions définis. Avec ses trois étages, ses 5 000 m² de surface entièrement consacrée à la recherche, ses douze grands laboratoires, sa clinique externe, son unité de pharmacologie clinique et ses services auxiliaires, je voyais l'institut un peu comme le symbole de l'éclatement des aspirations du peuple canadien-français au plus haut niveau de l'intelligence humaine et comme l'expression et le signe de sa maturité croissante dans le domaine de la culture et de la science.

L'inauguration officielle s'est faite au printemps suivant, le 17 avril 1967, en présence du premier ministre du Québec, Daniel Johnson, du cardinal Paul-Émile Léger, de Jean Chrétien, représentant du gouvernement fédéral, et de Jean Labelle du comité de direction de la ville de Montréal. Pour marquer cette occasion, nous avons dévoilé, ce jour-là, la magnifique murale de l'artiste Jordi Bonet dans le hall d'entrée de l'institut.

Après toutes ces années, j'avais finalement réussi à obtenir ce joyau de la société québécoise qu'est l'IRCM.

Principes et fonctionnement de l'IRCM

Le premier but de l'institut était de promouvoir par la recherche clinique l'étude des causes et des mécanismes de maladies telles que l'hypertension artérielle, le cancer, l'athérosclérose, les désordres endocriniens et immunologiques afin de découvrir des traitements et des mesures de prévention plus efficaces.

Le deuxième but était de former une élite de jeunes chercheurs canadien-français qui pourraient prendre la relève et préparer à leur tour de jeunes médecins rompus aux disciplines de la recherche, capables d'exercer une médecine et un enseignement scientifiques de la plus haute qualité.

Le troisième but était de rayonner dans le monde scientifique en formant de jeunes chercheurs venus de pays différents et d'encourager nos jeunes à aller chercher une formation dans les meilleurs centres d'Amérique, d'Europe et d'ailleurs.

Le quatrième but était d'offrir au monde qui nous entoure, par nos aptitudes et notre travail, un témoignage de la recherche de l'excellence et, surtout, de la recherche de la vérité. Il me semble essentiel, dans notre monde où les valeurs morales sont en décadence, de garder le sens de l'amour du travail bien fait et de l'exactitude scientifique, et cela, sans perdre de vue les valeurs humaines et spirituelles qui donnent un sens à notre existence.

Dès le début, j'ai tenu à imprimer à l'IRCM la philosophie et l'organisation de l'Institut Rockefeller : très peu de règlements écrits, très peu de comités et à peu près pas d'obligation d'enseignement formel. Je voulais favoriser l'autonomie complète des chercheurs sur le plan scientifique, sur le choix de projets de recherche et sur l'usage des subventions qui leur sont attribuées. Je souhaitais aussi que les activités de l'institut soit centrées uniquement sur l'enseignement postuniversitaire.

L'idée de base était celle d'un centre où tous les chercheurs seraient à salaire afin qu'ils puissent s'occuper uniquement de recherche, sans interférence avec les préoccupations de clinique courante et les intérêts de la « castonguette ». Afin d'éliminer les tensions et les jalousies entre les fondamentalistes et les cliniciens-chercheurs, une des premières décisions que j'ai prises fut d'abolir les différences de rémunération. Le salaire était le même pour tous, ajusté selon l'échelle universitaire en fonction de la longueur de la formation des chercheurs ou en fonction de sa réputation nationale ou internationale.

Pour compenser l'écart de revenu entre les médecins-chercheurs de l'institut et leurs collègues cliniciens dont le revenu était beaucoup plus élevé — environ deux à trois fois celui des chercheurs —, nous avons permis aux cliniciens-chercheurs de consacrer un maximum de 20 % de leur temps à la consultation des malades dans le domaine de leur expertise et de leur recherche. S'ils étaient consultés comme experts et s'ils voyaient des patients, ils pouvaient facturer à l'assurance-maladie. Ce supplément de revenu ne dépassant pas en général 10 à 15 000 $ par année nous aidait à garder les cliniciens-chercheurs et à éviter qu'ils soient tentés de retourner à la pratique régulière. C'était aussi à l'avantage des malades qui pouvaient ainsi bénéficier de leur compétence spécialisée.

Nous permettions, en contrepartie, aux chercheurs fondamentalistes de donner aussi un maximum de 20 % de leur temps à d'autres activités. Plusieurs travaillaient ainsi à titre de consultant auprès de compagnies pharmaceutiques ou enseignaient dans les CEGEP ou ailleurs. Dans un cas comme dans l'autre, le problème est le même : les chercheurs universitaires, qu'ils soient médecins ou fondamentalistes, sont mal rémunérés comparativement à ceux qui pratiquent dans le privé, dans l'industrie ou dans le système hospitalier. La tentation pour eux est grande d'abandonner la recherche pour aller gagner davantage dans un autre secteur. Tous ne se sont toutefois pas prévalus de l'ouverture que l'institut leur donne ; certains médecins ne voient pas de patients et se consacrent uniquement à la recherche.

Cette formule est désormais celle que beaucoup de centres hospitaliers de recherche privilégient. Le point important est qu'un minimum de 80 % du temps soit consacré aux activités de recherche. Il est hors de question de faire de la recherche à 20 ou 25 % du temps, comme cela continue à se faire ailleurs : la recherche est un esprit et un mode de vie qui exige qu'on s'y consacre totalement. On n'aboutit autrement qu'à une recherche d'amateur, une recherche de piéton (« pedestrian ») qui se traduit le plus souvent par un gaspillage d'argent.

Dès 1952, l'idée avait été d'organiser le Centre médical Claude-Bernard sur une base moderne, avec un conseil d'administration formé d'hommes éminents, dévoués aux objectifs que l'institut s'était donnés et choisis parmi les meilleurs éléments de la société. Je voulais des personnalités prestigieuses de la région de Montréal, considérées comme des leaders dans leurs domaines. Je croyais, avec raison, qu'une administration d'hommes d'affaires respectés et de haut calibre pourrait instiller à l'institut les principes d'une gestion transparente et moderne et serait en outre plus efficace pour obtenir des dons privés ou des subsides gouvernementaux.

L'une des personnes qui m'a le plus aidé est certainement Marcel Piché, qui est resté au conseil d'administration de l'IRCM jusqu'en 1991, jusqu'à l'âge de 79 ans et après trente années d'un rare dévouement et d'une grande loyauté. Il a joué un rôle clé dans les débuts par son influence auprès de M. Duplessis et de M. Lesage.

Nous avons aussi eu le privilège de compter au conseil d'administration un homme comme Maurice Chartré. Celui-ci a été un des fondateurs de la société Samson-Bélair — un des gros bureaux comptables du Québec — et il a longtemps été gouverneur de l'Université de Montréal. Il jouissait d'une grande réputation d'intégrité et de sagesse et il nous a beaucoup aidés — mais toujours dans l'ombre, discrètement. Chaque année, il faisait un don de 25 000 $ à notre fonds général de recherche.

Roger Gaudry, qui était un ami de longue date, est un de ceux qui nous a aussi apporté un appui précieux. À mon retour des États-Unis, il était directeur de la recherche pour la compagnie Ayers-McKenna-Harrison où il m'avait fait nommé consultant scientifique en recherche, à un moment où la compagnie cherchait à établir des contacts avec le monde universitaire. Nous nous étions ensuite retrouvés ensemble au conseil des gouverneurs à l'université et au comité des affaires médicales. Lorsque le cardinal Léger a jugé qu'il était temps de nommer un laïc pour succéder à Mgr Irénée Lussier au poste de recteur de l'Université de Montréal, il a choisi Roger Gaudry, qui pendant ses deux mandats de recteur siégeait aussi ex-officio au conseil de l'IRCM. Il nous a appuyés efficacement et à plusieurs reprises.

De la même façon, Roger Larose, un autre ami de longue date, a joué un rôle important pour l'IRCM de par son poste de vice-recteur à l'Université de Montréal et d'ancien président de la compagnie Ciba du Canada. Grâce à lui, à Roger Gaudry et à Marcel Piché, nos rapports avec l'université ont été faciles et harmonieux.

D'autres, tels que Paul Lacoste, Robert Alain, Marcel Caron et Roland Chagnon nous ont aussi rendu de grands services. Le fonctionnarisme québécois est trop souvent axé sur l'extension de son pouvoir ; nous avions besoin de gens influents et sages. Dès le début, nous avons été victimes de décisions de fonctionnaires qui ne connaissaient rien à la recherche ou aux soins médicaux. Mais grâce aux personnalités prestigieuses de notre conseil, nous avions toujours la possibilité de nous adresser directement aux plus hautes instances ou au ministre et, en quelques occasions, au premier ministre s'il le fallait. Nous pouvions, au besoin, passer par-dessus la tête d'un fonctionnaire qui faisait de l'obstruction — souvent dans le seul but de manifester son pouvoir de bureaucrate, sans ne rien comprendre à l'innovation, à la créativité et à l'importance de la recherche.

Ces contacts et ces aides si utiles ont été une des forces de l'institut, mais aussi une source de jalousies et de récriminations. C'est ce qui s'est produit avec le budget de fonctionnement de l'institut.

Le déménagement du groupe de recherche en hypertension dans le nouveau bâtiment supposait une nouvelle organisation du groupe et une gestion de la recherche différente de celle des centres hospitaliers, surtout financièrement. Dans les hôpitaux, les centres de recherche bénéficient de la présence de réceptionnistes, de gardes de sécurité, d'infirmières, de secrétaires, de comptables, de diététistes ainsi que de l'électricité, du gaz, du chauffage et de tous les autres services d'un hôpital qui sont assumés à même son budget de fonctionnement. C'était le cas pour le groupe de recherche à l'époque où nous étions à l'Hôtel-Dieu.

Maintenant que nous avions emménagé dans un bâtiment autonome, nous devions désormais assumer ces dépenses administratives pour lesquelles un budget nous avait été accordé par le premier ministre Lesage. Vues de l'extérieur, les sommes accordées pour le budget de fonctionnement gonflaient notre budget total lorsque certains le comparait malicieusement à celui des centres de recherches qui se trouvaient dans les institutions hospitalières.

En réalité, il y a toujours eu deux budgets à l'institut. Le premier, le budget de recherche, est la somme de toutes les subventions obtenues individuellement par les chercheurs pour financer leurs projets de recherche. Chaque chercheur est le seul détenteur des subventions qui lui sont accordées : ce sont ses propres fonds de recherche et il en dispose à sa guise pour payer le personnel technique, les réactifs, les animaux, l'équipement, etc. Cela signifie par ailleurs que le chercheur doit obtenir les fonds nécessaires à sa recherche et en faire lui-même la demande au différents organismes publics ou privés. Il a en retour le plein contrôle sur l'utilisation de ses fonds et personne, même le directeur scientifique, ne peut intervenir dans le choix de ses recherches ou sur la direction qu'il leur donne. La seule et unique obligation qui lui est imposée est de contribuer à la vie scientifique en participant aux conférences et aux diverses activités de l'institut.

Le second budget, celui de fonctionnement, couvre non seulement les salaires des directeurs de laboratoires, mais aussi l'entretien, l'administration, les salaires des infirmières-adjointes à la recherche et des secrétaires, la mécanique, l'électricité, le gaz, etc. Il est à peu près équivalent au total des subventions reçues par les chercheurs. Comme nous ne recevions aucune aide de la part de l'université ou d'ailleurs pour subvenir aux salaires des directeurs de laboratoires, nous aurions été incapables de fonctionner sans que le budget de fonctionnement octroyé par le gouvernement n'inclue aussi ces salaires.

C'est un problème que Jacques Gélinas, alors sous-ministre de la Santé à Québec qui connaissait bien le milieu médical pour avoir été directeur médical de l'Hôpital Maisonneuve, a tout de suite compris. Grâce à lui, dès 1967, nous avons pu obtenir du ministère que les salaires des chercheurs soient incorporés dans le budget de fonctionnement de l'institut. D'où certaines jalousies persistantes et mesquineries : certaines personnes, des collègues surtout, trouvaient que l'institut recevait trop d'argent et que nous étions indûment privilégiés par rapport aux autres chercheurs.

Comme à l'Université Rockefeller, nous avons toujours maintenu fermement le principe que l'administration était au service de la recherche. Pour cette raison, il n'y a pas de séparation entre la partie administrative et la partie scientifique de l'institut et le directeur scientifique a le plein contrôle sur tout, aussi bien sur le développement scientifique de l'institut que sur son administration. Il est responsable devant le conseil d'administration qui l'a nommé et qui constitue l'autorité suprême de l'institut. Il est secondé par des adjoints pour les questions d'administration, de finance, d'affaires scientifiques, de relations de travail et de relations extérieures. Il a à sa charge toute l'administration courante et financière de l'institut, son orientation scientifique, sa direction scientifique courante, la nomination des nouveaux chercheurs, l'organisation des réunions du comité scientifique, la coordination ainsi que le suivi des relations avec les organismes de financement, le ministère de la Santé, la Faculté de médecine et l'Hôtel-Dieu.

Chaque nouveau chercheur est choisi par le directeur scientifique en consultation avec un comité *ad hoc*. L'institut privilégie la complémentarité, la collaboration et l'interaction entre les chercheurs dans une véritable atmosphère de recherche de la vérité.

> Doctor Genest has acquired an international reputation for his research in medicine, as well as for his teaching and medical capacities. He is one of the most respected clininal investigators in Canada. Under his leadership, a new concept of modern research has been created to increase the collaboration between physicians and basic scientists. He has favoured and elaborated closer ties between francophones and anglophones in the Canadian scene of medical sciences.
>
> Citation pour le prix de la Banque Royale, avril 1980.

L'évaluation de leur productivité scientifique est cependant rigoureuse et se fait à trois paliers et de trois manières différentes.

La première évaluation se fait d'elle-même par les organismes tels que le CRM et autres dans la mesure où les subventions de recherche sont attribuées en fonction de la qualité des projets et suivant les recommandations d'arbitres et de comités de pairs auxquels siègent d'autres chercheurs qui évaluent les demandes. Si le projet soumis est jugé négativement, le chercheur ne reçoit pas de subvention et sa situation devient difficile. Un chercheur qui ne reçoit pas de subvention de recherche après deux ou trois demandes doit quitter l'institut — où la permanence n'existe pas — et se trouver une place ailleurs, dans la pratique, l'enseignement, l'industrie ou l'administration... Cela permet de maintenir l'efficacité et la productivité de l'institut.

La deuxième évaluation est une des traditions de l'IRCM. Chaque année, le directeur scientifique organise une retraite de deux jours à la campagne — le plus souvent c'était à l'Hôtel La Sapinière à Val-David — pour permettre aux chercheurs de présenter leurs travaux et de discuter entre eux de leurs projets. L'idée de tenir cette retraite m'est venue de Roger Boucher qui m'en a fait la suggestion, un jour de 1968, alors que nous étions dans l'avion qui nous ramenait de la réunion du Council for High Blood Pressure Research tenue à Cleveland. Le but était de favoriser les critiques constructives et la collaboration entres les laboratoires de l'institut et en même temps de créer une occasion de tisser des liens et de se retrouver dans un contexte amical hors des murs de l'institut. La rencontre est toujours suivie d'un souper gastronomique qui, pendant de nombreuses années, nous a été gracieusement offert par le Dr André Aisenstadt et son épouse Nussia et qui réunissait aussi les membres du conseil d'administration. Le Dr Aisenstadt et son épouse nous ont également fait don de leur magnifique maison de campagne à Sainte-Marguerite comme maison de retraite pour les chercheurs. L'habitude voulait que nous invitions à ces retraites deux experts externes pour qu'ils participent aux rencontres et évaluent les recherches effectuées à l'institut. Ils faisaient ensuite un rapport au directeur scientifique et au conseil d'administration.

La troisième évaluation est la plus importante et se fait tous les cinq ans. C'est une évaluation en profondeur, qui dure quatre jours et qui vise à évaluer non seulement la productivité scientifique des chercheurs, mais aussi les politiques et l'organisation administrative de l'institut. C'est une tradition que nous avons instituée dès les premières années en invitant chaque fois quatre éminents savants de France, d'Angleterre, des États-Unis et du Canada de même qu'un représentant de l'Université de Montréal.

Le travail préparatoire à ces évaluations est énorme. Chaque laboratoire prépare un dossier complet sur sa productivité, ses projets de recherche, ses sources de financement, son personnel et ses prévisions pour les prochaines années, le tout concentré sur à peu près dix-huit pages. La même chose se fait pour l'administration de l'institut : planification, organisation, budget des dernières années, projets de développement... Trois mois d'avance, les dossiers sont envoyés à chaque membre du comité. Vient ensuite la visite de quatre jours pendant laquelle les chercheurs, les étudiants des 2e et 3e cycles de même que les représentants de l'université sont interviewés par le comité. Au terme de ce processus, le comité remet son rapport, incluant ses critiques et ses recommandations, directement au conseil d'administration. Ces « site visits » tous les cinq ans nous ont apporté une aide inestimable et ont été la source d'une grande stimulation.

L'un des points importants consistait en la création des équipes harmonieuses de cliniciens-chercheurs et de fondamentalistes. L'expérience a montré qu'en cas de conflit dans une équipe, la recherche en souffre toujours gravement. Les échelles salariales universitaires ont, bien sûr, favorisé cette harmonie entre les deux, mais une compatibilité des caractères était aussi indispensable, d'autant plus qu'un seul des deux chercheurs assume la direction, attribuée selon la compétence et la productivité. C'est un point auquel j'ai toujours consacré une attention toute particulière en intervenant dans un conflit dès son apparition afin d'éviter qu'il ne s'envenime.

Au-delà des question salariales, l'idéal de recherche de la vérité et la pureté d'intention restent le principal moteur de toute recherche scientifique. Il est tout aussi important de s'y consacrer à temps plein dans un climat d'excellence que de le faire dans un esprit de service à la société. Si le succès sourit au chercheur, il se voit décerner des prix qui font plaisir : recevoir les prix Killam, Galien, Manning, Marie-Victorin, Armand-Frappier, FNG Starr, Vigneault ou autres est non seulement un hommage agréable, mais aussi pour le chercheur et l'institution une source de prestige qui se traduit par des invitations aux symposiums et aux congrès internationaux. S'ajoute à cela la satisfaction de sa propre conscience d'être reconnu par ses pairs et d'avoir contribué à l'amélioration des soins et à l'avancement de la science.

Croissance de l'IRCM

J'ai consacré une grande partie de mon temps et de mes efforts à préparer la relève depuis mon retour des États-Unis. Entre 1952 et 1967, cinquante-sept jeunes médecins fellows en recherche avaient reçu au Département de recherches cliniques de l'Hôtel-Dieu un ou deux ans de formation dans les domaines de la recherche clinique en hypertension, des maladies rénales et des désordres électrolytiques. Quatorze ont obtenu une maîtrise ou un doctorat. Grâce à mes contacts aux États-Unis et en Europe, j'en ai aidé par la suite un bon nombre, dont Raymond Robillard, Gilles Tremblay, André Barbeau, Édouard Bollé, Maurice Verdy, Pierre Delorme, Julien Marc-Aurèle, Yhor Dyrda, Guy Lemieux, Michel Chrétien, Jean Davignon, Jacques de Champlain, Gilles Pigeon et autres à obtenir des bourses et à s'orienter vers les meilleurs centres de recherche dans leur disciplines respectives.

À partir de 1965, c'est-à-dire au moment où débutait la construction de l'institut, la première couvée de ces jeunes médecins commençait à revenir au pays poursuivre une carrière universitaire ou de recherche. Tous pouvaient à leur retour compter sur mon appui le plus total pour avoir des subventions de recherche et les aider à démarrer leurs propres laboratoires.

L'ouverture de l'institut approchant, je gardais l'œil ouvert sur ceux qui revenaient à Montréal avec l'intention de continuer à faire de la recherche clinique. J'ai toujours préféré miser sur de jeunes chercheurs d'environ 35 ans, dont j'étais sûr de la compétence et de la formation, plutôt que sur des chercheurs de 55 ou 60 ans ayant déjà fait leurs preuves, mais qui étaient en fin de carrière et risquaient de devenir un peu moins productifs. C'était selon moi un pari gagnant. Il n'y avait ensuite qu'à suivre la philosophie de Detlev Bronk, président de l'Université Rockefeller, et leur donner les moyens de travailler en toute liberté : « Find the right man, back him up and stay out of the way. »

Une équipe de recherche solide s'est constituée dès l'ouverture, en 1967, avec des chercheurs tels A. Barbeau, M. Chrétien, J. Davignon, R. Boucher, W. Nowaczynski, O. Kuchel. J.M. Rojo-Ortega et autres. C'était un groupe exceptionnel. Nous parlions tous le même langage et pensions de la même manière : les choses allaient vite ! Nous étions privilégiés à ce point de vue et le succès de nos travaux est en grande partie le fruit de cette collaboration ouverte et agréable.

Parmi ces derniers, le Dr André Barbeau a été une de nos recrues d'envergure. Il avait reçu son MD à l'Université de Montréal et passé un an comme fellow en recherche dans le Département de recherches cliniques de l'Hôtel-Dieu sous ma direction avant d'aller se spécialiser en neurologie à l'Université de Chicago. À son retour, en 1961, il a créé le laboratoire de neurologie à l'Université de Montréal, puis rejoint les rangs des jeunes scientifiques à qui furent attribuée la direction d'un des huit laboratoires de recherche à l'institut en 1967.

André Barbeau se donnait tout entier à ce qu'il entreprenait. Il avait un sens inné de l'organisation, une énergie débordante et une énorme capacité de travail. Ses contributions sur le mécanisme et le traitement de la maladie de Parkinson, de l'ataxie de Friedreich, de la maladie de La Tourette et de celle de Huntington lui ont valu en 1980 le prix Parizeau de l'ACFAS, le prix de l'œuvre scientifique de l'Association des médecins de langue française du Canada en 1984 et un fellowship de la Société royale du Canada. C'était aussi un amateur invétéré de baseball — passion qu'il partageait avec son ami Michel Chrétien. Il était doué d'une très belle plume qui a fait de lui un des rares ou le seul médecin admis à l'Académie canadienne-française des lettres. Son décès prématuré en 1986 à l'âge de 54 ans, à la suite de maladies multiples et éprouvantes, fut une grande perte pour l'institut et la recherche canadienne-française.

Un autre collaborateur important à venir se joindre à l'équipe de recherche à cette époque fut le Dr Otto Kuchel. Nous nous étions rencontrés et liés d'amitié quelques années plus tôt lors d'un symposium international sur l'aldostérone à Prague, ville qu'il nous avait fait visiter, le professeur René Mach (de Genève) et moi-même ainsi que nos épouses. Tout en admirant les châteaux et les plus beaux endroits de la région, il m'a fait part de son insatisfaction profonde du régime communiste et de ses craintes quant à l'avenir politique de la Tchécoslovaquie. Il pressentait les événements qui allaient survenir et redoutait la réaction des Russes vis-à-vis du « socialisme à visage humain » du président Dubcek. Il m'a alors confié que si les Russes venaient à envahir la Tchécoslovaquie, il ferait l'impossible pour s'enfuir au Canada.

Son auto était prête lorsque l'armée rouge est entrée dans Prague. Il y a entassé ses deux enfants, sa femme et le bagage précieux qu'il pouvait emporter et il est parti pour l'Autriche sur des routes dont tous les panneaux routiers avaient été chambardés pour désorienter les russes. Il a réussi à franchir la frontière juste avant qu'elle ne soit fermée. De Vienne, il m'a fait parvenir un télégramme pour me faire savoir que lui et sa famille s'étaient enfuis. J'ai rapidement fait les arrangements nécessaires avec le ministère des Affaires extérieures à Ottawa de sorte que lui et sa famille ont pu être parmi les premiers réfugiés tchèques à émigrer au Canada. Malcom

Brown nous a accordé des fonds pour l'accueillir immédiatement à titre de chercheur invité et Jacques Gélinas, qui était toujours sous-ministre à Québec, s'est montré aussi généreux en accordant à son intention un poste de chercheur « senior » supplémentaire dans notre budget.

Dès le début, Otto Kuchel s'est intégré à l'institut et au groupe de façon magnifique et il a apporté une contribution remarquable. Par ses recherches et son travail acharné, il est devenu un des principaux experts au monde sur le système nerveux sympathique et sur la dopamine dans l'hypertension. C'est aussi un esprit universel — un de ces cliniciens-chercheurs à l'européenne comme on n'en voit plus beaucoup maintenant — immensément cultivé, connaissant tout, s'intéressant à tout : musique, art, architecture, histoire...

Deux de nos anciens fellows avaient fait de longs séjours d'études aux États-Unis : il s'agit des docteurs Michel Chrétien et Jean Davignon. Ils avaient parfait leur formation dans les meilleurs centres américains et désiraient faire des carrières de cliniciens-chercheurs. Michel Chrétien alla à Harvard où il passa deux ans chez le professeur George Thorn, le même qui m'avait si bien conseillé en 1945, et, ensuite, quatre ans chez le célèbre chercheur Chao Hao Li, le grand expert des hormones pituitaires à cette époque. C'est avec lui que Chrétien isola la bêta-lipotropine et formula son concept de pro-hormone, la pro-opiomélanocortine (ou POMC), concept qui mena, grâce à la collaboration de Nabil Seidah, à la découverte des convertases. Michel Chrétien est un travailleur acharné et c'est lui qui fut responsable de la nouvelle aile de l'institut. Jean Davignon alla à la Clinique Mayo pendant deux ans puis à l'Institut Rockerfeller à New York où il passa trois ans avec le Dr Edward H. Ahrens, l'une des sommités dans le domaine du cholestérol. Aujourd'hui, Jean Davignon jouit d'une réputation internationale dans le domaine de l'athérosclérose et du traitement de ses manifestations. Homme de grande distinction, il possède une vaste culture en musique, en art et en littérature.

The most important indication of quality of any institution lies in the extent of external peer-reviewed support from external agencies. The Clinical Research Institute is outstanding in this respect. No matter which criteria were used, the Site Visit team was highly impressed with the quality of the research team of the Montreal Clinical Research Institute. The Institute compares most than favourably with similar types of institutions anywhere in the world, and the University of Montreal, the province of Quebec and Canada are fortunate to have such an excellent centre in their mist.

Rapport du « Site Visit » de septembre 1982 par le
Dr Louis Siminovitch, président ; Sir Chris Booth,
directeur du Clinical Research Centre de Grande-Bretagne ;
Dr Philippe Laudat, ancien directeur de l'INSERM ; et le
Dr Gabriel Plaa, vice-doyen de la recherche de l'Université de Montréal.

L'équipe de la clinique d'hypertension s'est rapidement complétée et élargie grâce à l'arrivée de nouveaux collaborateurs. Aux fellows en recherche qui venaient passer une, deux ou trois années avec moi se sont ajoutés progressivement plusieurs médecins « seniors » consultants, tels Julien Marc-Aurèle, Jean de L. Migneault, Léon Lebel, Vincent Béroniade de Roumanie (qui m'avait été recommandé par le professeur Paul Milliez de Paris), devenu chef du service de néphrologie de l'Hôtel-Dieu de Montréal, Léon Derome, Ernesto Schiffrin, Raul Garcia, Serge Quérin, Jean Cusson, Pierre Larochelle, Pavel Hamet, Paul Cartier, René Lefèbvre, Jean Charbonneau et plusieurs autres. L'équipe a aussi bénéficié à partir de la même époque de l'assistance précieuse des infirmières adjointes en recherche, Lucette Gauthier, Mireille Kirouac (1972-1986 et 1992-1988) et Marie-Ange Boutin (1974-1995) qui avaient un don incomparable pour mettre les patients en confiance et se montraient toujours disponibles pour répondre à leurs questions, les dépanner et consulter un des médecins si nécessaire.

En l'espace de quelques années, et en réalité beaucoup plus rapidement que ce que nous avions prévu, les laboratoires avaient pris tellement d'expansion que nous nous sommes retrouvés à l'étroit et que l'agrandissement de l'institut s'imposait.

Heureusement, j'avais laissé une porte ouverte sur l'avenir au moment de la première construction et demandé aux architectes de prévoir une structure assez solide pour recevoir éventuellement cinq étages supplémentaires. La structure était non seulement assez solide, mais elle était aussi pourvue d'un système de coussins amortisseurs entre les piliers du 1er et du 2e étage, système qui empêche que les vibrations des véhicules lourds se propagent de la rue jusque dans les laboratoires et ne viennent déranger les instruments de précision. Les Grecs avaient inventé ce procédé tel que j'ai pu le voir dans les ruines des temples à Agrigente, en Sicile. J'ai donc entrepris de faire faire les plans pour agrandir et augmenter le nombre de laboratoires sur les cinq étages prévus et ajouter une aile sur le côté ouest de l'institut pour y recevoir la clinique d'hypertension. En 1970, le gouvernement du premier ministre Jean-Jacques Bertrand, avec l'approbation du ministère de la Santé, nous accordait une subvention de 7 millions pour réaliser cette expansion.

Les travaux de construction ont commencé en 1974, malheureusement au plus fort de l'effervescence qui précéda les Jeux olympiques de Montréal en 1976. L'inflation vertigineuse des coûts de construction au cours de cette période de forte agitation syndicale est venue perturber nos projets en obligeant le ministre de la Santé Claude Castonguay à réduire les budgets de toutes les constructions hospitalières ou dépendantes du ministère de la Santé. Notre subvention a ainsi été brusquement réduite de 7 à 5 millions, une coupure de 2 millions que nous n'avons pu absorber qu'en sacrifiant sur la qualité des matériaux et en laissant l'intérieur du 6e étage inachevé et à l'état de coquille vide. Il faut toutefois noter que, pendant la même période, les coûts de toutes les autres constructions dépendantes du ministère des Affaires sociales ont dépassé de 25 à 100 % les montants octroyés à l'origine.

Malgré ces difficultés de parcours, la nouvelle expansion et les vingt-deux nouveaux laboratoires de l'institut étaient inaugurés l'année suivante en présence du premier ministre du Canada, Pierre Elliott Trudeau, du vice-premier ministre et ministre des Finances à Québec, Gérard D. Lévesque, de sœur Allard et du président de notre conseil d'administratioin, Marcel Piché. Pour l'occasion, nous avons dévoilé dans la salle d'attente de la nouvelle clinique une deuxième murale de Jordi Bonet de 3 m de hauteur sur 6 m de largeur ayant pour thème la pharmacologie clinique.

J'étais particulièrement fier — et je le suis toujours — de notre nouvelle clinique. Les salles d'examen y ont été conçues en équipe en s'inspirant des grandes cliniques suédoises et américaines que j'avais visitées et en mettant en commun l'avis de nos médecins et infirmières. Je les ai réunis au moment des travaux, avant que les murs intérieurs ne soient construits. Ensemble, nous avons marqué l'emplacement des murs sur le sol avec du ruban adhésif et travaillé jusqu'à ce que nous ayons trouvé la meilleure disposition et la dimension optimale pour les bureaux et les salles d'examens. Nous avons aussi décidé de les séparer par une cloison afin de donner plus d'intimité aux patients. Les bureaux et les salles d'examens ont été disposés autour de la salle d'attente afin de bien montrer que le patient était pour nous au cœur de la médecine et des soins médicaux. Nous avons mis à leur disposition des fauteuils confortables, des revues de tout premier ordre telles que le *National Geographic* et installé au pied de la murale de Jordi Bonet une longue fontaine rectangulaire dont le bruit de ruisseau a un effet calmant sur les patients que la visite médicale inquiète toujours un peu. Nous avons tellement bien réussi la disposition qu'elle a été imitée par de nombreuses autres cliniques par la suite.

Nous avons aussi profité des travaux d'agrandissement pour améliorer les installations existantes. La bibliothèque a été réaménagée, le centre audiovisuel agrandi et l'animalerie enrichie de sections spécialisées pour l'élevage des certains animaux pour des études particulières. Nous avons aussi créé un service de génie biomédical pour la réparation et la mise au point d'instruments scientifiques dont le but était d'économiser sur les frais de réparation en faisant nous-mêmes l'entretien des appareils scientifiques, mais qui est devenu avec les années un véritable laboratoire de recherche sous la direction de l'ingénieur Louis-Gilles Durand qui y a mis au point le stéthoscope électronique.

De nouveaux chercheurs se sont joints à l'équipe à ce moment-là : Peter W. Schiller, Paul Jolicœur, Nabil Seidah, Raul Garcia, André de Léan, Jacques Drouin, Pavel Hamet, Trang Hoang et d'autres encore...

L'agrandissement de l'institut ramenait cependant le problème du budget de fonctionnement — devenu trop mince pour absorber les frais d'opération occasionnés par les nouveaux laboratoires, les nouveaux services et les nouveaux chercheurs associés à l'équipe — mais que les hauts fonctionnaires de Québec refusaient d'ajuster en proportion de l'envergure nouvelle de l'institut. Il manquait exactement 600 000 $ par année à notre budget.

Voyant l'opposition des fonctionnaires, le conseil d'administration a demandé une audience au premier ministre Robert Bourassa. En réponse à notre requête, celui-ci a coupé la poire en deux et nous a accordé une augmentation annuelle de 300 000 $. Sur l'instant, je me suis dit que mieux valait recevoir la moitié que de ne rien recevoir du tout. J'ai donc accepté, quitte à revenir à la charge plus tard. Je ne me doutais cependant pas encore à quel point nous allions faire l'objet d'un « merry go round » bureaucratique. Nous nous sommes fait ballotter d'un bureau à l'autre, du ministère de la Santé au Conseil du Trésor, pour finalement revenir à notre point de départ. Nos lettres et nos appels téléphoniques sont restés sans réponses. Cela a duré des mois. Nous avons attendu et en fin de compte, l'argent annoncé ne s'est jamais matérialisé tel que promis.

Les élections de 1976 ont porté un nouveau gouvernement au pouvoir et nous ont permis d'espérer un changement d'attitude. Je suis donc retourné à Québec afin de rencontrer le nouveau ministre des Affaires sociales, le Dr Denis Lazure, qui a bien voulu prendre nos besoins en considération. Trois ans plus tard, en mars 1979, il est venu à Montréal annoncer lors d'une conférence de presse que le gouvernement nous accordait enfin 300 000 $ pour compléter le 6e étage et assurer les frais annuels d'opération.

Curieusement, les chèques nous sont parvenus directement de l'Hôpital de Verdun. Le sous-ministre du temps, Jean-Claude Deschênes, auprès de qui je m'en étais étonné, m'a simplement conseillé de ne pas poser de question. Malheureusement, sans qu'on puisse en connaître la raison, les chèques nous sont parvenus pendant deux ans, après quoi nous n'en avons jamais eu d'autres nouvelles, malgré toutes nos réclamations répétées. Nous avions engagé des chercheurs et des employés et prévu des dépenses en fonction de ce budget. Nous n'avons pu rien obtenir. Pendant cette période où nous avons « traîné » un déficit d'environ 300 000 $, il nous a fallu réduire le personnel administratif et d'entretien à un squelette, profiter des départs volontaires et attendre parfois jusqu'à neuf mois avant d'effectuer un remplacement !

En dépit de ces difficultés, l'institut progressait et devenait peu à peu l'institution qu'il est aujourd'hui, avec ses traditions et ses personnages.

L'une de ces traditions, celle des conférences Pfizer, est sans doute la plus ancienne. Elle est née au tout début de l'institut lors d'une campagne de souscription au cours de laquelle Me Piché et moi avions sollicité l'aide de diverses compagnies pharmaceutiques. Le directeur médical de la compagnie Pfizer, le Dr Desmond Leigh, avait alors eu une idée brillante : au lieu de nous donner une somme importante pour créer un laboratoire qui porterait le nom de la compagnie, il a suggéré de nous accorder une subvention annuelle qui servirait à inviter périodiquement des conférenciers à l'Institut. Nous avons accepté avec enthousiasme. C'est ainsi que chaque semaine de l'année universitaire et depuis 1967, nous avons pu faire venir des experts dans des domaines choisis. La subvention annuelle de la compagnie Pfizer couvrait les dépenses de voyage et de séjour et permettait un honoraire. Cette belle initiative a été généreusement maintenue jusqu'à aujourd'hui par Gordon Fehr, lui aussi ancien président de Pfizer et homme remarquable. C'est ainsi que beaucoup de grands hommes de la médecine américaine, canadienne et européenne — dont plusieurs lauréats du prix Nobel — sont venus à l'IRCM à titre de conférenciers et attiraient des auditeurs de McGill et des hôpitaux universitaires.

Un appartement de séjour a été aménagé pour nos conférenciers au moment de compléter le 9e étage de l'institut. Ils y disposent d'une chambre, d'un salon, d'un coin bureau avec pupitre, de leur propre ligne téléphonique et d'une cuisinette — un peu comme à la maison. L'institut économise ainsi sur les frais d'hôtel, mais retire en plus l'avantage de garder le conférencier sur place et de permettre aux étudiants ou aux chercheurs de pouvoir le visiter facilement s'ils désirent discuter avec lui.

Une autre tradition est l'anniversaire de l'institut, célébré chaque année le 17 avril, en souvenir du jour de son inauguration en 1967. Nous remettons au cours de la célébration un cadeau aux employés qui travaillent avec nous depuis une vingtaine d'années afin de les remercier de leur fidélité et nous profitons de l'occasion pour souligner le départ de ceux qui nous quittent ou qui partent à la retraite. Dans le même esprit, Marcel Piché avait établi un prix en argent qui porte son nom et qui était remis chaque Noël au chercheur reconnu pour avoir fait la meilleure contribution scientifique durant l'année ou les dernières années.

Quelques personnages mémorables nous ont été fidèles pendant de nombreuses années et ils appartiennent désormais à la tradition orale de l'institut.

Gaétan Blanchard, qui pendant plus de vingt-cinq ans a été surintendant, est l'un d'eux. C'était un homme d'un dévouement total, toujours prêt à faire le travail qu'on lui demandait — et jamais le lendemain ou la semaine suivante, mais toujours tout de suite. On lui doit les fameuses parties de ballon-balai de l'institut, les parties de sucre au printemps, les épluchettes de blé d'Inde en septembre et les meubles canadiens qu'il fabriquait lui-même pour les tirages aux diverses fêtes de l'institut. Ceux qui l'ont connu se souviendront surtout du légendaire castor qu'il se faisait un plaisir de montrer à tous les nouveaux employés des laboratoires. Les anciens se faisaient souvent son complice et excitaient la curiosité des nouveaux venus en leur parlant du fameux « castor-à-Gaétan ». Il arrivait que les nouveaux demandent d'eux-mêmes à le voir, certains allant même jusqu'à se donner la peine d'apporter des légumes pour le nourrir dans l'espoir de l'apercevoir. Mais lorsque Gaétan ouvrait la boîte pour le leur montrer — sous les rires de tous ceux qui étaient présents —, la personne prise au piège ne trouvait que le castor frappé sur une pièce de cinq cents !

Lucien Lapierre est un autre personnage mémorable de l'institut. On lui doit, entre autres, l'installation de douches dans l'animalerie. Et pour cause ! Il avait à sa charge les mini-cochons dont Jean Davignon et son équipe se servaient pour leurs travaux sur le cholestérol. Lapierre était un homme extrêmement fort qui soulevait à lui seul des cochons de 50 à 70 kg et qui pouvait les maintenir immobiles pendant les prises de sang. Un jour, il m'a dit : « Docteur, quand je sors de l'institut, j'sens tellement le cochon que dans l'autobus tous les gens s'éloignent de moi ! » Du coup, nous avons fait installer des douches près de l'animalerie !

Nous avions aussi un concierge — notre dernier concierge — qui restait dans un petit appartement à la porte d'entrée du garage. Malheureusement, il est devenu très sourd avec le temps et il parlait très fort, et d'autant plus fort qu'il ne s'entendait pas bien lui-même. Ce handicap posait certains problèmes à ceux qui téléphonaient à l'institut après les heures ouvrables alors qu'il était le seul à répondre et pour cette raison, il fut muté et nommé responsable de la propreté sur un étage. Par la suite, un jour où je le félicitais de la qualité de son travail, il m'a dit : « Dr Genest, je suis bien content d'être ici, et je ne sais pas comment vous remercier. Vous savez, la poussière et pis la recherche, ça ne va pas ensemble. »

Nous avons toujours tenté d'inculquer au personnel de l'administration, de l'entretien et des divers services l'idée qu'ils étaient tous au service de la recherche. Ces paroles valent la peine d'être rapportées, car on ne trouve pas beaucoup d'institutions où les employés ont un tel sens de l'appartenance et de la participation. Lorsqu'une institution est parvenue à ce qu'un employé comprenne l'importance pour la recherche en laboratoire d'un travail d'apparence aussi modeste que le ménage, c'est qu'on a réussi quelque chose. Ses paroles m'ont touché profondément.

L'assurance-maladie

À l'époque de l'ouverture de l'institut, on discutait beaucoup de l'assurance-maladie. La commission Castonguay, mandatée pour enquêter sur la santé et le bien-être social au Québec, avait cette année-là déposé son rapport et recommandé l'assurance-maladie universelle et gratuite pour tous les citoyens de la province.

Je connaissais bien la question. J'avais même été un des premiers, dès 1958, à réclamer l'assurance hospitalisation obligatoire au Canada et au Québec. Le régime d'assurance-maladie que proposait la commission était cependant différent de l'assurance hospitalisation, et même encore plus complet que le Service national de santé d'Angleterre dont l'exemple montrait qu'il était aussi très difficile de contrôler les coûts d'un système aussi complexe. En 1948, l'année de sa création, les « économistes experts » du gouvernement anglais avaient évalué le coût du Service national de santé à 440 millions de livres par année : moins de deux ans plus tard, le chancelier de l'Échiquier avait dû imposer un plafond de 1,2 milliard à cause des abus et des coûts trop élevés des services. La facture avait été si élevée et imprévue qu'il avait été à peu près impossible dans les années qui ont suivi de trouver l'argent nécessaire à la construction de nouveaux hôpitaux, de nouvelles facultés de médecine ou même d'améliorer les infrastructures médicales existantes. En peu de temps, le coût énorme de ce service d'assurance-maladie avait littéralement étouffé la médecine anglaise, minant le moral de nombre de chercheurs et de médecins britanniques dont beaucoup, voyant la stagnation des infrastructures et du progrès médical, avaient émigré aux États-Unis, au Canada ou en Australie.

J'avais eu la chance au cours de mes voyages d'observer l'organisation et la qualité des services de santé dans les pays communistes et de les comparer à ceux d'Amérique du Nord. J'avais pu y constater les gâchis de la bureaucratie dont la seule compétence administrative et la soif de pouvoir tendent à tout soumettre à ses organigrammes et à tout uniformiser dans le sens du plus facile, du plus pratique, du plus classifiable, c'est-à-dire — comme le prouve l'expérience universelle — du plus médiocre. Je craignais que l'assurance-maladie, si elle venait à être implantée au Québec, n'entraîne une stagnation de la recherche, de l'enseignement et des installations hospitalières semblable à celle vécue en Angleterre ou dans les pays communistes. J'étais particulièrement perplexe et troublé devant l'attitude doctrinaire de certains politiciens, sociologues et bureaucrates dont les idées étaient souvent fondées sur des théories ou des préjugés dogmatiques et intransigeants.

> Nul mieux que le médecin sait que beaucoup ne peuvent jouir des avantages d'un diagnostic précoce et de consultations répétées ou d'hospitalisation, par suite d'impossibilités financières. Le médecin sait aussi que la très grande majorité des plans actuels de l'assurance-maladie ne donnent pas suffisamment de protection à l'assuré, surtout en ce qui regarde les maladies chroniques, les maladies dites catastrophiques, ou la convalescence prolongée pendant laquelle le patient ne peut pourvoir à sa famille. Des réformes importantes sont nécessaires, voire urgentes, et l'assurance-hospitalisation obligatoire est susceptible d'apporter de grands bienfaits à notre société.
>
> Conférence sur « La nécessité d'une commission d'étude sur l'assurance-santé et l'assurance-hospitalisation du Québec », Club Richelieu de Québec, 12 novembre 1958. Également dans *Relations*, avril 1959, et l'*Action médicale*, août 1960.

Dès 1959, j'avais exprimé publiquement mes réserves sur l'assurance-maladie obligatoire et universelle. Si l'assurance hospitalisation m'avait semblé une chose nécessaire compte tenu du coût de plus en plus élevé des services hospitaliers, il en allait autrement du régime universel proposé par la commission Castonguay-Nepveu. Le nouveau régime me paraissait beaucoup plus difficile à organiser, ne serait-ce qu'à cause de l'absence d'infrastructures et de personnes compétentes ayant une quelconque expérience des milieux hospitaliers pour administrer un régime aussi vaste. Déjà les prévisions des commissaires faisaient craindre les mêmes sous-estimations que celles des coûts du système de santé britannique. Il me semblait en outre superflu d'y inclure la pratique médicale de bureau où on trouvait beaucoup de compassion et dont le coût était beaucoup plus abordable pour les patients.

J'ai toujours cru que la compétence doit déterminer la rémunération différentielle pour toutes les professions et tous les métiers. Il me paraît logique, lorsqu'on tombe malade, de vouloir consulter celui qu'on pense être le meilleur médecin, capable de diagnostiquer avec précision la maladie et d'indiquer le meilleur traitement à suivre. Il me paraît tout aussi normal de consentir à payer plus cher la consultation lorsqu'on sait que la guérison sera plus rapide et que les soins reçus coûteront moins cher au bout du compte. En ce sens, l'esprit du système d'assurance-maladie, qui faisait de la médecine une étape de production dans la chaîne de montage d'une industrie comme pour les concessionnaires d'automobiles en lui enlevant toute sa richesse d'humanité, de compassion, me semblait contraire au principe de liberté et de démocratie. Beaucoup de médecins refusaient de se soumettre à ce nivellement

égalitariste et brutal que leur imposaient des politiciens et des fonctionnaires ignorants de la chose médicale et qui allait faire d'eux des sous-fonctionnaires de l'État.

Il est vrai qu'il y avait eu quelques abus — comme il y en a dans tous les
domaines — sur lesquels les médias avaient outrageusement insisté de même qu'il
est vrai que certains médecins demandaient des honoraires trop élevés. Il s'agissait
cependant d'une petite minorité. Plus de 90 % d'entre eux faisaient une médecine
honnête, éclairée et au meilleur de leurs connaissances. À partir des abus de quelques-uns, on assimilait l'ensemble des médecins à des marchands qui ne pensaient
qu'à défendre leurs intérêts.

Il est vrai aussi que la réaction de certains médecins a parfois été excessive et
qu'il y a eu de leur part des menaces de grève et de journées d'étude dont quelques-
unes se sont concrétisées. J'y étais personnellement opposé et je l'ai fait savoir publiquement. J'estime que les grèves sont des crimes contre les malades et qu'en
aucun temps, les médecins ne devraient succomber aux discours démagogiques de
certains extrémistes de la profession et s'y laisser entraîner, au risque de perdre la
grande confiance que le public québécois a toujours eu en eux. La santé et la vie
d'une personne sont des actifs sacrés et je crois qu'il y a des moyens de faire pression sur le gouvernement plus efficaces que la grève et que de paralyser le système
sans que la disponibilité et la qualité des soins médicaux ne soient touchées.

Il reste que beaucoup d'hommes publics et de consultants gouvernementaux
affichaient une grande méfiance des médecins dont on voulait supprimer le soi-disant pouvoir — comme si l'équipe de soins ne devait pas être sous l'autorité des
médecins ! La réaction de ces derniers était très compréhensible dans la mesure où
on les a tenus délibérément à l'écart des réformes, chose d'autant plus injuste pour
eux et les patients que certains, même s'ils refusaient de se faire enrégimenter, étaient
prêts à y collaborer généreusement. À tous les points de vue — planification, budget, politiques d'orientation, organisation, etc. —, l'assurance-maladie a été faite
par les seuls fonctionnaires, à l'exclusion des vrais experts du domaine de la santé,
malgré les nombreux ratés de la réforme. J'ai écrit de nombreux articles dans les
journaux afin de réclamer la participation de membres de la profession médicale et
des professions paramédicales à tous les niveaux décisionnels, mais en vain. Pendant près de quinze ans, il n'y aura pratiquement aucun médecin à aucun des comités
du ministère de la Santé et des Services sociaux. Ce n'est que tardivement, dans les
années 1980, que les fonctionnaires ont commencé à partager un peu de leur autorité
et à tolérer qu'un ou deux médecins siègent à ces comités où ils avaient de toute
façon la grande majorité.

Les affrontements et les contestations d'arrière-garde entre le gouvernement
et les médecins ont été si nombreuses qu'à la longue, ces derniers se sont démotivés
et désintéressés de toute forme de participation. Jamais on ne leur demandait leur
avis ; des décisions rétrogrades ou stupides se prenaient. Il fallait toujours se battre
et protester. Les bévues des fonctionnaires étaient parfois corrigées, mais après

combien de temps ? Et dans l'intervalle arrivaient d'autres décisions stupides contre lesquelles il fallait encore protester... C'était toujours à recommencer. Et tandis que les médecins, fatigués, se désintéressaient de la question et perdaient toute motivation, les fonctionnaires n'avaient qu'à attendre pour accroître leur pouvoir et leur contrôle.

Du Conseil de recherches médicales du Québec au Fonds de la recherche en santé du Québec

L'une des faiblesses des recommandations faites par les commissaires de la commission Castongay-Nepveu était d'ignorer, dès le départ, le fait élémentaire que la médecine est une science en folle évolution. Comment une bureaucratie ignorante de la chose médicale pouvait-elle suivre le rythme des développements extraordinaires de l'équipement scientifique, de l'enzymologie, de l'immunologie ou de la biochimie et se retrouver dans un tel foisonnement scientifique en se privant des conseils et de l'apport des experts de la profession médicale ?

À leur décharge, il faut se rappeler que la recherche biomédicale était encore un phénomène nouveau dont on avait — comme c'est encore souvent le cas aujourd'hui — une idée assez confuse. Beaucoup de gens n'en saisissaient pas l'utilité. Certains allaient jusqu'à prétendre que le Canada avait des ressources humaines et financières trop limitées pour s'occuper de recherche, que nous devions plutôt nous contenter de tirer bénéfice des recherches faites par nos voisins américains et concentrer nos efforts sur le développement et sur les applications sociales de découvertes faites ailleurs.

Le succès du CRMQ avait été rapide et d'année en année, les demandes de subventions des chercheurs se faisaient plus nombreuses. Le CRMQ se voyait incapable de répondre adéquatement à cette affluence et de soutenir la croissance incontestable de la recherche biomédicale. Excédés de se heurter aux refus répétés de hausser son budget, les membres du conseil n'ont eu d'autre choix que de menacer le gouvernement de démissionner en bloc si aucune amélioration n'était apportée au budget ! Si la crise a pu être résorbée, c'est encore une fois grâce au talent de diplomate et à la sagesse de Jacques Gélinas qui a réussi à persuader le ministre Alphonse Couturier d'augmenter le budget du CRMQ à 300 000 $ et d'y ajouter encore 250 000 $ pour l'achat d'équipement scientifique destiné aux laboratoires de recherche dans les hôpitaux.

En réalité, mis à part quelques personnalités exceptionnelles comme Jacques Gélinas, le ministère de la Santé manifestait peu d'intérêt pour le CRMQ. On sentait même une forte résistance de la part des fonctionnaires du ministère à lui concéder quelque autonomie que ce soit. Le fond du problème était que l'autonomie du CRMQ et le contrôle que les chercheurs y exerçaient irritaient les fonctionnaires qui y voyaient un foyer de résistance à l'extension de leurs pouvoirs. Tout au cours des années 1970, selon une stratégie orchestrée, ils chercheront par tous les moyens à contrer les médecins et à réduire leur influence sur la recherche biomédicale. C'est dans cette logique qu'une étude sur « La recherche clinique en affaires sociales » a été confiée par Jacques Brunet, le sous-ministre du temps en 1973, à un physicien, ancien vice-recteur de l'Université Laval, et dont le but évident était d'inclure les affaires sociales dans la recherche clinique. On y définissait d'emblée la recherche-clinique comme « une recherche scientifique se faisant en liaison étroite avec les personnes qui sont l'objet d'un service compris dans le domaine des affaires sociales et dans leur proximité » (sic). Cette étude a eu pour résultat la transformation du CRMQ par le ministre Claude Forget en Conseil de la recherche en santé du Québec (CRSQ) dont le mandat couvrait désormais non seulement la recherche en médecine, mais aussi celle en « santé » et en affaires sociales.

Le CRSQ allait durer jusqu'en 1981, année où le gouvernement du Québec se dotait d'un nouvelle politique de recherche et créait à sa place le Fonds de la recherche en santé du Québec selon les directives du ministre Camille Laurin. Malheureusement, cette nouvelle politique, élaborée sous l'influence de certains sociologues qui n'avaient aucune connaissance de la vraie recherche scientifique, accentuait la tendance déjà prise par le CRSQ. Le développement de la recherche s'y voyait désormais déterminé par objectifs socioéconomiques tels que les maladies les plus fréquentes, la prévention, l'importance des populations, les ressources techniques disponibles, les priorités dites nationales, etc., de sorte que la recherche s'est trouvée soumise à des critères sociaux plutôt qu'à des critères d'excellence scientifique. On y incluait la compilation de données, les analyses statistiques, les revues des connaissances antérieures, etc. — toutes des choses qui sont considérées comme des préalables ou des compléments par les vrais chercheurs, mais non comme de la recherche « dure ». De telles études statistiques sont utiles et importantes, mais non sur le même plan que la recherche du comment et du pourquoi immédiats des mécanismes des maladies.

Cette politique a aussi le double défaut de stimuler l'émergence de centres de recherche avant qu'il n'y ait une masse critique de chercheurs bien préparés dans ces domaines et de ne pas définir ce que devait être la formation et la préparation scientifiques du chercheur. On a ainsi confondu le professionnalisme et l'amateurisme en favorisant une recherche-clinique faite par des personnes sans véritable formation. C'était une erreur, car l'expérience montre que là où il n'y a pas de ressources humaines bien formées, on risque de s'enliser, de stagner et de gaspiller un argent précieux.

Ce fut une période d'autant plus difficile pour l'institut que Jacques Gélinas fut forcé de laisser son poste de sous-ministre en 1970. Comme il avait manifesté ses réticences sur certains aspects de l'assurance-maladie, M. Castonguay avait exigé et obtenu de M. Bourassa qu'il soit remplacé par son jeune collaborateur, M. Jacques Brunet. Natif de la ville de Québec, Jacques Brunet a manifesté beaucoup moins de compréhension pour l'institution montréalaise qu'est l'IRCM. Au début des années 1980, il a quitté le ministère pour prendre la direction générale du Centre hospitalier universitaire de Laval à Québec où l'avait fait nommer M. Castonguay, qui en était devenu entre-temps président du conseil d'administration. M. Brunet a démissionné après avoir accumulé un déficit de près de 18 millions et à l'issue d'un rapport accablant sur sa gestion.

Au cours des années 1970, on a délibérément cherché à freiner le développement de l'IRCM. Ce mauvais vouloir se traduisait jusque dans les budgets, si bien que pendant dix ans, il nous a été impossible de progresser et d'engager de nouveaux directeurs de laboratoire. Pendant ce temps, des subventions allaient à d'autres centres qui n'avaient pas toujours la masse critique de chercheurs pour justifier les fonds qu'on leur donnait. On est même allé, sous prétexte que l'institut n'était pas un hôpital, jusqu'à nous retirer l'exemption de la taxe provinciale qu'ont normalement les hôpitaux. Nous avons été obligés de payer 9 % de taxe sur tous les achats et il a fallu dix ou douze ans avant que la situation ne soit corrigée. Pendant toutes ces années, nous avons payé des dizaines de milliers de dollars en taxe provinciale dont tous les autres centres de recherche en milieu hospitalier étaient dispensés.

Un autre exemple plus récent est le programme spécial qui, créé pour encourager la recherche clinique, octroyait 150 000 $ par année pour subvenir aux frais des cliniques, du personnel infirmier ou autre. En dépit de la recommandation formelle d'un comité du FRSQ, cette subvention n'a jamais été accordée à l'IRCM, tandis qu'elle a été octroyée à la plupart des centres de recherche dans les hôpitaux. C'était une injustice flagrante et sérieuse.

Il faut aussi mentionner la minime représentation des chercheurs de l'IRCM au sein des nombreux comités du FRSQ. Sauf une exception, aucun membre de l'IRCM ne s'est vu accordé un siège au conseil d'administration du FRSQ : nous comptions à peine pour 1,5 à 2 % des membres sur 250.

La politique des centres « en émergence » jouait aussi contre nous. Elle avait pour effet de mettre sur un même pied les petits centres nouvellement créés et les centres d'excellence bien établis qui, comme l'IRCM, avaient déjà fait leurs preuves. On soumettait tous les centres aux mêmes exigences de contrôle de budgets, d'évaluation et de nominations des directeurs. Nous nous sommes évidement opposés à cette politique pour exiger un statut particulier semblable à celui de l'Institut Pasteur à Paris. Non seulement cela a été refusé, mais le FRSQ a exigé d'évaluer lui-même l'IRCM, laissant entendre que les savants invités à évaluer la performance de l'institut et de ses chercheurs étaient des amis et prenaient d'avance parti en notre faveur ! Comme si on pouvait influencer des gens aussi éminents et respectés que le directeur de l'INSERN de France, le directeur des recherches internes du National Institute of Health ou le directeur scientifique du Centre de recherches cliniques d'Angleterre pour qu'ils fassent un rapport d'amitié !

Malheureusement, nous avons aussi éprouvé beaucoup de difficultés de la part de quelques collègues qui jalousaient l'institut et l'autonomie de ses chercheurs et qui enviaient leurs moyens ou le fait qu'ils étaient libérés des charges d'enseignement et des multiples comités auxquels ils étaient eux-mêmes astreints dans les universités et les hôpitaux. Beaucoup faisaient notre éloge en public, vantaient l'apport de l'institut, nous décrivaient comme « la maison-mère » de la recherche biomédicale et le « vaisseau amiral » de la recherche clinique au Québec, mais dans les faits, ils donnaient l'aval aux restrictions que nous imposaient les fonctionnaires.

Ce qui est regrettable dans tout cela, c'est que les gestionnaires se sont montrés surtout intéressés à la mise en application d'organigrammes lourds et centralisateurs. Au lieu de donner aux directeurs des centres de recherche la flexibilité et la rapidité décisionnelle qui est si importante en recherche, on a plutôt développé des structures et des outils de contrôle pour l'évaluation des centres, la nomination de leurs directeurs et le choix des chercheurs du programme des boursiers chercheurs. On a gaspillé beaucoup d'énergie à des énoncés détaillés d'objectifs, de missions, de créneaux prioritaires, de mise en accord avec les politiques du gouvernement, etc., mais en perdant de vue les éléments fondamentaux qui animent la vraie recherche universitaire.

Heureusement, la reconnaissance nationale et internationale des travaux de l'institut et les nombreux honneurs attribués à ses membres nous protégeaient d'une certaine façon contre ces jalousies et ces mesquineries. Je pense ici aux prix Gairdner, Manning, Killam, Marie-Victorin, Armand-Frappier, Galien, Starr, Vigneault, Stouffer (de l'American Heart Association), de la Banque Royale ; aux doctorats honorifiques de Rockefeller, de Liège, de Montpellier, de Paris, de Lille, de McGill, de Toronto et autres ; à l'enregistrement de mes mémoires dans la série « Leaders in American Medicine » de la National Library of Medicine des États-Unis et de l'Université Harvard, et j'en passe. Tous ces honneurs retombaient sur l'institut et faisaient que nous imposions un certain respect que venait confirmer à l'occasion l'appui de gens éminents — des lauréats du prix Nobel et des personnalités influentes du monde des affaires — qui sont intervenus en certaines occasions en notre faveur. Ils ont souvent dû faire comprendre que l'institut était un joyau du Québec et qu'en essayant de le contrôler, on risquait de le tuer.

La compagnie Merck inc.

Que ce soit dans le cadre de nos recherches ou pour des études cliniques faites sur les nouveaux médicaments, l'institut et le groupe de recherche en hypertension ont toujours gardé des relations étroites avec diverses compagnies pharmaceutiques.

L'une des plus importantes et des plus respectées parmi celles-ci est la compagnie américaine Merck inc., dont je connaissais bien le directeur de la division canadienne, le Dr R.S. Stuart. Je l'avais rencontré en 1970 lorsque Merck avait construit à Kirkland son premier édifice dédié à la recherche et qu'il m'avait demandé de présider et d'organiser un symposium sur la recherche biomédicale au Canada pour souligner l'événement. Tous les grands leaders de la recherche canadienne y étaient venus, des gens aussi respectés que les Drs C. Fortier, B. Belleau, L. Siminovitch, J.F. Mustard, D. Bates, R. Boucher, M. Nickerson, B.C. Chown, J.-P. Cordeau, G. Dixon, H. Copp et A. Barbeau. Le symposium avait été une réussite.

Je n'avais donc aucune raison d'être surpris lorsque deux ans plus tard, Dr Stuart m'a téléphoné pour me dire que le président de la compagnie souhaitait me rencontrer. J'imaginais simplement que ce devait être en rapport avec nos recherches à l'institut. J'ai accepté, bien sûr, m'attendant à une rencontre ordinaire et je n'ai posé aucune question. Nous avons convenu de déjeuner ensemble au Club Saint-Denis quelques jours plus tard. Je me chargeai des réservations.

Au jour et à l'heure fixés, je suis descendu dans le hall de l'institut où j'ai eu la surprise de me trouver face au président et chef de la direction de Merck, Henry Gadsden, de même qu'en présence du chef des opérations, Anthony Knoppers : les deux personnages les plus importants de la compagnie. Tandis que nous échangions les poignées de main d'usage, j'ai remarqué, bien visibles à travers la baie vitrée de l'institut, le chauffeur et la limousine de quelque 6 m de long qui nous attendaient à la porte... J'ai alors commencé à me douter que l'affaire devait être importante. Je me suis excusé un moment afin de demander discrètement à la réceptionniste de téléphoner au Club Saint-Denis pour y faire changer la table que j'avais réservée dans la salle à dîner pour un salon particulier.

Nous avions l'habitude d'accueillir beaucoup de visiteurs étrangers et je trouvais plus agréable de les recevoir au club, qui dispose de petits salons particuliers, plutôt que dans l'un ou l'autre restaurant où il est parfois difficile de converser à l'aise. Le club possède en outre de plus grandes salles pouvant recevoir jusqu'à une centaine de convives, ce qui en faisait un endroit commode pour les réceptions. C'est aussi un endroit très bien tenu, avec une excellente cuisine et dont les murs sont décorés de toiles de nos plus grands peintres — des Jackson, des Suzor-Côté, des Marc-Aurèle Fortin, etc. — qui ont été données par les membres.

Lorsque je suis arrivé au club avec les deux représentants de Merck, tous les salons particuliers étaient déjà occupés. On avait cependant réussi à nous aménager une table dans un petit salon qui d'ordinaire n'était pas utilisé pour les repas. Au cours de la conversation, je cite le nom de George Herbert Walker de Wall Street, que M. Gadsden connaissait bien lui aussi. L'effet a été positif : cela nous faisait un point en commun, nous étions un peu comme en famille, en confiance.

Puis estimant sans doute que le moment était opportun, Gadsden est entré dans le vif du sujet et m'a offert de devenir directeur de la compagnie. J'ai d'abord compris qu'il m'offrait la direction médicale de Merck et j'ai évidemment été très étonné. Ma réaction, tout de suite, a été de refuser le poste, lui expliquant que je ne pouvais pas quitter un institut que j'avais moi-même fondé et qui avait ouvert ses portes à peine cinq ans plus tôt, que par ailleurs, mes recherches allaient très bien et que je préférais avant tout poursuivre ma carrière de chercheur.

Henry Gadsden m'a alors gentiment précisé que ce n'était pas du poste de directeur médical dont il était question, mais plutôt de celui de directeur et de membre du conseil d'administration de la compagnie. Il ne s'agissait pas d'un travail à temps plein, mais de me rendre une fois par mois au siège social de la compagnie, à Rahway, au New Jersey, pour les réunions du conseil. Cela signifiait, en pratique, un total de dix réunions par année, dans la mesure où le conseil ne se réunissait pas en août ni en janvier. On viendrait me chercher à l'aéroport, on irait ensuite m'y reconduire, l'engagement exigeait peu de temps.

Tandis qu'on m'expliquait les détails, je réfléchissais à ma réponse. Les synapses de mon cerveau fonctionnaient à toute vitesse. Pour quelles raisons étaient-ils venu me chercher ? Tout ce que j'ai pu apprendre est qu'il y avait eu un départ parmi les membres du conseil d'administration et qu'ils voulaient le remplacer par un homme de science compétent dans les domaines de l'hypertension et des maladies cardio-vasculaires où Merck avait des intérêts.

Le gouvernement fédéral venait d'adopter une loi (la loi C-22) qui plafonnait dorénavant les droits intellectuels et les brevets pharmaceutiques à quatre ans. Cette loi était une épine dans le pied des compagnies pharmaceutiques telles que Merck qui dépensent des sommes fabuleuses pour la recherche et la mise au point de nouveaux médicaments. Je connaissais un peu les procédés, le temps, le travail et surtout l'argent qu'il faut pour développer un médicament depuis l'observation initiale du chercheur jusqu'à ce que la première pilule arrive sur le marché. Lorsqu'on sait qu'il faut plus d'une dizaine d'années et près de 400 millions de dollars américains pour mettre au point un médicament, on comprend pourquoi les médicaments peuvent être si dispendieux. En quelques années, c'est-à-dire le temps pendant lequel le brevet lui appartient, la compagnie doit non seulement récupérer les millions investis, mais aussi accumuler suffisamment de profits pour se donner les moyens de réinvestir dans de nouvelles recherches. Une fois le brevet arrivé à terme, d'autres fabricants peuvent reproduire le médicament à leur gré et le vendre beaucoup moins cher dans la mesure où ils n'ont pas les mêmes dépenses de recherche à amortir. La compagnie qui l'a mis au point doit alors baisser son profit si elle veut continuer à pouvoir le vendre à un prix concurrentiel.

La loi C-22 raccourcissait la durée du brevet et obligeait les compagnies qui faisaient de la recherche à amortir leurs investissements dans un délai beaucoup plus court. Pour faire leurs frais, elles n'avaient d'autre choix que de hausser le prix de leurs médicaments à des tarifs élevés et hors de portée pour de nombreux patients. La recherche devenait ainsi beaucoup moins rentable et intéressante pour les compagnies pharmaceutiques. Il va sans dire que je m'opposais à cette loi dont l'effet principal, en bout de ligne, était de nuire à la créativité des chercheurs et à la recherche fondamentale. J'avais même déclaré lors du discours que j'ai prononcé à l'ouverture du symposium que j'avais organisé pour Merck en 1970 que les compagnies pharmaceutiques risquaient d'aller s'établir ailleurs qu'au Canada si la loi n'était pas amendée. J'avais, entre autres, cité quelques exemples. Le président de Laboratoires de recherches de Merck & Co., le Dr L.H. Sarett, de même qu'un représentant de la direction étaient présents lorsque j'avais fait cette déclaration. Il n'est pas impossible que mes propos aient retenu leur attention.

À la fin du repas, j'ai dit à Gadsden que j'acceptais. Celui-ci a sorti de sa poche le texte du communiqué de presse annonçant ma nomination et m'a demandé si j'en approuvais la formulation... L'entente s'est faite ainsi, le plus simplement du monde, et la nouvelle a été publiée dans les journaux quelques jours plus tard.

Le prestige de la compagnie Merck dans les domaines universitaire et professionnel est un des éléments qui m'ont incité à accepter la proposition. De toutes les compagnies pharmaceutiques au monde, Merck est celle qui entretient le plus de contact avec le monde universitaire et qui consacre le plus d'argent à la recherche, soit actuellement près de deux milliards de dollars américains chaque année ! Son succès — ses revenus qui étaient de 700 à 800 millions à l'époque dépassent aujourd'hui les 20 milliards de dollars américains — provient d'ailleurs en grande partie, justement, de cette politique et démontre à quel point investir dans la recherche est profitable. Une leçon que nos gouvernements auraient avantage à retenir.

J'ai beaucoup appris de cette expérience. Le monde de la haute finance et de l'industrie était pour moi quelque chose de tout à fait nouveau. J'ai dû m'habituer à jouer avec des sommes astronomiques et ajouter deux ou trois zéros à la fin de tous les montants d'argent auxquels j'étais habitué dans l'administration de l'institut. J'ai dû me familiariser avec des domaines qui m'étaient totalement étrangers, apprendre sur le tas des choses aussi éloignées de mes préoccupations scientifiques que les systèmes de taxations américains. J'ai dû aussi m'habituer à assumer de plus lourdes responsabilités.

C'était un poste délicat dans la mesure où la tâche qui m'était confiée pouvait favoriser les situations de conflit d'intérêt. Dès le début, j'ai dû me donner des balises et tracer clairement ma ligne de conduite. Je continuais à participer aux symposiums internationaux, à toutes les rencontres sur l'hypertension, mais je refusais d'y prononcer des conférences dès l'instant où il y serait question du traitement ou d'un médicament. Je n'étais en réalité plus libre de mes paroles comme autrefois. Je ne pouvais plus dire un bon mot sur un des médicaments de Merck ou un mauvais mot sur celui d'une firme rivale sans être soupçonné de partialité ou de chercher à faire mousser les ventes de la compagnie. Je m'en suis donc tenu à cette règle très stricte — et Dieu sait combien d'offres j'ai dû refuser !

L'expérience chez Merck m'a cependant permis de constater que les règles et la discipline du monde des affaires étaient les mêmes qu'en recherche. D'un côté comme de l'autre, on y retrouve la même rigueur, les même critères et les mêmes principes qui ont régi ma carrière : l'objectivité, le respect des faits, l'intégrité morale, l'honnêteté, le sens critique et le service du bien public. Je peux dire pour l'avoir constaté moi-même, qu'il n'y a pas ou peu de compagnies au monde administrées avec autant d'éthique et d'intégrité que Merck. Il y a sans doute, comme dans toute organisation humaine d'envergure — Merck a plus de 35 000 personnes à son emploi — de petites choses qui pourraient prêter le flanc à la critique. Mais je sais, pour l'avoir vécu, qu'il n'y a pour la haute direction et le conseil d'administration de la compagnie aucun de ces principes dont la transgression serait tolérée.

J'ai personnellement eu l'occasion de constater la probité de Merck lorsqu'est survenu, en 1974, ce qu'on a appelé à l'époque le scandale des « improper payments ». Diverses histoires de corruption et de pots-de-vin versés à des politiciens par certaines multinationales désireuses d'obtenir des contrats ou des privilèges avaient percé au grand jour. Ces histoires avaient suffisamment fait scandale dans la presse pour que la Security Exchange Commission des États-Unis ait dû intervenir. Celle-ci a exigé que toutes les grosses entreprises américaines, et particulièrement les multinationales, fassent une étude comptable interne détaillée des cinq années antérieures afin de retracer tous les paiements qui pourraient ressembler à des honoraires non justifiés ou à des pots-de-vin.

Merck avait déjà, comme beaucoup d'autres compagnies, un comité de vérification, dont Gadsden m'avait demandé cette année-là, avant que n'éclate le scandale, d'assumer la présidence. J'avais d'abord refusé en lui expliquant que je ne connaissais rien de la comptabilité et des affaires et que je préférais siéger à un comité dont le travail serait plus en rapport avec la recherche, la médecine ou, encore, l'environnement. Il avait cependant insisté, m'assurant que tout allait très bien se passer et que c'était un moyen idéal de connaître le fonctionnement de la compagnie. J'ai finalement accepté.

L'enquête a duré six mois pendant lesquels j'ai dû aller à New York ou à Rahway tous les quinze jours. Les journaux tels que le *New York Times*, le *Wall Street Journal*, etc. avaient publicisé ma nomination à la présidence du comité de vérification (Audit Committee) de sorte que j'ai dû à partir de cet instant m'efforcer d'éviter les journalistes. Nous avons engagé des avocats et des comptables indépendants, sans lien avec la Merck, pour les mandater à travers le monde afin de vérifier les livres de toutes les filiales de la compagnie. J'ai ainsi appris ce qu'était le fonctionnement des grandes multinationales dont les opérations couvrent le monde et les moyens extraordinaires dont elles disposent. En fin de compte, Merck s'en est tirée haut la main. Aucune lacune de quelque importance n'a été décelée.

Merck est une compagnie intègre et aussi une des compagnies les plus responsables aux points de vue de la société et de l'environnement. Sur plusieurs plans, elle a été à l'avant-garde. Il n'est pas surprenant que pendant sept années consécutives, elle ait été choisie comme la « most admired company » aux États-Unis par la revue *Fortune*, et cela, de l'avis de nombreux chefs de direction. Elle était à ce moment-là sous la direction de Roy Vagelos, qui est un des grands hommes que j'ai rencontrés et qui, après sa retraite de la compagnie, est devenu président de l'Université de Philadelphie.

Merck a été la source d'un enrichissement intellectuel et m'a donné la chance unique d'établir des contacts personnels et des liens d'amitié profonde avec quelques-uns des plus grands hommes d'affaires au monde. Je pense ici à tous ces anciens chefs de direction (« C.E.O ») que j'ai côtoyés là : Reginald Jones (General Electric), Dennis Weatherstone (J.P. Morgan), Ruben Mettler (TRW), George Harrar (Fondation Rockefeller), William Bowen (Mellon Foundation), Charles Exley (NCR), John Horan (Merck), Frank Cary (IBM), Ben Gilmer (AT & T), J.K. McKinley (Texaco), Beverley Murphy (Cambell Soup) et de nombreux autres. Ce furent des contacts précieux et des personnes qui m'ont beaucoup appris.

C'est d'ailleurs sans soute à cause de l'expérience, de la réputation et des relations que j'avais acquises chez Merck que j'ai été invité à siéger au conseil d'administration du Montréal Trust en 1979. Là encore, j'ai découvert un domaine qui m'était étranger, dont j'ignorais l'essentiel et où j'ai dû tout apprendre. Cela m'a cependant donné l'occasion d'entrer en contact avec les gens de la haute finance canadienne et avec l'empire de Paul Desmarais, la corporation Power.

Je souhaite qu'un plus grand nombre d'homme de science aient cette chance extraordinaire que j'ai eue de côtoyer le monde de la haute finance et des multinationales. J'ai toujours répété à qui voulait l'entendre — je l'ai même écrit — que les grandes compagnies avaient tout intérêt à s'adjoindre un ou deux membres du monde universitaire de la même manière qu'il y a des hommes d'affaires invités à siéger aux conseils d'administration des universités et des hôpitaux. Ce sont des expériences enrichissantes qui profitent également aux deux côtés.

J'ai quitté le conseil d'administration de Merck en 1992, après vingt ans de service. J'étais alors, à soixante-douze ans, le plus ancien des directeurs de Merck avec Albert Merck, fils du fondateur. Pour fêter mon départ, ils ont donné en mon honneur une réception magnifique dans une des salles à manger du Carnegie Hall. Ils m'ont aussi remis, en souvenir, comme ils le font pour chaque directeur qui se retire, un plateau en argent massif gravé des signatures de tous les directeurs. Un petit mot extrêmement gentil venait avec ainsi qu'une sorte de diplôme qui soulignait mes contributions.

Le centre de bioéthique

Dans l'étude des nouveaux médicaments comme dans le reste des activités de ma carrière, j'ai toujours été très attentif à l'aspect humain et aux questions éthiques soulevées par la médecine moderne.

Lorsque j'ai commencé à étudier à Hopkins et à Rockefeller, les décisions délicates liées à l'étude des nouveaux médicaments ou aux expériences sur l'être humain étaient prises par le médecin seul, au meilleur de ses connaissances et de son jugement. Les ressources de la médecine étaient cependant beaucoup plus élémentaires qu'aujourd'hui et la recherche représentait souvent le seul espoir pour beaucoup de patients qui acceptaient plus facilement de se prêter aux risques des expériences et des études de médicaments. Les questions et les problèmes que pose la recherche clinique étaient « gérés » selon la conscience et les convictions intimes de chaque chercheur.

Au cours des années 1950 et 1960, la médecine est devenue plus scientifique et plus performante, mais en même temps, plus technique. Cela est dû aux progrès phénoménaux de la technologie soit sur le plan du diagnostic (imagerie par tomographie ou résonance magnétique nucléaire, épreuves de médecine nucléaire, nombreux nouveaux tests de biochimie basés sur l'utilisation d'isotopes radioactifs, angiographie des organes, biopsies, etc.) de même que sur le plan du traitement (instrumentation mécanique, électrique et électronique). Ce nouvel équipement scientifique hautement sophistiqué a permis au médecin un diagnostic et un traitement plus précis et plus efficaces de la maladie. Mais ces développements ont laissé au médecin moins de temps qu'auparavant pour discuter avec le patient de sa maladie et de son pronostic et ont entraîné une certaine déshumanisation des soins. De nouveaux problèmes sont apparus, liés à l'augmentation de l'espérance de vie et au vieillissement de la population, et ont remis en question la finalité de la technique, l'acharnement thérapeutique, le soulagement de la souffrance chronique, au point que le médecin, pour demeurer fidèle au serment d'hypocrate, prolonge quelquefois la vie dans une absence de dignité pour le malade.

Les progrès fulgurants de la biologie moléculaire et du génie génétique ont aussi amené des choses impensables il y encore quelques années : les bébés éprouvettes, les recherches sur les fœtus, la possibilité de choisir le sexe des bébés ou de modifier l'hérédité ou, encore, le contrôle du comportement par les nouvelles drogues... Ces découvertes posent, elles aussi, de nouvelles questions à la société et aux chercheurs : doit-on adopter une attitude purement vétérinaire vis-à-vis de l'espèce humaine et, comme pour les bovins, chercher à améliorer l'espèce en fonction de nos besoins ? Ne serait-il pas plutôt important d'associer à la recherche scientifique la conviction que la destinée de l'homme est différente de celle des autres espèces animales et que les valeurs spirituelles font partie intégrante de l'humain ?

L'IRCM a été le premier centre au Canada — et le troisième au monde — à constituer un comité d'éthique pour régir l'étude des nouveaux médicaments et les protocoles de recherche incluant des patients. Dès les débuts de l'institut, chaque chercheur dont les expériences nécessitaient la participation de patients devait soumettre son projet en détail à ce comité présidé par un juriste de renom où siégeaient une majorité de personnes extérieures à l'institut. Le juge Lucien Tremblay, ancien chef de la Cour d'appel du Québec, le juge Louis-Philippe de Grandpré, qui a été à la Cour suprême du Canada, le juge Allan Gold, ancien chef de la Cour supérieure, et Me Georges Pouliot, un éminent avocat de Montréal, se sont succédé à la tête du comité.

Ce comité, qui assumait la tâche de répondre aux questions que posaient nos recherches courantes, m'a semblé toutefois devoir être complété par une réflexion plus profonde sur le devenir de la science médicale. De là m'est venue l'idée de créer au sein de l'IRCM un centre de recherche en bioéthique où l'on étudierait tous les aspects de la recherche biomédicale avec un impact moral ou sociétal.

L'institut était déjà un pilier de la vie scientifique et de la recherche biomédicale au Québec et au Canada, mais je tenais à ce qu'il participe à la vie de la communauté par des activités et des services autres que seulement scientifiques. Je souhaitais, grâce au centre de bioéthique, informer le public sur les recherches biomédicales qui touchent les aspects fondamentaux de la vie et sensibiliser la société et les décideurs quant aux répercussions humaines de la recherche en biologie moléculaire et en génétique. Jugeant que toute analyse ou toute évaluation éthique d'un problème scientifique ne pouvait être complète sans un contact direct avec les personnes qui travaillent dans le domaine, je souhaitais aussi que le directeur du centre soit membre de l'institut et qu'il siège à son comité scientifique au même titre que les directeurs de laboratoires de recherche.

Il m'a cependant fallu plus de deux ans pour trouver la personne idéale capable de diriger ce centre. Je souhaitais engager en priorité un francophone. Ne pouvant en trouver au Québec, je suis allé m'enquérir en France, en Suisse, en Belgique, mais sans succès, car il y avait encore très peu de gens spécialisés dans cette discipline encore toute nouvelle. C'est alors qu'un jésuite de mes amis, Charles-Édouard

Trudeau, m'a parlé de David Roy, professeur à l'Université Laurentienne de Sudbury. Américain d'origine, il possédait une formation en mathématiques, en théologie et en philosophie. Ayant obtenu son doctorat en théologie avec le fameux jésuite Karl Rahner, à Tubingen, il connaissait la plupart des grands théologiens européens et sa formation lui permettait de faire le pont entre les questions scientifiques et la foi chrétienne. Il avait en outre un sens pragmatique — « les pieds sur terre » — qui m'avait impressionné lorsque je l'avais rencontré.

C'est donc à David Roy que j'ai confié la direction du centre de bioéthique de l'IRCM qui a officiellement ouvert ses portes le 23 septembre 1976 lors d'une cérémonie dont l'invité d'honneur était le professeur René Dubos de l'Institut Rockefeller de New York. Dans le discours qu'il a prononcé au dîner qui a suivi, le professeur Dubos a souligné le fait qu'il s'agissait d'une première mondiale, que c'était la première fois qu'un centre de bioéthique était intégré à un institut de recherche biomédicale sur le même pied que tous les autres laboratoires. Il a aussi vanté l'avantage de cette formule qui favorise les échanges entre les chercheurs biomédicaux et les bioéthiciens et qui, en alimentant quotidiennement la réflexion de ces derniers, donne plus de force à leurs opinions.

La création du centre a eu tant de répercussions que le président du Collège royal des médecins et chirurgiens du Canada, le Dr Robert Salter, m'a invité à prononcer la conférence de la réunion annuelle du collège à Toronto en janvier 1977. À cette occasion, j'ai tenté d'aborder le sujet de manière aussi large que possible, mais dans un esprit chrétien et libéral de façon à ce que mon propos ait une portée ample et positive. Je crois que le sujet répondait alors à un besoin réel, car j'ai rarement reçu autant de lettres de compliments et de félicitations qu'après cette conférence. La preuve en est que le centre s'est acquis depuis une grande réputation, non seulement au Québec et au Canada où il fait figure de leader incontesté, mais aussi à travers le monde.

Le centre est là pour rester et sa survie est assurée. Lorsque j'ai reçu le prix de la Banque Royale en 1980, j'en ai consacré une part importante à établir le Fonds Rosario et Annette Genest, en l'honneur de mes parents. Ses modestes revenus annuels vont au centre de bioéthique. Depuis 1993, il reçoit une subvention du FRSQ pour créer le premier réseau d'éthique clinique au Canada.

Le facteur natriurétique des oreillettes

Après le déménagement à l'IRCM en 1967, le groupe de recherche en hypertension a poursuivi et intensifié ses travaux sur le système rénine-angiotensine, sur les mécanismes et le traitement de l'hypertension, sur les méthodes de diagnostic et sur l'étude des médicaments antihypertenseurs. Parallèlement à ces recherches, nous avons organisé deux symposiums internationaux réunissant les grands experts du monde dans le domaine. Les travaux rapportés lors du premier symposium ont été publié dans un numéro complet du *Journal de l'Association médicale canadienne*. Ceux du second ont constitué un livre intitulé *Hypertension 72*, publié par la maison Springler-Verlag, d'Allemagne. De plus, un traité de 1 200 pages couvrant tous les aspects de l'hypertension a été écrit en 1977 avec le concours des plus grands experts dans le domaine. Une deuxième édition augmentée de ce traité est parue en 1983. Ces livres ont connu un auditoire international et ont fait autorité dans le champ de l'hypertension pendant de nombreuses années. À partir de 1972, le groupe a bénéficié d'une subvention du Conseil de recherche médicale d'Ottawa de plus de 2,2 millions de dollars répartis sur une période de cinq ans. La subvention, qui a été renouvelée depuis, souligne le leadership du groupe non seulement au Canada, mais dans le monde entier.

Nous étions par ailleurs toujours considérés comme un des groupes les plus expérimentés dans l'étude des effets des nouveaux médicaments antihypertenseurs, lesquels nous avions testés en quantité depuis 1952. L'étude à large groupe et à double insu du Dr Edward Fries allait cependant amener à partir de 1972 des changements considérables dans les protocoles d'études de médicaments utilisées jusqu'alors. Fries et ses collaborateurs ont été les premiers à démontrer sur un grand nombre de patients que le fait d'abaisser la pression chez les hypertendus était accompagné d'une diminution notable des complications cardio-vasculaires graves. Le caractère sans équivoque de cette étude tenait principalement à deux modifications que Fries avait apportées aux protocoles d'études utilisés avant lui. La première modification était le double insu qui élimine tout préjugé, le médecin traitant ignorant, tout comme le patient, si la pilule administrée est le médicament actif ou un placebo. La seconde était le fait qu'elle portait sur un groupe de près de 1 500 patients hypertendus, ce qui lui donnait une validité statistique que les études effectuées sur un groupe d'une quarantaine de patients, comme cela s'était fait jusqu'alors, ne pouvaient espérer atteindre. Ce genre d'étude avait exigé la participation de plusieurs centres spécialisés en hypertension et un contrôle minutieux de tout le processus. Le prestige de notre groupe a été la raison pour laquelle j'ai été choisi à titre d'expert externe par le Dr Fries pour réviser les dossiers de nombreux patients qui avaient participé à l'étude et juger dans chaque cas du respect exact des protocoles.

À partir de cette étude, qui a fait date dans l'histoire de la pharmacologie clinique, la demande pour les études sur un petit nombre de patients comme nous les faisions à l'Hôtel-Dieu a beaucoup diminué parce moins concluantes que celles à large groupe et à double insu. L'organisation de ces dernières est cependant très complexe et coûteuse. Elles exigent des équipes importantes, des protocoles stricts, une sélection rigoureuse des patients de même qu'une équipe de statisticiens pour compiler et calculer les résultats. Chaque étude de ce type peut coûter de 15 à 30 millions de dollars et s'échelonner sur des périodes de trois à cinq ans — sinon plus ! Pour ces raisons et parce que je trouvais que les statisticiens exerçaient un contrôle parfois étouffant et, surtout, parce que le temps énorme qu'elles exigent m'aurait détourné de l'étude des mécanismes de l'hypertension, j'ai toujours refusé de participer à ce genre d'études à large groupe.

La découverte du facteur natriurétique des oreillettes (FNA) en 1981 par le Dr Adolfo de Bold, de l'Univesité Queen's à Kingston, a été un des moments culminants de nos recherches. Elle a marqué le début d'une période de recherche fébrile à travers le monde et dans laquelle le groupe de recherche en hypertension de l'IRCM a été un des leaders dans le domaine à travers le monde.

On soupçonnait l'existence de cette hormone depuis plusieurs années. On lui avait donné le nom de troisième facteur (« third factor »). Deux facteurs de régulation du sodium étaient déjà bien connus : la filtration glomérulaire par le rein lui-même et l'aldostérone sécrétée par les glandes surrénales. Ces deux facteurs ne pouvaient cependant expliquer à eux seuls tous les phénomènes observés. On avait par ailleurs constaté qu'il y avait parfois des excrétions anormales de sodium dans les urines sans rapport avec l'aldostérone ni avec le taux de filtration glomérulaire, mais sans avoir pu en découvrir les mécanismes et la cause. On postulait donc l'existence d'un troisième facteur, sans toutefois savoir précisément de quel côté chercher.

Des travaux se faisaient alors un peu partout dans le monde avec l'espoir d'identifier ce troisième facteur dont beaucoup de chercheurs pensaient pouvoir trouver l'origine du côté de l'hypothalamus. Il s'est d'ailleurs fait beaucoup de travail sur cette partie du cerveau : des chercheurs récoltaient des hypothalamus de bœufs par milliers pour faire leurs expériences ! Ce n'était en fait qu'une hypothèse, selon moi encore peu convaincante, et je trouvais qu'on supposait beaucoup sans raison majeure. Jusqu'à la découverte d'Adolfo de Bold, le groupe de l'institut n'avait jamais investi beaucoup d'efforts de ce côté-là. D'abord à cause des coûts énormes d'une pareille recherche, mais surtout par manque de conviction quant à la source de ce facteur.

J'ai pris connaissance des travaux de De Bold un peu par hasard en 1981. Le gouvernement ontarien m'avait demandé cette année-là de présider un comité chargé d'évaluer les recherches effectuées avec les octrois de la Fondation ontarienne des maladies du cœur. Parmi les nombreux projets de recherche soumis à la fondation se trouvait le rapport du D^r De Bold dont les travaux étaient jusqu'alors passés relativement inaperçus et dont les premiers résultats avaient été publiés sous forme de résumé en 1980.

Ses recherches poursuivaient modestement celles entreprises quelques années plus tôt par le cardiologue français Pierre-Yves Hatt, un clinicien-chercheur dont les travaux n'avaient guère retenu l'attention de la communauté scientifique, mais qui avaient cependant démontré chez le rat que le nombre de granulations dans certaines cellules des oreillettes variaient beaucoup selon la quantité de sel ingéré. Plusieurs chercheurs avaient par la suite remarqué que ces granulations ressemblaient à celles contenues dans certaines cellules rénales qui sécrètent la rénine. Le Dr Marc Cantin, qui avait alors rejoint notre équipe, avait démontré dans les années 1970 que ces granules ne contenaient ni rénine ni norépinéphrine, mais des protéines dont la nature et la fonction étaient alors inconnues.

Les recherches sur les granulations des oreillettes en étaient à ce stade lorsque De Bold eut une véritable inspiration — comme on peut en avoir le matin en se rasant : pourquoi, s'est-il demandé, ne pas prendre des oreillettes de rats, les broyer et injecter cet homogénat à des rats normaux pour en observer l'effet sur l'organisme ? L'idée de fond en soi n'était pas neuve. Elle était même très ancienne, car elle répétait le geste des tout premiers physiologistes qui, pour mieux comprendre la fonction des organes, en injectaient des broyats à des animaux afin d'en découvrir la fonction. C'était cependant une intuition géniale qui allait faire faire un bond en avant à notre connaissance des mécanismes de la régulation du sodium.

Pour mettre son idée en pratique, De Bold a demandé la collaboration d'un physiologiste de Toronto, le Dr Sonnenberg, et de son groupe qui ont, selon ses indications, administré des homogénats d'oreillettes à des rats normaux. Les effets ne se sont pas fait attendre : dix à quinze minutes après l'injection, les rats éliminaient des quantités énormes d'urine. Et dans l'urine éliminée, on pouvait constater une forte excrétion de sodium... Il y avait donc dans cet homogénat une substance diurétique (qui augmentait, autrement dit, le débit urinaire) et natriurétique (qui provoquait une excrétion de sodium).

J'ai bondi hors de ma chaise lors de la réunion du comité où le rapport de De Bold est venu sur le tapis ! J'ai tout de suite eu l'intuition que c'était ça le fameux troisième facteur tant recherché. Dès mon retour à Montréal, je me suis dépêché de demander au Dr Raul Garcia de refaire l'expérience. Deux jours plus tard, il avait confirmé exactement ce que De Bold avait trouvé : le mystère du troisième facteur semblait enfin percé !

La découverte arrivait pour nous à un moment idéal alors que le groupe de recherche en hypertension de l'IRCM était parfaitement constitué et au mieux de son efficacité. Sitôt convaincus de la valeur de la découverte, nous avons mis toutes nos énergies à la purification et à l'identification de la substance inconnue présente dans les oreillettes.

J'ai confié la direction du projet à Marc Cantin qui avait obtenu son doctorat en médecine à l'Université Laval et passé quatre ans dans les laboratoires de Hans Selye à l'Université de Montréal, où il avait obtenu son Ph.D., ainsi que trois autres années à Chicago dans le Département de pathologie du Dr R.W. Wissler. Il était intéressé par les problèmes reliés à l'hypertension et à son retour à Montréal, je lui avais confié la direction du laboratoire de pathologie de l'hypertension où il succédait au Dr Manuel Rojo Ortega qui était retourné en Espagne. Lorsqu'est venu le temps de nous lancer dans la recherche du facteur inconnu, j'ai jugé qu'il était le plus apte à prendre la tête des opérations.

Cantin avait à ses côtés Gaétan Thibault, Ph.D., à qui il confia le problème de la purification du facteur inconnu. Dès juin 1982, après beaucoup de labeur et d'efforts, ce dernier a réussi à isoler le facteur natriurétique auriculaire (FNA) à un degré de pureté suffisant pour que le Dr Nabil Seidah, expert dans l'identification des peptides, puisse en établir la séquence en acides aminés. Il s'agissait, dans l'un et l'autre cas, d'une première mondiale pour l'institut. C'est ensuite le Dr Peter Schiller, un physicien-chimiste, qui a réalisé la synthèse d'analogues plus puissants et avec une durée d'action plus longue que le FNA.

Cantin avait cependant besoin de support financier pour ses recherches. À ma suggestion, lui et d'autres membres de l'équipe sont allés à Rahway au New Jersey où les chercheurs de la compagnie Merck travaillaient dans le sillage des premiers rapports de De Bold. Il y avait là une des meilleures équipes de chercheurs au monde sur la chimie des peptides, dirigée par le Dr Ralph Hirschman, et des laboratoires superbement équipés. Cantin leur proposa d'échanger cette information précieuse qu'était la constitution moléculaire du FNA, et que nous étions alors les seuls à connaître, contre une aide financière et une partie importante du FNA que Merck synthétiserait ultérieurement dans ses laboratoires. Merck accepta cet arrangement qui a permis aux chercheurs de l'institut de faire des progrès cruciaux et de devancer le travail des autres groupes. Nous étions les plus avancés quant à l'action du FNA sur la régulation rénale du sodium et sur la sécrétion d'aldostérone quant à l'hypertension expérimentale chez les rats, etc. En trois ans et demi, le groupe de Marc Cantin a publié au-delà de 500 articles sur le sujet dans les meilleures revues, depuis l'aspect fondamental de l'identification chimique de la substance jusqu'à sa localisation dans le génome chez le rat et chez l'humain, en passant par son activité biologique chez les animaux et en clinique.

Nous étions reconnus, avec un groupe de Kangawa et Matsuo au Japon et celui du Dr Philip Needleman à Saint-Louis, comme les leaders dans le domaine du FNA. Cette reconnaissance a été confirmée par l'American Heart Association qui, en novembre 1988, a décerné conjointement aux équipes de Cantin et de Needleman son prix le plus prestigieux et sans doute un des prix les plus recherchés dans le domaine cardio-vasculaire, le « Distinguished Research Award ».

> Two Montreal researchers were amongst the world's top 100 scientists in the 1980s. Jacques Genest and Marc Cantin, who worked at the Clinical Research Institute of Montreal, ranked 53 and 62 respectively in the survey reported by the Philadelphia-based Institute for Scientific Information. Dr. Genest was cited 5,931 times and Dr. Cantin was cited 5,429 times in one or more of the 3,200 important journals in the world.
>
> *Globe and Mail*, 2 octobre 1990.

Les résultats et le succès des travaux sur le FNA ont démontré l'efficacité du concept de l'institut. Mis à part la localisation du gène dans le chromosome, pour laquelle le Dr Jacques Drouin a demandé la collaboration d'un groupe de Yale expert en la matière, tous les travaux sur le FNA ont été faits en nos murs, sans qu'on ait eu à solliciter de collaboration auprès de d'autres institutions ou centres de recherche. La combinaison de fondamentalistes et de cliniciens-chercheurs en équipes autonomes a donc été extrêmement fructueuse et l'institut l'a prouvé de façon définitive. Nous étions avantagés par rapport aux groupes du Japon et celui des États-Unis qui devaient beaucoup plus souvent que nous faire appel à de la « sous-traitance » ou à la collaboration de chercheurs externes — parfois délicate à obtenir.

Sous l'impulsion de Cantin et grâce aux expertises variées des Drs Seidah, Chrétien, Drouin, Nemer, Schiller, Schiffrin, Hamet, Garcia, Thibault, Larochelle et autres, le groupe pouvait couvrir les divers aspects des recherches sur le FNA, aussi bien fondamentaux que cliniques. Tous les chercheurs ont été saisis par l'importance de la découverte. Il régnait dans l'équipe une harmonie, un enthousiasme et un sens de la collaboration absolument formidables qui ont fait que, en quelques années, des contributions importantes sur les aspects moléculaire, génétique, pharmacologique, biochimique, physiologique et clinique du FNA sont sorties de l'IRCM. Ce fut une période prestigieuse pour l'institut : entre 1981 et 1990, Marc Cantin et moi-même avons été les scientifiques les plus souvent cités dans le monde, alors que cinq autres de nos chercheurs se classaient parmi les vingt premiers !

Nos recherches permettaient d'entretenir beaucoup d'espoirs quant à l'utilisation thérapeutique du FNA. Nous avions constaté avec enthousiasme qu'il était possible d'abaisser à la normale la pression de rats artificiellement hypertendus en leur administrant du FNA et rien ne disait que la même chose ne fonctionnerait pas chez l'humain. Malheureusement, il en a été différemment pour l'humain que pour le rat et nos espoirs ont été en grande partie déçus lorsqu'est venu le temps de tester l'usage du FNA sur des patients. Il s'est avéré, en pratique, que l'effet du FNA sur l'humain ne durait que quelques minutes, car il était rapidement détruit par les enzymes protéolytiques, ce qui rendait problématique son utilisation pharmacologique comme agent de contrôle à long terme de l'hypertension.

Nous avons cependant dû nous rendre à l'évidence que le FNA intervenait uniquement lors d'ajustement aigu du volume sanguin, par exemple lorsque le volume sanguin est brusquement augmenté par une forte absorption d'eau ou de sel. Cette augmentation entraîne une sécrétion de FNA qui, libéré dans le sang au niveau des oreillettes du cœur, est rapidement acheminé vers le rein où il agit en provoquant une diurèse et une natriurèse importantes qui permettent de rétablir l'équilibre homéostatique.

En définitive, il paraissait clair que le rôle du FNA dans l'hypertension humaine était beaucoup moindre que ce qu'on avait d'abord pensé, de sorte que les recherches dans cette direction ont été abandonnées.

Voyages

La réputation du groupe de recherche repose en grande part sur ses travaux sur l'aldostérone et l'angiotensine puis sur le facteur natriurétique des oreillettes. Nous avons été actifs à tous les niveaux et nous avons participé à beaucoup des découvertes physiologiques importantes de cette période dans le domaine de l'hypertension. Nous étions considérés aux États-Unis et ailleurs comme un des groupes de recherche les plus importants en hypertension. C'est du moins le tribut que nous rendait Irvine Page, le père de la recherche en hypertension : « Genest and his group in Montréal have made some of the most important contributions to the pathogenesis of hypertension in the past 30 years » (*Hypertension Mechanisms*, 1987, p. 901).

Cette réputation prestigieuse a fait que j'ai souvent été invité à donner des conférences et que j'ai eu la chance de faire de nombreux voyages aux États-Unis, en Europe, au Japon, en Chine, en Russie et en Amérique du Sud.

Parmi tous ces voyages, un des plus longs et des plus intéressants est sans doute celui que j'ai fait en 1970 à titre de Sims Commonwealth Professor. Cette distinction avait été créée par un riche néo-zélandais du nom de Arthur Sims. Celui-ci avait fait fortune dans l'élevage du mouton à la suite d'un contrat d'exportation quasi exclusif avec l'Angleterre et avait créé une fondation pour favoriser les échanges médicaux et scientifiques entre les différents pays membres du Commonwealth. Grâce à lui, un ou deux scientifiques de Grande-Bretagne ou des « dominions » britanniques avaient chaque année la chance de voyager quelques mois à travers le Commonwealth. Mon nom avait été soumis par le Collège royal des médecins et chirurgiens du Canada au Collège royal des chirurgiens d'Angleterre qui l'avait retenu et m'avait attribué la bourse. C'était une occasion extraordinaire et je l'ai acceptée avec fierté.

Le voyage a duré quatre mois. C'était extrêmement bien organisé. J'avais préparé un itinéraire selon mes vœux, avec les endroits que je souhaitais visiter, le temps que je voulais y passer ainsi que les personnes que je désirais rencontrer, et tout était pris en charge jusque dans les moindres détails : réservations d'hôtels, billets de transport, rencontres, etc. Les collèges royaux du Commonwealth étaient chaque fois prévenus de mon arrivée et j'ai été partout reçu magnifiquement, avec beaucoup d'égards et de considération. J'ai ainsi eu la chance de rencontrer les dirigeants de la médecine de chacun des pays que j'ai visités, relativement à la recherche, aux cliniques et aux systèmes de santé, et d'établir des contacts personnels très utiles.

J'ai évidemment débuté par l'Angleterre dont le président du Collège royal de médecine, Lord Max Rosenheim, chef de néphrologie au University College de Londres, m'avait été désigné comme mentor. Malgré son titre, il était un homme simple et charmant. Je n'oublierai jamais la manière dont il a brisé la glace dès le premier jour. Nous dînions ensemble avec mon épouse — il était célibataire — et il m'a dit : « Jacques, please, just call me Max. » Et nous sommes devenus très amis.

J'ai eu le plaisir de revoir à Oxford mon vieil ami Sir George Pickering. Ce dernier, tout comme Lord Rosenheim, m'a mis en garde contre les fatigues du voyage et m'a conseillé de garder jalousement mes fins de semaine pour visiter et me reposer. De fait, les semaines se sont avérées épuisantes. On venait me chercher très tôt le matin pour des visites de laboratoires ou d'hôpitaux et des rencontres. Je donnais généralement une conférence dans la matinée et je répondais ensuite aux questions de l'auditoire pendant une heure, une heure et demie. Venaient ensuite le déjeuner, lui aussi organisé dans le but de me faire rencontrer d'autres cliniciens et chercheurs, puis l'après-midi, une autre conférence ou un séminaire généralement suivi d'un dîner en soirée. C'était ainsi toute la semaine, et très exigeant.

Comme je l'avais fait en 1951-1952 alors que je visitais les grands centres de recherche européens, j'ai pris des notes détaillées sur tout ce que je voyais et sur tous ceux que je rencontrais en cours de route. J'avais gardé cette habitude depuis Rockefeller : je notais tout, je vérifiais tout, toujours le « double check ». J'ai pu ainsi me rendre compte que dans certaines villes, on me disait parfois des choses qui n'étaient pas tout à fait exactes. On m'avait, par exemple, montré à quelques reprises des laboratoires dans lesquels personne n'était au travail et on m'expliquait que le personnel y était seulement l'après-midi. Lorsque j'avais des doutes sur les explications, je repassais l'après-midi, tout seul, pour vérifier si, en effet, il s'y faisait du travail de recherche. J'ai pu constater que dans certains cas, on ne m'avait pas dit la vérité, qu'il n'y avait en réalité personne et qu'aucune recherche n'y était en cours.

J'avais demandé, après l'Angleterre, à visiter la République d'Irlande. Non pas l'Ulster, mais la vraie République d'Irlande — celle qui ne fait pas partie du Commonwealth.

La curiosité m'était venue de J.S.L. Browne qui y avait de bons amis, le professeur O'Donovan et son épouse, de qui il m'avait beaucoup parlé. Il les avait connus à Montréal alors que Mme O'Donovan étudiait la biochimie à McGill et que son futur mari travaillait avec le Dr Bertram Collip. De retour en Irlande où tous deux se sont mariés, O'Donovan était devenu professeur à l'Université catholique de Dublin et un des piliers de la médecine irlandaise.

En causant avec eux et pendant toute ma visite, j'ai pu comprendre à quel point les médecins irlandais se sentaient ignorés et coupés du reste du monde. Les savants américains et canadiens qui venaient en Europe passaient au-dessus de l'Irlande sans jamais s'y arrêter et filaient directement à Londres, à Paris ou en Écosse. C'était la première fois qu'un Sims Commonwealth Professor s'arrêtait à Dublin pour y donner des conférences. Mon initiative a eu un effet très positif, et même des effets à long terme, puisque d'autres Sims Professor ont fait comme moi et sont allés en Irlande par la suite.

Nous avons été très bien reçus et je garde de l'Irlande un excellent souvenir. Notre amie Nancy Walker, qui avait des ancêtres irlandais, est venue nous rejoindre à la fin du séjour. J'ai loué une voiture et nous avons pris quelques jours pour faire le tour du pays avec elle avant de retourner à Londres.

De Londres, nous sommes repartis directement pour l'Afrique du Sud avec le projet de remonter ensuite vers le Nord par le Zimbabwe — la Rhodésie à l'époque —, le Kenya et l'Ouganda.

L'Afrique du Sud piquait mon intérêt depuis longtemps. Ses hôpitaux et ses installations de recherche avaient acquis une certaine renommée, particulièrement depuis la première transplantation cardiaque réussie par le Dr Chris Barnard à l'Hôpital Groote Schurr au Cap, et j'étais curieux de voir les choses de plus près. Plusieurs m'ont frappé, mais surtout les départements d'urgence des hôpitaux universitaires de Capetown et de Johannesburg où j'ai pu voir à l'œuvre des médecins d'une compétence exceptionnelle. Les urgences recevaient quantité de cas de traumas, les plus divers et les plus lourds que j'ai vus : coups de couteau, balles de revolver, intoxications diverses, alcool frelaté et même un patient qui avait bu de l'acide de batterie d'automobile. J'ai aussi vu à l'Hôpital de Soweto un homme dont le cœur avait été transpercé par une épée se faire opérer et être sauvé par les chirurgiens. J'étais si admiratif qu'à mon retour à Montréal, j'ai fait un petit laïus aux résidents en chirurgie de l'Hôtel-Dieu pour leur dire qu'il n'y avait pas de meilleur endroit qu'aux hôpitaux de Johannesburg et de Capetown pour y prendre une expérience rare en chirurgie d'urgence.

J'ai toutefois été beaucoup moins impressionné par ce que j'ai appris des dessous de la première transplantation cardiaque en 1968. Il semble, selon les détails qu'on m'a rapportés, que le premier greffé du cœur ait été scandaleusement exploité à des fins publicitaires. Beaucoup de visiteurs et de représentants des médias venaient rencontrer ce phénomène et devaient payer pour le voir. Le patient était alors amené dans un jardin et exposé aux regards des curieux. Malgré son insuffisance cardiaque, on racontait qu'on le levait de sa chaise et qu'on lui mettait un bâton de golf dans les mains pour montrer que l'opération avait réussi et que les visiteurs puissent prendre des photos. C'était, paraît-il, un peu comme dans un cirque. Par la suite, après des tournées publicitaires et après avoir délaissé la chirurgie pour cause d'arthrite, Barnard est devenu, en 1980, directeur de la recherche à la Clinique

LaPrairie à Clarens, Montreux, près de Lausanne, où il poursuivrait apparement les travaux de Nihans sur la transplantation de cellules vivantes !

Après l'Afrique du Sud, je suis allé au Kenya, à Nairobi, où travaillaient plusieurs professeurs de l'Université McGill. J'y ai revu Allan Ross, qui avait autrefois été pédiatre-chef au Montreal Children's Hospital, et son épouse. Tous deux sont restés là plusieurs années à travailler bénévolement pour aider les Kenyans, avec un dévouement extraordinaire. J'ai ensuite visité Kampala, en Ouganda, après quoi je suis retourné à Londres pour me diriger vers l'Écosse.

Aberdeen est une ville ordinairement grise et un peu triste où il pleut beaucoup et dont les édifices, tous construits de pierres grises provenant de la même carrière, lui ont valu le nom de « granite city ». J'ai eu la chance d'y arriver par temps clair et ensoleillé et de la découvrir dans toute sa beauté.

J'y ai été reçu par le D\u02B3 Stewart Douglas qui m'a gentiment invité à rester dans sa maison située au cœur d'une magnifique banlieue. Chose intéressante pour un Canadien, cette maison, qui était une des rares à posséder un système de chauffage central dans la région, avait autrefois appartenu au D\u02B3 J.J.R. MacLeod, ancien directeur du Département de physiologie à l'Université de Toronto et un des principaux membres du groupe de recherche torontois qui avait découvert l'insuline en 1921.

Je savais qu'après avoir reçu le prix Nobel, MacLeod s'était disputé avec le D\u02B3 Banting. Il était notoire que ses rapports avec celui-ci étaient devenus intenables et que, dégoûté des querelles, il avait préféré quitter Toronto et retourner vivre en Écosse où il avait, ainsi que Douglas me l'apprit, fait bâtir cette maison avec sa part du prix Nobel que mon hôte avait achetée après le décès de MacLeod. Comme j'étais intrigué par les raisons exactes du départ de MacLeod pour l'Écosse, j'en ai profité pour questionner Douglas. J'étais particulièrement curieux de savoir quelles avaient été les contributions respectives de chacun des membres de l'équipe et à qui de MacLeod, Banting, Best ou Collip revenait le plus la responsabilité de la découverte de l'insuline. Peut-être MacLeod avait-il laissé des documents personnels de ses dernières années à Toronto ?

Douglas n'était pas en mesure de me répondre et il m'a fait rencontrer à l'Université d'Aberdeen le doyen McGregor, qui assumait, en plus de sa charge de doyen, la direction du Département de thérapeutique et de pharmacologie. McGregor, qui n'en avait lui non plus aucune idée, a suggéré de s'informer auprès d'une bibliothécaire retraitée de la Faculté de médecine, une dame Clarck, qu'il a fait venir à son bureau. Cette dame se rappelait, en effet, avoir dactylographié pour MacLeod un mémoire confidentiel sur la découverte de l'insuline. Elle a réussi à le retrouver pour moi tout empoussiéré dans les archives du Département de physiologie.

Le document de quinze pages qu'elle m'a remis s'intitulait « History of the Researches and the Discovery of Insulin » et portait le numéro d'archives 615792. Onze pages d'annexes étaient constituées d'extraits de lettres adressées à Banting ou écrites par lui, une page pour les dépenses encourues par lui au cours des recherches. On pouvait y trouver toutes les réponses aux questions laissées en plan lors du départ de MacLeod : j'avais en main un document historique de première importance !

J'ai passé la nuit suivante assis dans mon lit à lire le document et à retranscrire les passages que j'estimais importants. En voici un résumé et quelques extraits parmi les plus pertinents.

MacLeod accorde d'abord à Banting, au début de 1921, le crédit d'avoir été le premier à avoir l'idée de ligaturer le canal pancréatique avant d'entreprendre l'extraction de l'insuline du pancréas :

> Dr Banting came to consult me early in 1921 with reference to an experiment of using extracts prepared from the pancreas, sometime after ligation of the ducts. For this idea, Dr Banting deserves complete credit; if he has not contributed this idea and undertaken to test it experimentaly, the discovery of insulin would probably not as yet have been made. [...] To Dr Banting and Mr. Best is also due the full credit for showing that extracts of foetal pancreas (from ox) have a beneficial effect on experimental diabetes (pp. 6 et 7).

> Lettre du Dr J.J.R. MacLeod, le 20 septembre 1922, au colonel
> Albert Gooderharm, président de l'Université de Toronto.

Un document adressé au colonel Albert Gooderham par J.B. Collip, daté du 13 mai 1923, précise les faits de même que la part de chacun des chercheurs à la découverte :

> I was in your office (of Dr MacLeod) early in May 1921 when you gave Banting full directions for his summer campaign. Dr Banting arrived about the middle of May 1921. I found that Dr Banting had only a superficial texbook-knowledge of the work that had been done on the effects of pancreatic extracts in diabetes and he had very little practical familiarity with the methods by which such a problem could be investigated in the laboratory. [...] Since he had no practical knowledge of how to conduct the estimation of sugar in blood and nitrogen and sugar in urine, upon the accuracy of which the whole investigation depended, MacLeod arranged for one of his research fellows, C.H. Best, to collaborate with him (pp. 2 et 3).

La suite permettait de comprendre que Banting, qui n'était à ce moment-là qu'un jeune diplômé en médecine, se méfiait de MacLeod qu'il soupçonnait de vouloir lui voler son travail et son idée et qu'il critiquait ouvertement. En réalité, Banting n'avait ni la formation ni l'expérience voulues pour faire cavalier seul et il devait s'en remettre à MacLeod qui possédait la compétence et l'expertise de ses dix-huit années de carrière dans ce domaine (p. 12). Selon le document, les expériences ont été planifiées par MacLeod tandis que Collip se chargeait de la préparation des extraits d'insuline purifiée. C'est aussi MacLeod qui a suggéré, le 21 mai 1921, de congeler le pancréas et d'en extraire l'insuline à la température la plus basse possible avec de l'alcool, méthode qui a permis la purification des extraits d'insuline par le chimiste expert du groupe, le Dr Collip.

Le document évoque ensuite le premier rapport clinique publié sur la question dans le *Journal de l'Association médicale canadienne* (CMAJ) en mai 1922 et rappelle que les premières injections d'extrait alcoolique d'insuline furent administrées en janvier 1922 à un garçon diabétique avec chûte du taux du sucre dans le sang et les urines. Ce patient présentait de nombreux abcès aux sites des injections. À cette partie officielle et alors bien connue de l'histoire de la découverte, MacLeod ajoute : « From March 1922 on, Dr Banting did practically no work in the Departement of physiology, except a few fat estimations » (p. 13).

Lorsque je suis revenu au Canada en décembre, j'ai montré mes notes à mon ami, le Dr K.J.R. Wightman, directeur du Département de médecine à l'Université de Toronto. Il en fut extrêmement intéressé. La nouvelle a été rendue publique à l'occasion du congrès international du diabète qui a eu lieu à Toronto au printemps suivant, en 1971.

Un autre voyage aussi mémorable est celui que j'ai fait en Russie en 1968 à l'invitation de l'Académie des sciences d'URSS pour prononcer une série de conférences à Moscou et à Léningrad. J'avais été invité par le professeur Kolpakov à un symposium sur l'aldosterone, à Akademgorodok, près de Novossibirsk, surnommée la « ville des savants », en pleine Sibérie. Je me suis retrouvé là en compagnie des Drs Kuchel et Franz Gross qui avaient eux aussi été invités par le professeur Kolpakov.

J'ai pu ainsi constater de mes propres yeux au cours de ce voyage le retard considérable de la médecine soviétique par rapport à la nôtre — au moins trente ans à ce moment-là ! — et juger de la mauvaise organisation des hôpitaux à Moscou et à Leningrad. On y utilisait toujours, par exemple, des lits fixes en fer, sans mécanisme de confort pour les patients. Il n'y avait pas de bibliothèque, les fonctionnaires ayant jugé qu'il serait plus économique de concentrer la documentation médicale dans une seule bibliothèque centrale plutôt que d'en créer une dans chaque hôpital. Le résultat de cette décision était que les médecins n'allaient jamais à la bibliothèque pour la simple et bonne raison qu'il fallait au moins trente à soixante minutes de métro pour s'y rendre et que la moitié de la journée y passait. Et en supposant qu'ils s'y soient rendus, cela aurait été de toute manière pour y consulter des revues scientifiques étrangères souvent censurées — selon des critères absolument incompréhensibles à nos yeux — et remplies de zones blanches de façon à masquer les passages jugés subversifs.

De la même façon, parce qu'on avait estimé qu'il était moins coûteux de concentrer la pathologie en un seul lieu, il ne se faisait pas d'autopsie dans les hôpitaux. En principe, les corps des patients qui décédaient pouvaient être envoyés à l'Institut central de pathologie aux fins d'autopsie. Mais les médecins ne demandaient pratiquement pas d'autopsies à cause de la bureaucratie trop lourde et de toute la paperasse qu'il fallait remplir pour autoriser le transport du corps. Et si par hasard le cadavre y était malgré tout acheminé, il pouvait se passer des semaines avant que l'étude ne soit faite. Les rapports arrivaient longtemps après, très souvent à un moment où les gens avaient perdu intérêt pour le cas, de sorte que la corrélation clinicopathologique était rarement étudiée et que de la qualité de l'enseignement en souffrait.

À travers cela, j'ai cependant pu établir des contacts utiles avec certains médecins dont Juvenali Postnov, qui est devenu un des experts russes de l'hypertension. Il est d'ailleurs venu passer trois mois avec nous à l'institut et nous a plus tard envoyé son fils qui a travaillé deux ans dans le laboratoire de Timothy Rudelhuber.

Un troisième grand voyage est celui que j'ai fait en Chine, en août 1983, à l'invitation de l'Académie des sciences médicales de Pékin.

Les autorités chinoises m'avaient permis de me faire accompagner par deux autres chercheurs de l'institut. C'est ainsi que Marc Cantin et Jean Davignon ont été du voyage de même que nos épouses. Nous sommes partis ensemble, tous les six, comme une petite délégation — en fait, une des premières délégations canadiennes et la toute première délégation québécoise à se rendre en Chine communiste. Avant le départ, l'ambassadeur de Chine nous a gentiment invités à Ottawa et a donné en notre honneur une magnifique réception afin d'établir un premier contact.

J'avais obtenu de l'Hôpital Sacré-Cœur deux outils chirurgicaux autrefois utilisés par le Dr Norman Bethune, considéré en Chine comme un des grands héros de la révolution. Je les ai offerts à mon arrivée aux représentants de l'Académie des sciences qui les ont reçus avec beaucoup d'émotion et les ont ensuite exposés au Musée Normand-Bethune à Pékin.

Nous avons été magnifiquement accueillis, avec une attention et un souci du détail qui ont duré pendant tout notre périple. Nous avons été logés dans les meilleurs hôtels, avec voiture, chauffeur et interprète à notre disposition. À Shanghai, ils nous ont même logés dans la résidence où Mao et Chou-En-Lai demeuraient lorsqu'ils devaient y passer quelques jours. J'avais la suite de Chou-En-Lai et Cantin, celle de Mao. L'endroit, qui avait reçu le nom trompeur de Western Hotel, était en réalité un camp militaire gardé et clôturé, mais aménagé avec tout le confort moderne qu'on pouvait désirer. Il s'agissait, en fait, de suites équipées à l'américaine, avec de magnifiques salles de bains carrelées, des lits confortables et une grande salle à manger.

C'était malgré tout un voyage de travail au cours duquel, comme en Russie, je visitais des hôpitaux et des instituts et je donnais des conférences un peu partout. Celles-ci se faisaient par le biais d'un interprète, en traduction successive, ce qui constitue un exercice assez stressant. Il faut d'abord dire une phrase et ensuite s'arrêter pour laisser le temps au traducteur d'interpréter et de traduire. Évidemment, on espère chaque fois qu'il a bien compris et correctement traduit la phrase et que l'auditoire est en mesure de suivre l'exposé. On recommence ensuite avec une seconde phrase, puis on s'arrête de nouveau, on attend, et on recommence encore. Garder le fil de l'exposé demande une certaine concentration.

Nous avons fait là, dans l'ensemble, un voyage extraordinaire. La seule ombre au tableau a été l'attitude choquante, du ministère des Affaires étrangères du Canada et de notre ambassadeur en Chine. J'avais pris la peine, avant mon départ, d'écrire au ministère des Affaires étrangères pour les prévenir du voyage. Je m'attendais à ce que, arrivé en Chine, notre ambassadeur nous invite à le rencontrer afin d'en discuter et de nous conseiller. Lorsque je l'ai appelé depuis l'hôtel pour l'informer de notre itinéraire et de la série de conférences que nous allions donner à Beijing, Shanghai et Canton, il s'est contenté de nous souhaiter bonne chance et rien d'autre. Nous étions en pays étranger, à l'autre bout du monde, mais rien, aucun accueil ! Il a simplement ajouté qu'il aimerait qu'on le rappelle à notre retour de Shanghai.

Par acquit de conscience, j'ai rappelé l'ambassadeur lorsque nous sommes revenus à Beijing à la fin du séjour. Il m'a alors déclaré qu'il aimerait bien nous rencontrer, connaître nos observations sur la Chine et savoir ce que nous en pensions. Je lui ai répondu sèchement que nous n'avions pas le temps, que nous partions le lendemain et je l'ai salué en lui disant « merci beaucoup pour votre accueil ! »

De retour au Canada, j'ai écrit une lettre assez ferme au ministre des Affaires étrangères, Allan MacEachren, pour dénoncer la manière dont nous avions été reçus et surtout du fait que je les avais prévenus ! J'ai reçu sa réponse deux mois plus tard — une espèce de lettre qui démontrait l'inefficacité de notre système diplomatique et le peu de cas qu'on faisait d'une délégation du Québec : « Vous savez, nos ambassadeurs ont beaucoup d'ouvrage, il y a beaucoup de choses à faire et ils n'ont pas toujours le temps, c'est regrettable, etc. » J'ai su par la suite que notre ambassadeur à Beijing, un Canadien français qui se piquait de parler à la française, était un ex-général de l'armée canadienne qui, semblait-t-il, n'aimait pas les communistes et avait établi peu de contacts avec les Chinois.

L'affaire Andropov

Les voyages et les contacts établis permettent quelques fois qu'une institution modeste comme l'IRCM, qui ne pèse pas lourd sur l'échiquier international, puisse cependant y jouer un rôle et rendre service. C'est ce qui est arrivé en 1982 lors de la maladie du président soviétique Youri Andropov.

L'affaire elle-même commence en 1967, bien avant que je ne m'y trouve engagé, au moment où le Dr Otto Kuchel, chef de médecine de l'Hôpital universitaire de Prague, était un des médecins consultants les plus recherchés. Il avait eu la surprise, en janvier de cette année-là, de voir se présenter chez lui deux agents du KGB. Sans lui donner plus d'explication, ceux-ci lui ont déclaré qu'un avion l'attendait à l'aéroport pour l'amener d'urgence à Moscou où on le réclamait pour une affaire de la plus haute importance. Il ne pouvait évidemment rien faire d'autre que se plier à leur demande.

À Moscou, on l'a amené directement à l'hôpital n° 4, réservé à la *nomenklatura* du Parti communiste — un hôpital autrement mieux équipé et organisé que ceux réservés au prolétariat ! On l'a ensuite conduit auprès d'un patient, qu'on lui a demandé de voir en consultation et d'examiner. Il l'a forcément reconnu : ce n'était nul autre que Yuri Andropov, alors chef suprême du KGB ! Il n'a alors rien fait de plus à l'époque que son travail de médecin consultant. Il a examiné Andropov, chez qui il a constaté une maladie rénale sérieuse, puis discuté du diagnostic avec les médecins russes qui, de leur côté, soupçonnaient une maladie des glandes surrénales. Il l'a ensuite revu plusieurs fois et, à chaque examen, il a réitéré son diagnostic. Cela fait, il a rédigé une note détaillée sur son histoire médicale, donné ses recommandations et il est rentré à Prague sans que les choses n'aillent plus loin, mises à part quelques consultations téléphoniques. Peu de temps après, il quittait la Tchécoslovaquie au moment de l'arrivée des troupes russes et il s'est joint à notre institut.

Il a gardé cette histoire secrète quinze années durant. Ce n'est qu'en novembre 1982 qu'il s'en est ouvert, deux jours après que Yuri Andropov soit devenu premier secrétaire du Parti communiste soviétique après la mort de Leonid Brejnev et, donc, automatiquement premier ministre de l'URSS. Ce jour-là, conscient de la valeur des informations qu'il avait en main, il est venu me voir à mon bureau pour me confier ce qu'il savait et me montrer les notes qu'il avait prises à l'époque. Jamais, m'a-t-il dit, il n'aurait imaginé que le diagnostic posé en 1967 pourrait un jour avoir une telle importance.

Nous étions alors en pleine guerre froide. L'avenir du monde se jouait entre le communisme international et les États-Unis, qui assumaient la défense des valeurs démocratiques et de nos libertés. Il était alors question d'une rencontre au sommet entre le président Reagan et Andropov, mais personne à l'Ouest ne savait la vérité sur l'état de santé du chef d'état soviétique. Kuchel était peut-être le seul occidental à la connaître.

J'ai tout de suite jugé de l'importance que ses notes pouvaient avoir en de telles circonstances. Sans hésiter, et avec l'accord de Kuchel, j'ai immédiatement téléphoné à Washington pour en informer George Bush, qui était alors le vice-président des États-Unis et que je connaissais personnellement à cause de mes relations avec la famille Walker. Sa secrétaire m'a répondu qu'il était, au moment précis où je lui parlais, dans l'avion qui le conduisait à Moscou pour assister aux obsèques de L. Brejnev. Il était malheureusement impossible de le rejoindre à cette heure.

Il était tout aussi impossible d'attendre que son avion arrive à Moscou pour lui parler au téléphone et courir le risque que le message soit intercepté par le contre-espionnage russe. Cependant, les autorités américaines devaient être informées le plus rapidement possible de cette nouvelle dont l'importance s'était accrue depuis que je savais George Bush en route pour l'URSS. Après plusieurs coups de téléphone, j'ai finalement pu rejoindre Prescott Bush — le frère de George — à Denver où il assistait à une réunion d'affaires. J'ai réussi à le faire sortir de la réunion et je lui ai expliqué ce qui se passait. Il a tout de suite compris l'importance de l'affaire et a sauté dans le premier avion pour Washington où il est allé directement à la Maison-Blanche en faire part à James Baker, chef de cabinet du président Ronald Reagan.

Le soir même, à Montréal, vers 18 h 30, au moment où ma femme et moi nous apprêtions à souper, j'ai reçu un appel de Washington. J'ai entendu une voix me disant : « This is Bill Casey. » Sur le coup, je n'ai pas saisi à qui j'avais affaire et je n'ai rien répondu. Après une hésitation, mon interlocuteur a ajouté : « I think you know who I am. » Il y a alors eu un déclic dans ma tête. J'ai compris que j'étais en contact avec William Casey, le directeur de la CIA. Il m'a expliqué qu'il avait été informé de la nature des renseignements que nous avions et qu'il serait très intéressé à en savoir plus. Il m'a demandé s'il pouvait m'envoyer un de ses collaborateurs pour en discuter. Je lui ai répondu que ceci devait rester absolument confidentiel et que ni moi ni Kuchel ne voulions être mêlés à aucune publicité ; je voulais le secret absolu. Il m'a rassuré, puis j'ai accepté, en exigeant cependant qu'on ne nous envoie pas n'importe quel opérateur, mais un adjoint responsable. Il m'a encore rassuré, après quoi nous avons convenu d'un rendez-vous à l'institut pour le lendemain, à 11 h précises, et je lui ai donné l'adresse.

L'homme est arrivé le lendemain à l'heure exacte et il s'est identifié en me montrant son passeport diplomatique. Ce n'était rien de moins que le directeur des Affaires de l'Europe de l'Est et de la Russie à la CIA. Je l'ai fait asseoir dans mon bureau et il est resté près de deux heures à discuter avec nous. Après quoi il est reparti en emportant dans sa mallette une photocopie des documents russes originaux écrits par Kuchel ainsi que le récit détaillé des événements. Avant de se retirer, il m'a donné son numéro de téléphone privé, au cas où j'aurais d'autres informations à lui transmettre, en m'enjoignant cependant d'être prudent et de ne parler qu'en termes vagues parce que l'ambassade russe à Washington avait les moyens d'écouter n'importe quelle conversation téléphonique dans un rayon de plusieurs milles.

Je n'ai eu aucune nouvelle pendant plusieurs mois. Puis, en avril 1983, j'ai reçu un autre appel de sa part nous demandant, à Kuchel et à moi, si nous pouvions nous rendre à Washington y rencontrer des experts de la CIA. La date de la convocation correspondait par hasard à une réunion de l'Association of American Physicians à laquelle nous comptions aller de toute manière. Nous nous sommes donc rendus à Washington où nous attendaient, dans un grand hôtel où la CIA avait réservé une suite, les experts en question, parmi lesquels se trouvait un médecin interniste. Ils nous ont fait part de nouvelles informations et nous ont demandé de les commenter. La discussion a duré plus de deux heures et s'est déroulée de manière très cordiale. À la toute fin, ils nous ont demandé notre pronostic. Cette question, qui correspondait exactement à nos champs de spécialités, était évidemment la plus importante à leurs yeux dans la mesure où il s'agissait de déterminer le nombre d'années ou de mois de vie qui restaient à Andropov. Ce pronostic pouvait être déterminant pour les décisions et les actions que le président Reagan et le gouvernement américain avaient à prendre en rapport avec une réunion « au sommet » dont les médias faisaient écho. Le Dr Kuchel et moi étions tous les deux d'accord : Andropov en avait au mieux pour près de neuf mois.

À la sortie de l'hôtel, par le plus grand des hasards, je suis tombé face à face avec un de mes amis, George Schreiner, un réputé néphrologue américain. Profitant de l'occasion, je lui ai demandé son avis sur la maladie d'Andropov, sans toutefois mentionner le nom du patient, lui disant seulement que j'avais un cas difficile pour lequel j'aimerais avoir son pronostic. Je lui ai donné les circonstances de la maladie, l'âge du patient et tous les détails utiles et il m'a répondu sans hésiter que mon patient en avait au plus pour approximativement neuf mois. Nous étions ainsi tous trois sur la même longueur d'onde. Nous nous sommes quittés et j'ai rappelé à l'hôtel, où se trouvaient toujours les gens de la CIA, pour leur annoncer la confirmation de notre pronostic par un éminent collègue.

Nous étions alors en mai 1983. Andropov est décédé en février 1984, exacement neuf mois plus tard !

Je n'ai eu l'occasion de revoir George Bush qu'en 1984, quelques mois après la mort d'Andropov. Nous étions chez sa tante Nancy Walker, sur la Pointe Walker, à Kennebunk. Je lui ai posé la question : « George, tu as dû être surpris de recevoir une pareille information d'un petit centre de recherche de Montréal ? » Et il m'a répondu : « Nous ne pouvions pas en croire nos oreilles ! Mais cela nous a énormément aidés. » Je me souviens aussi qu'il a ajouté : « Ce qui compte le plus pour nous est la crédibilité de ceux qui nous transmettent l'information et la confiance que nous pouvons avoir en eux. »

Souvent, j'ai repensé à cette affaire et à maintes reprises, Kuchel et moi en avons rediscuté. Tous les deux, nous restons convaincus, en toute conscience, d'avoir fait exactement ce qu'il fallait faire à ce moment-là. L'histoire, d'ailleurs, le confirme. Nous avons eu récemment l'exemple du président français François Mitterrand qui se savait miné par un cancer de la prostate et qui a caché la vérité au public pendant plus de dix ans — alors qu'il avait l'arme nucléaire à portée de main ! On peut citer aussi l'exemple du président américain W. Wilson qui, à la suite d'une thrombose cérébrale, se trouvait à demi-paralysé et pratiquement incapable de parler au moment de la signature du traité de Versailles : les États-Unis étaient alors administrés, à l'insu de tous, par son secrétaire et sa femme qui, avec seulement deux années de scolarité, signait pour lui les documents officiels... Une situation à peu près semblable s'était reproduite à la conférence de Yalta où le président Roosevelt s'était rendu alors qu'il souffrait d'hypertension maligne et que sa capacité de concentration ne dépassait pas trente à quatre-vingt-dix minutes ; Staline et Churchill relevaient eux d'une thrombose coronarienne. On peut aussi donner l'exemple du président Kennedy qui s'était rendu à la conférence de Vienne la figure boursouflée par la cortisone qu'il devait prendre pour soigner son insuffisance surrénalienne. Lorsqu'on sait que la cortisone peut affecter le jugement, on n'est plus étonné d'apprendre que plusieurs observateurs ont rapporté que Khrouchtchev avait la dragée haute dans pratiquement toutes les discussions.

Si le secret médical ne tient plus pour certaines maladies comme le sida, la syphilis et autres, spécialement entre conjoints, combien compte-t-il quand l'avenir d'un pays ou de la société humaine est en cause. C'est pourquoi le médecin peut outrepasser la confidentialité du dossier médical et rendre public certains faits pour des raisons impérieuses touchant l'avenir d'un pays ou du monde. La concentration d'un pouvoir aussi énorme que donnent les armes bactériennes et nucléaires, les bombes téléguidées et autres, dans les mains d'un dirigeant de pays important pose une limite stricte au secret professionnel du médecin. L'avenir du monde ou de la société est plus important que la sauvegarde d'un secret pour un individu qui s'accroche au pouvoir et qui ne sait pas respecter la justice élémentaire vis-à-vis de la société. Je ne connais aucune prodédure bien définie pour ces cas, que ce soit aux États-Unis, en France ou ailleurs, et je crois que le médecin doit s'en remettre, selon les circonstances, à son jugement et à sa diplomatie pour alerter les personnes appropriées et ainsi prévenir des désastres graves pour l'avenir de l'humanité.

Départ de l'IRCM

J'ai quitté la direction de l'IRCM au cours de l'été 1984. Pourquoi quitter à un moment où l'institut était au mieux de sa productivité et de sa performance ? Pour de multiples raisons, toutes simples et rationnelles, libres d'animosité ou d'amertume. C'est, au contraire, avec beaucoup de sérénité que je cédais la place à cette nouvelle génération de chercheurs que j'avais eu tant de bonheur à aider et à voir grandir. Ma décision de ne pas continuer à mon poste de directeur au-delà de l'âge de 65 ans était prise depuis longtemps. J'avais trop souvent eu à déplorer, au sein des conseils d'administration d'organismes médicaux du Québec auxquels j'avais siégé, l'obstination avec laquelle certaines personnes ayant dépassé les 75 ans — et quelquefois les 80 ans — s'accrochaient à leur poste, incapables de laisser la place à des plus jeunes, plus dynamiques et mieux au fait des progrès de la médecine contemporaine. Cet entêtement est souvent responsable de la sclérose et du déclin de nombre d'institutions. J'avais retenu de mon expérience chez Merck et au Montréal Trust que les grandes institutions financières s'en prémunissent par des politiques de retraite bien définies et j'estimais que dans la recherche comme dans les affaires, et cela, pour le bien de l'institution, il était mieux de se retirer au moment voulu que trop tard.

L'une des raisons de mon départ était que comme la plupart des chercheurs de ma génération, j'avais peu de temps à ma disposition pour me maintenir à jour en biologie moléculaire et en génétique, écrasé par les soucis et les tâches administratives. J'étais de moins en moins à l'aise dans le langage des chercheurs spécialisés dans ces nouveaux domaines de la recherche fondamentale. Il était difficile d'être toujours au courant dans une période qui progressait à un rythme effarant. Il était temps qu'un autre chercheur animé du même idéal prenne la relève pour maintenir l'institut à la fine pointe du progrès de la recherche biomédicale et clinique moderne.

Lorsque j'ai commencé ma carrière, la recherche était biochimique et physiopathologique et elle se faisait essentiellement par l'observation des systèmes respiratoire, digestif, rénal, endocrinien, etc. Depuis la découverte de l'ADN, ce type de recherche cède progressivement la place à une recherche plus fondamentale, concentrée sur le développement de la biologie moléculaire, de la génétique et de l'immunologie. Grâce aux percées accomplies dans ces domaines au cours des récentes années et grâce au progrès phénoménal de toute une gamme de nouvelles technologies développées dans le champ de la biologie moléculaire et du génie génétique, l'état des connaissances évolue aujourd'hui à une vitesse inouïe. La médecine traverse en ce moment une période sans parallèle de changements fondamentaux.

C'est évidemment dans mon domaine, celui de l'hypertension, où je suis le plus à même de juger de l'ampleur des progrès accomplis. Il y a cinquante ans, lorsque j'ai commencé ma carrière, nos connaissances des causes de cette maladie qui affecte 25 % de la population adulte se résumaient à quelques corrélations ou quelques hypothèses, en fait, à très peu de choses. Les traitements étaient encore pratiquement inexistants ou inefficaces et mis à part la diète « sans sel », la médecine avait peu d'espoir à offrir aux malades.

Il s'est fait depuis lors peut-être davantage de progrès dans le domaine spécifique de l'hypertension que dans tout autre domaine de la recherche biomédicale. Sur une période d'à peine cinquante ans, des équipes de chercheurs du monde entier sont parvenues à identifier et à relier toute une série de facteurs pouvant être en cause dans l'hypertension : sodium, aldostérone, système rénine-angiotensine, FNA, système nerveux autonome, hérédité, etc. Ces connaissances fondamentales ont à leur tour permis la découverte de nombreux médicaments tels que les agents natriurétiques, les agents de blocage du calcium, les béta-bloqueurs qui interfèrent avec l'activité du système nerveux sympathique ou, encore, cette nouvelle génération de médicaments qui interviennent directement sur le système rénine-angiotensine. La médecine contemporaine est en mesure de contrôler 100 % de toutes les formes d'hypertension : un progrès thérapeutique inégalé.

Le groupe de recherche multidisciplinaire en hypertension de l'Hôtel-Dieu et de l'IRCM a largement contribué à cette réussite en participant à la plupart des progrès et des découvertes dans ce domaine. Nous nous y sommes même taillé une réputation enviable qui a favorisé le rayonnement scientifique du Québec non seulement au Canada et aux États-Unis, mais dans le monde entier. Nous avons aussi été parmi les premiers à étudier l'efficacité de beaucoup de médicaments antihypertenseurs mis au point depuis le début des années 1950 et l'habileté thérapeutique que nous y avons acquise a joué un rôle de premier plan dans l'amélioration des soins. Elle a permis au Québec d'être à la fine pointe dans ce domaine et explique les nombreuses demandes de conférences et autres reçues de la part de sociétés et de groupes médicaux depuis les années 1955 à 1990. Nous avons organisé des cours pour les médecins praticiens afin de les informer sur les nouveaux traitements et nous avons donné quantités de conférences dans les hôpitaux, lors de réunions médicales diverses et de congrès spécialisés. On peut dire aujourd'hui que grâce au travail accompli par le groupe de Montréal et d'autres unités spécialisées, les personnes hypertendues du Québec ont été traitées à la fine pointe du progrès médical et je dirais aussi bien, sinon mieux, que n'importe où au monde.

Cependant et malgré tout ce que la recherche nous a appris, l'hypertension reste, en grande partie, une énigme dont nous ne connaissons pas encore les mécanismes intimes. Encore aujourd'hui, la nature fondamentale des causes moléculaires de la vasoconstriction qui augmente la résistance périphérique au courant sanguin échappe à la science. Comme pour la physique nucléaire où on a souvent cru atteindre l'ultime unité — l'atome, l'électron, le neutron, le proton, le neutrino et maintenant les quarks —, les chercheurs ont souvent cru approcher la cause profonde de l'hypertension, mais ils n'ont chaque fois découvert qu'une nouvelle étape avant la vérité ultime. Depuis cinquante ans, nous avons mis au jour un ensemble de facteurs que nous avons tour à tour pensé être la clé, mais sans encore parvenir à en dissiper tout le mystère. Nous avons appris avec le temps qu'ils étaient reliés les uns aux autres et découvert qu'il existe entre eux une intégration d'une précision extraordinaire, mais dont nous commençons seulement à entrevoir l'harmonie et l'étourdissante complexité. Il y a là une immense beauté qui, comme dans tous les êtres vivants, ne fait que grandir à mesure que nous levons le voile sur ce qui nous reste encore à découvrir et à comprendre.

Je suis que l'hypothèse de travail qui a servi de base à nos recherches depuis 1948 — à savoir un trouble fondamental de la régulation du sodium dans l'hypertension — semble de plus en plus confirmée par les travaux récents en biologie moléculaire et en génétique, surtout ceux du groupe de Yale. Ces derniers impliquent directement des mutations génétiques responsables d'une augmentation de la réabsorption du sodium au niveau des cellules du tubule rénal dans plusieurs types distincts d'hypertension humaine. L'avenir s'annonce donc excitant !

De nouveaux défis, bien différents de ceux que les chercheurs de ma génération ont connus, attendent aujourd'hui les jeunes chercheurs de la relève. Les percées récemment accomplies, particulièrement dans le domaine de la génétique, sont en voie de transformer radicalement la médecine et les soins hospitaliers. Une médecine moléculaire se dessine peu à peu, que ce soit sur le plan du diagnostic des mutations génétiques, des maladies héréditaires et métaboliques que sur celui des manifestations immunitaires ou de la thérapie génique, et permet des espoirs encore impossibles il y a quelques années. Ces changements sont cependant à la source des difficultés de communication croissantes que traverse la médecine contemporaine et contribuent à élargir le fossé entre la recherche fondamentale et les soins du malade.

Chaque domaine de recherche — moléculaire, génétique, immunologique, etc. — possède sa propre terminologie, si vaste et complexe qu'elle constitue un véritable dialecte hyperspécialisé et truffé d'acronymes que même les chercheurs des domaines voisins ont du mal à comprendre. Le fossé du langage, déjà énorme entre deux secteurs de recherche, est encore plus grand entre la recherche et la clinique. Le chercheur qui se rend au chevet du malade transpose sa pensée dans le langage de la médecine courante s'il veut être compris par le patient. Or, ceci s'avère de plus en plus difficile à mesure que les champs de recherche se spécialisent et que se creuse l'écart entre le laboratoire et le malade.

Le travail du clinicien-chercheur, dont le rôle est de servir de point de transfert entre la recherche et la clinique, prend son véritable sens. Il y a trente ans, nous avons été les pionniers de ce concept nouveau à la base de l'IRCM et qui consiste en l'association en équipe de chercheurs fondamentalistes et de cliniciens-chercheurs. Cette association, qui vise à orienter la recherche en fonction du malade et du traitement de la maladie, a été productive et est responsable en bonne partie du succès de l'institut. Imitée par de nombreux autres centres de recherche, elle a fait ses preuves et constitue la voie de l'avenir de la recherche biomédicale.

Une autre des raisons de mon départ était depuis quelques années une certaine lassitude, voire une exaspération à constamment devoir me battre contre l'incompréhension, le manque d'envergure et aussi, dans certains cas, l'incompétence de certains technocrates du ministère des Affaires sociales et du FRSQ. À cela s'ajoutait la jalousie et les mesquineries dont j'avais eu à souffrir de la part de quelques confrères que j'avais pourtant aidés, comme bien d'autres, et dont l'ambition et la poursuite agressive de leurs intérêts personnels ont étouffé l'amitié ou même le simple respect mutuel qui nous attachait.

Il semble que l'anti-élitisme de certains sociologues et bureaucrates — attitude qui était une imitation servile de la philosophie de Mao Tsé-Tung — a eu l'effet néfaste de détruire et d'empêcher l'émergence d'une véritable élite intellectuelle au Québec. On constate aujourd'hui que malgré les sommes importantes investies, on a du mal à trouver des leaders et des mentors en recherche biomédicale pour leur confier la direction de centres ou d'instituts. Où sont les leaders ? Qui sont nos modèles en recherche ? Où est le véritable esprit universitaire ?

Heureusement, plusieurs de ces pseudo-grands-prêtres de la Révolution tranquille commencent à se rendre compte des conséquences graves de cette idéologie. Ils en viennent maintenant à adopter l'esprit de l'institut et à encourager l'élitisme fondé sur la connaissance, la recherche désintéressée et l'excellence sans lesquelles aucune institution ne peut progresser. Il faut à tout prix continuer à lutter afin de résister, dans tous les aspects de l'activité humaine, à cette vague d'égalitarisme qui ne conduit qu'à la médiocrité et au contrôle abusif de fonctionnaires assoiffés de pouvoir. On ne doit jamais oublier que la base du progrès et de toute recherche, tant dans le domaine médical que dans les autres, est avant tout l'individu, c'est-à-dire le savant avec sa motivation profonde, sa curiosité et ses talents. Les autres facteurs, tels que la productivité ultérieure du chercheur, les objectifs de son travail et l'orientation de sa recherche constituent des éléments qu'il serait désastreux de vouloir réglementer et canaliser vers des applications immédiates et d'ordre pratique, car ils risquent de compromettre le progrès médical et scientifique du pays.

Il reste qu'en dépit des erreurs, il s'est accompli un progrès scientifique considérable au Québec. J'en mesure l'étendue chaque fois que je repense à ce que j'ai retrouvé au Québec à mon retour des États-Unis, au dogmatisme et à la pontiferie de nombreux cliniciens ou chaque fois que je me rappelle l'ampleur de notre retard scientifique, le vide intellectuel et universitaire dans ce domaine. Notre médecine et notre science étaient celles de coloniaux, nos cliniciens devaient à l'occasion, dans les cas complexes, demander l'aide de collègues anglophones et de plusieurs Canadiens français préféraient se faire soigner directement dans les grandes institutions américaines plutôt que de le faire au Québec.

Peu de gens s'intéressaient à la science. Ni les politiciens de l'époque, ni les intellectuels, ni les médias — sauf de rares exceptions — ni la plupart de ceux qui par la suite ont participé à la Révolution tranquille n'étaient d'ailleurs en mesure de le faire, car la majorité d'entre eux en ignoraient l'essentiel.

Les gouvernements successifs du Québec depuis 1980 ont cependant manifesté de la compréhension dans le domaine scientifique. Au fil des ans, des sommes considérables ont été investies dans la recherche et il s'y est fait une contribution tranquille, mais extrêmement importante, bien qu'elle soit le plus souvent restée dans l'ombre et que le grand public ne l'ait pas toujours remarquée. Si on compare le Québec actuel à l'avant-révolution tranquille, on constate plus de progrès sur le plan scientifique et biomédical que dans les autres domaines. Nos facultés de médecine ont été reconnues pour leur qualité, l'enseignement médical a été amélioré pour atteidre aujourd'hui un standard élevé et les Québécois ont eu la chance de recevoir des soins médicaux de qualité égale à ceux donnés dans la plupart des centres hospitaliers des États-Unis, de France ou d'Angleterre.

De la même façon, en dépit des difficultés que nous avons eues avec le FRSQ, il faut reconnaître que le CRMQ, le CRSQ puis le FRSQ ont eu une action extraordinairement bénéfique sur la recherche au Québec. On doit souligner qu'il a été le leader dans le domaine et qu'aucune autre province canadienne n'a investi autant d'argent dans la recherche. Le budget cumulatif du FRSQ, depuis ses débuts en 1982-1983 jusqu'en 1995-1996, dépasse le demi-milliard de dollars et témoigne du magnifique effort dont les gouvernements successifs du Québec ont fait preuve en faveur de la recherche biomédicale. On doit aussi souligner que l'Université McGill a largement profité des programmes du CRMQ-CRSQ-FRSQ. Cela d'abord en raison de son excellence déjà établie, mais aussi, disons-le, en raison du sens de la générosité des Canadiens français. Cette attitude doit servir d'exemple, car l'avenir est plus important que le passé et la générosité plus porteuse d'amitié et de collaboration que l'affrontement et les ressentiments.

Le Club de recherches cliniques est un autre bel exemple du chemin parcouru. Depuis ses premières réunions informelles réunissant à peine quelques dizaines de chercheurs pendant une demi-journée, il n'a cessé de grandir. Avec les années, les sujets abordés se sont multipliés et spécialisés et ils couvrent des domaines de plus en plus variés, depuis la biologie moléculaire jusqu'à la génétique en passant par tous les aspects de la biologie humaine. La subvention de 2 000 $ que le CRMQ versait au club à ses débuts a été portée à 10 000 $ par le FRSQ. Elle permet de louer les salles de réunions et de payer les frais de secrétariat, de comptabilité et d'organisation. Aujourd'hui, le club rassemble chaque année quelque 250 participants qui assistent à près de 200 présentations multidisciplinaires, dont plusieurs magistrales, données par des conférenciers de prestige. Le nombre croissant de jeunes cliniciens-chercheurs qui y adhèrent témoigne à la fois de son succès et du dynamisme de la relève actuelle.

Les Canadiens français peuvent être fiers de ces réalisations, car ils les ont accomplies eux-mêmes et le plus souvent sans aide extérieure. Ce sont les dividendes du bon vouloir de nos gouvernements, mais aussi des nombreux chercheurs de Montréal, de Laval et de Sherbrooke qui ont contribué par leur enthousiasme et leur compétence à l'épanouissement de la médecine canadienne-française dans tous ses aspects. Ce succès est aussi l'œuvre des chercheurs de la première heure à laquelle la jeune génération doit une reconnaissance spéciale, à des hommes comme Claude Fortier, Yves Morin et Jean-Marie Delage à Québec ; Gérard Plante et Dominico Regoli à Sherbrooke ; Jean Davignon, Michel Chrétien, Guy Lemieux, Marc Cantin, André Barbeau, Jacques de Champlain et autres à Montréal.

La recherche actuelle du Québec n'a peut-être pas encore atteint le niveau de centres comme Johns Hopkins, Harvard, Saint Louis, Chicago et San Francisco pour n'en nommer que quelques-uns. Elle se compare toutefois honorablement, dans plusieurs domaines, à ce qui se fait ailleurs. Beaucoup de nos chercheurs se voient invités à donner des conférences aux États-Unis, en France, en Angleterre, en Australie, en Chine et au Japon parce que la qualité de leurs travaux est de calibre international. Nous avons toutes les raisons d'en être fiers : grâce à eux, le Québec participe activement à la vie scientifique mondiale.

L'IRCM a participé activement au progrès de la recherche et a joué un rôle de premier plan dans le rayonnement du Québec à travers le monde scientifique. Son concept original est un modèle qui a été imité avec succès ailleurs dans le monde par le Lady Davis Research Institute, par le John Robarts Research Institute à London (Ontario), par le Clinical Research Center du Medical Council à Northwick Park près de Londres et par de nombreux autres centres médicaux. Peu d'institutions de recherche, que ce soit ici ou au Canada, peuvent se vanter d'avoir reçu autant d'honneurs et de prix internationaux que l'IRCM. Ils sont la preuve de ses succès et de son prestige dans le monde scientifique, reconnus par des comités d'experts indépendants sans aucun lien avec l'IRCM. Ils sont la raison la plus convaincante pour laquelle l'IRCM devrait avoir un statut particulier au ministère de la Santé, tout comme celui dont l'Institut Pasteur et l'Institut Curie bénéficient en France.

Michel Chrétien a été choisi en 1984 pour prendre en main la relève et me succéder à la direction de l'IRCM. Dès 1983, selon les règlements de l'institut, un comité de nomination a été constitué. Après de nombreuses consultations internationales et internes, son choix s'est arrêté sur ce clinicien-chercheur et travailleur acharné qui pouvait faire le pont entre la médecine clinique et la biologie moléculaire.

L'IRCM a continué de croître. Tandis que le groupe de recherche en hypertension dirigé par Marc Cantin faisait les percées qu'on connaît sur le facteur natriurétique des oreillettes, Michel Chrétien consacrait beaucoup d'énergie à mener à terme le nouveau projet d'agrandissement. Celui-ci s'est concrétisé en 1989 grâce au soutien du ministère de la Santé et des Services sociaux qui a accordé la subvention nécessaire pour la construction et l'aménagement d'une nouvelle aile de même que pour le fonctionnement des nouveaux espaces et l'embauche de nouveaux chercheurs. Deux ans plus tard, l'IRCM recevait une autre subvention importante du gouvernement fédéral en vertu du programme d'aide aux établissements de recherche.

Complétés en 1992, ces travaux de construction ont aussi permis de moderniser certaines installations. De nouveaux laboratoires ont ainsi été créés et l'équipe des chercheurs s'est une fois de plus agrandie, couvrant une part plus grande encore du champ de la recherche biomédicale.

La santé positive

Ma retraite de la direction du groupe de recherche en hypertension et de l'IRCM n'a été pour moi qu'une autre manière de poursuivre le travail de toute ma vie. Mon expérience et ma longue carrière scientifique de même que ma préoccupation profonde pour la situation actuelle et l'avenir de la société humaine m'ont amené à me pencher sur la santé globale et sur la notion de sérénité.

J'ai abordé cette notion pour la toute première fois en public à l'occasion de la remise du doctorat honorifique que l'Université de Toronto m'a attribué en 1970. Lors du discours de convocation qu'on m'avait demandé de prononcer, j'ai choisi de parler de l'importance de la sérénité d'esprit dans le traitement des maladies à forte composante psychosomatique et en particulier de l'hypertension. L'intérêt avec lequel mon discours a été accueilli et les nombreuses lettres que j'ai reçues par la suite m'ont encouragé à poursuivre ma réflexion. C'est ainsi qu'après de nombreuses discussions avec André Aisenstadt, grand mécène de la médecine et de la musique, est né le concept de santé positive. L'idée a fait tranquillement son chemin et, en 1992, un premier symposium sur le sujet était organisé par l'IRCM à l'Hôtel Ritz-Carlton et un deuxième, en 1994, à l'Hôtel Reine-Élizabeth avec le concours de personnes éminentes dont un lauréat du prix Nobel, John Polanyi, et l'ancien conseiller du président Jimmy Carter, Zbigniew Brzezynski.

La santé n'est pas que l'absence de souffrance et de maladie physique ou mentale. Elle est également bien plus que l'accès à un système de santé gratuit et universel. Elle revêt un sens plus global, qui couvre tous les aspects de l'humain. Selon l'Organisation mondiale de la santé, elle est le résultat d'un bagage génétique normal, d'une bonne hygiène personnelle et de conditions de vie où l'alimentation, le logement et divers facteurs socioéconomiques jouent un rôle important.

La santé positive est cependant davantage. Elle ne tient pas compte seulement de l'aspect physique de la santé et des conditions matérielles qui la favorisent. Elle est aussi un état de sérénité, de paix intérieure, de joie de vivre et de satisfaction d'être un membre utile à la société.

Divers aspects de la santé positive ont déjà été décrits par les grands penseurs de l'humanité. Démocrite, par exemple, l'appelait « euthymie », ce qui signifie « sensation de bien-être » ; Épicure l'appelait « ataraxie », ce qui signifie « absence de souffrance et de trouble » ; Sénèque la décrivait comme étant « la tranquillité de l'âme » ; et William Osler la nommait « équanimité ». Chez tous ces philosophes, chez les grands stoïciens, les prophètes juifs du temps de Salomon, de l'Ecclésiaste, de l'Ecclésiastique, de même que chez Bouddha, Confucius, Socrate, Platon et Aristote, la santé physique et mentale était considérée comme un élément important, sinon essentiel, au bonheur. Selon eux, et particulièrement selon les grands stoïciens comme Cicéron, Sénèque, Épictète et Marc-Aurèle, le bonheur dépend davantage du contrôle de ses pulsions et de ses désirs immodérés et de l'acquisition des vertus fondamentales qui permettent d'y parvenir. Ces vertus sont : la maîtrise de soi (modération, tempérance), la prudence, la justice et le courage. Sans elles, il est difficile de s'adapter à la vie moderne et d'atteindre un état de sérénité et de sagesse qui permette d'affronter les aléas et les stress de la vie. La gravité des problèmes auxquels l'homme doit faire face dans la période de transition que nous vivons, la dégradation des valeurs et de la moralité, la difficulté de s'adapter aux stress innombrables de la vie moderne, surtout en milieu urbain, constituent des raisons impérieuses d'acquérir la santé positive sans laquelle le bonheur est impossible.

Sous les régimes communistes, la fin justifiait les moyens. Au nom de cette fin, on a privé les individus non seulement des libertés politiques et du droit à la propriété, mais aussi de toute possibilité d'initiative individuelle et de choix moral. Si le bilan est un peu moins sombre dans les sociétés capitalistes comme la nôtre, dominées par des concepts libertaires et par une philosophie matérialiste qui rejette les valeurs spirituelles, c'est essentiellement à cause des libertés individuelles dont nous jouissons et dont furent privés les peuples sous domination communiste. Néanmoins, l'individu y est souvent réduit à n'être qu'un consommateur de biens et un objet de marketing limité dans sa liberté de penser, obnubilé dans sa conscience morale individuelle et soumis à la pression omniprésente de la conformité.

Les communications instantanées (internet, télécopieur, téléphone cellulaire...) et le contrôle prédominant de six ou sept grandes compagnies américaines propagent simultanément et dans le monde entier, surtout par la télévision et le cinéma, un « entertainment » vulgaire et carnavalesque[1] qui tourne le plus souvent autour du sexe et de l'argent. Le phénomène n'est certes pas nouveau, mais il est devenu mondial et il exerce une influence néfaste. Dans ce marasme intellectuel et dans un contexte social déjà miné par la pauvreté, le chômage, l'éclatement de la famille et la drogue, notre système d'éducation ne nous est malheureusement pas d'un grand

---

1.   James B. Twitchell, *Carnival Culture: The Trashing of Taste in America*, Colombia University Press, 1992.

secours. L'égalitarisme, l'anti-élitisme, la permissivité morale dans nos établissements scolaires, de même que l'enseignement presque exclusivement basé sur la transmission d'informations, rendent difficile, sinon impossible, l'acquisition des valeurs fondamentales.

Or, on sait depuis toujours que l'abandon des valeurs fondamentales et la permissivité excessive ont favorisé chez l'homme le jeu des passions et des désirs immodérés. Ceux-ci proviennent de ses gènes, hérités de ses ancêtres primates, et sont les ennemis de l'homme libre. Leur influence se manifeste par les pulsions sexuelles, la gloutonnerie, l'ivrognerie, la violence et autres qui sont à l'encontre de la liberté et de la santé positive.

Je crois que la maîtrise de soi est un élément cardinal pour le traitement de plusieurs pathologies telles que l'obésité (gloutonnerie), l'athérosclérose (gras animal), l'hypertension (sel), la cirrhose (alcool), le cancer du poumon (tabagisme), les maladies transmises sexuellement, etc. Ces pathologies sont liées en partie aux comportements individuels auxquels la recherche devrait s'intéresser davantage. Nous savons, par exemple, que les stress émotionnels, psychologiques ou ambiants, sans être la cause de l'hypertension comme le pensait Hans Selye, peuvent, s'ils sont suffisamment graves ou s'ils se prolongent, causer une élévation temporaire de la pression artérielle et, surtout, aggraver une hypertension existante. Savoir dominer ses passions et s'adapter devant les causes d'anxiété, de dépression ou de détresse que provoque la société moderne est un aspect important de la lutte contre la maladie. Mais il s'agit là d'une discipline personnelle basée sur la connaissance de soi — le fameux « connais-toi toi même » de Socrate.

Il est essentiel de se connaître soi-même, de connaître ses talents, ses faiblesses, ses tendances majeures (appétit du sexe, argent, honneurs, recherche du pouvoir et statut social...) si on veut acquérir le contrôle de ses passions et de ses désirs. La connaissance de soi est à la base de cette vertu cardinale qu'est la prudence, qui consiste à s'assurer des conséquences avant toute entreprise sérieuse et à se demander si ces conséquences seront favorables, et surtout, si on pourra les assumer. Un excellent moyen d'acquérir la prudence est l'examen de conscience préconisé par Pythagore et, plus tard, par Sénèque dans son traité sur la colère qui consiste à se demander chaque soir : « Quelles mauvaises actions a-t-on faites aujourd'hui ? À quelle faute a-t-on succombé ou résisté ? A-t-on bien agi ? »

Une autre vertu cardinale est le courage, que les stoïciens décrivent comme la grandeur d'âme au service de la justice. Le courage est la qualité de rester calme en présence de stress sévères ou d'alarmes soudaines, de venir en aide à des amis dans le besoin, d'être sincère et fidèle à ses convictions, de toujours servir la vérité et de savoir la proclamer même si elle est impopulaire. Si le courage physique est fréquent, le courage moral a malheureusement toujours été une denrée rare dans l'humanité, tout spécialement de nos jours chez ceux qui détiennent les pouvoirs exécutifs dans des postes clés.

La justice est également une vertu capitale. Elle se fonde sur la bonne foi et sur la vérité et elle a pour première obligation celle de ne pas faire de tort à quiconque et de respecter la propriété et la réputation d'autrui. Elle dépend de la maîtrise de soi dans la mesure où, pour devenir juste, il est indispensable de maîtriser sa passion pour le pouvoir, pour la richesse et pour les honneurs. Elle dépend aussi du courage, puisqu'elle est aussi une qualité dont dépend le bien commun et le respect des autres.

Ces qualités fondamentales sont des compléments de ce qui est appelé le bon sens, lequel est la plus grande qualité humaine. Il provient de la raison tempérée par le cœur et en même temps des intuitions et des impulsions du cœur tempérées par la raison. Il est le produit d'un équilibre et de la paix de l'âme dont le sourire est non seulement un accompagnement important, mais aussi un signe de la santé positive. Le sourire est contagieux et il est un excellent moyen de gagner l'affection et le respect des autres et de se faire des amitiés solides. « Smile is the second best thing you can do with lips », affirme un graffiti sur un des murs d'une maison de la rue Prince-Arthur, près du Carré Saint-Louis, à Montréal !

Quatre cents ans avant Jésus-Christ, Démocrite disait déjà que « l'homme ne peut trouver le bonheur par ses sens ni par sa richesse, mais seulement en étant droit, juste et sage ». Il est malheureux qu'un certain degré d'acquisition de sagesse et de bonheur ne s'obtienne que progressivement ou à la fin de la vie et que si peu soit transmissible à la génération suivante autrement que par l'exemple ou l'écrit. Je sais qu'il faut souvent presque une vie entière pour acquérir la maîtrise de soi et la sérénité essentielles à la santé positive qui comme style de vie est cependant devenue une priorité et une obligation dans cette période de transition qui est la nôtre. Elle est plus que jamais indispensable si l'humanité doit parvenir à un haut degré de bonheur et de sérénité et si la jeune génération veut acquérir l'habileté et la sagesse de faire face aux défis et aux énormes problèmes qui pointent à l'horizon.

Quelques-uns de ces défis sont clairs, ce sont : la défense des libertés individuelles et des droits démocratiques de mouvement, de parole et de religion ; le contrôle de la surpopulation et les problèmes de migration du tiers monde vers les pays riches ; la réévaluation du rôle de la sexualité depuis que la nécessité de procréer pour peupler notre planète n'est plus indiquée ; les problèmes de la génétique, du clonage, de l'euthanasie, etc. ; la protection des écosystèmes ; la correction des graves inégalités économiques entre les pays et des disparités sociales...

L'enseignement des valeurs fondamentales est la pierre angulaire de la santé positive qui nous permettra d'envisager l'avenir avec courage et sérénité. Cet enseignement devrait faire partie de tous les programmes d'études tant pour les enseignants que pour les élèves. D'ici là, ce sera la responsabilité et le devoir de tous, et particulièrement des médecins qui côtoient quotidiennement la souffrance, la faiblesse et la détresse humaine, de prêcher par l'exemple de la santé positive.

Conseils aux jeunes

Allow nothing to divert you from your professional and scientific work. While maintaining a spirit of cooperation, resist the call to give general addresses, especially at a distance from home, to serve on committees, to assume time-consuming administrative duties and to show visitors around labaratories, clinics and buildings.

If you have found a problem, it should absorb you and its successful pursuit should make you the happiest of mortals in the consciousness of adding something to the body of ordered knowledge.

Strive for and be content with a scientific reputation based on the judgment of the best workers in your own field... Such reputations are enduring.

William Henry Welch, en recevant en 1927 la médaille Kober, dans A. McGehee Harvey, *The Association of American Physicians, 1886-1986. A Century of Progress in Medical Science*, Waverley Press, 1986, p. 245.

Toutes mes activités professionnelles ont eu pour objectif de combler le vide de la vie intellectuelle et scientifique du Québec dès que j'ai débuté ma carrière. J'y ai consacré toute ma vie et toutes mes énergies. Ce faisant, j'ai acquis une expérience qui me permet aujourd'hui de dégager certaines leçons peut-être utiles à un jeune qui souhaiterait exercer son leadership dans sa profession ou dans la société.

Je dois d'abord rappeler une fois de plus ma conviction que le Québec a beaucoup souffert de la culture égalitariste en vogue depuis le début de la Révolution tranquille. Pour les sociologues qui en ont fait la promotion, le nivellement au plus petit dénominateur commun devait suffire à bâtir une société forte. Leur action s'est dissoute dans la médiocrité et s'est enlisée dans d'interminables palabres, le plus souvent par leur propre faute, à cause des innombrables comités qu'ils avaient eux-mêmes créés et ensuite savamment noyautés dans le sens du « politically correct ». Le résultat de leur manque de clairvoyance et de grandeur d'âme, en dépit de ce qui était sûrement au départ de bonnes intentions, est que beaucoup de gens aujourd'hui se plaignent de l'absence de vrais leaders au Québec. Et ils ont raison, car aucun peuple ne peut être respecté ou admiré, ne peut survivre ou s'épanouir s'il n'a pas à son service une élite de savants, d'économistes, de juristes, d'artistes, de médecins, etc. Il ne faut jamais oublier que c'est avant tout l'individu et la force de son idéal qui sont la source du progrès et du rayonnement d'une nation.

Quel que soit le domaine d'activité sociale ou professionnelle qu'il choisit, le jeune avec de l'ambition doit toujours et en premier lieu viser à la plus haute compétence. Toutefois, celle-ci n'est rien si elle n'est pas soutenue en deuxième lieu par la recherche de l'excellence, c'est-à-dire par le souci du travail bien fait et un esprit de service du bien commun. Cette ambition demande beaucoup de travail et exige une détermination et une persévérance que seules peuvent donner l'enthousiasme et la conviction de contribuer de façon importante au progrès de la société.

> Le prestige et la grandeur d'une nation sont dus à des esprits créateurs et innovateurs, à ses entrepreneurs dans quelque domaine que ce soit : affaires, recherche, arts ou toutes formes de création où le génie libre de l'homme doit trouver les conditions sociales et matérielles pour s'épanouir à son maximum. L'état doit veiller à assurer ces conditions, mais non pas supplanter la libre entreprise, ni étouffer l'esprit créateur du chercheurs.
>
> J. Genest, *Bulletin de l'ACFAS*, vol. 1, 1979, p. 30.

La haute compétence ne doit pas non plus faire oublier qu'il est essentiel, dans notre société moderne de surspécialisation, que les chercheurs et les leaders sachent porter leur regard au-delà de leurs horizons professionnels. Leur attention doit aussi s'attacher à l'humain dans sa totalité et à l'ensemble de ses œuvres, qu'il s'agisse de littérature, d'histoire, d'art, de musique, d'astrophysique ou autres. Ils doivent veiller à établir des traits d'union entre les diverses sciences et les divers domaines de la connaissance. Forts de cette interdisciplinarité, ils pourront espérer devenir des penseurs respectés qu'on consultera pour leurs jugements sages et équilibrés.

Le jeune devra être capable de susciter l'enthousiasme de ses collaborateurs afin que ceux-ci partagent son idéal et soient convaincus de la nécessité de sa réalisation. Pour cela, il faut, bien sûr, en troisième lieu, une grand force de caractère et un équilibre heureux de discipline, de flexibilité et de tolérance. Mais il faut aussi, et je dirais d'abord et avant tout, un véritable idéal qui dépasse les intérêts personnels et auxquels les collaborateurs puissent adhérer. Par ailleurs, le jeune devra toujours se montrer généreux à leur égard, car la générosité maintient des relations harmonieuses et assure la loyauté et la cohésion des équipes. Il devra se montrer juste envers eux, cultiver le sens de la solidarité par une répartition équitable des honneurs et ne jamais hésiter à les applaudir pour leurs contributions.

Il en est de même pour ceux qui occupent un poste de direction. Il est important de savoir, en quatrième lieu, maintenir un climat de transparence dans toutes les activités de l'institution dont ils ont la charge, et particulièrement dans les décisions qui touchent les intérêts communs. Un leader se doit d'être intègre et doit se garder de susciter l'envie autour de lui. Il doit se méfier des contrats de travail qui comportent des privilèges exagérés ou abusifs. Le malheur est que dans la poursuite d'un idéal, trop de jeunes aspirants leaders en viennent à poursuivre leurs intérêts personnels avant tout et à oublier le service du bien public.

Le jeune doit aussi chercher à établir des amitiés avec quelques personnes influentes réputées pour leur intégrité et leur sagesse. Leur appui peut être déterminant à certains moments d'une carrière, car la motivation la plus noble est quelquefois vaine si elle n'est pas soutenue par les conseils de personnes sages, désintéressées et compétentes. S'il est animé par un véritable idéal et s'il manifeste clairement sa détermination et sa volonté de le réaliser, le jeune pourra toujours compter sur des appuis — souvent inattendus — qui lui permettront de vaincre les obstacles.

Parmi ces obstacles, l'aspirant leader devra tout particulièrement s'attendre à se buter à la jalousie de collègues qui essayeront de l'empêcher de progresser par toutes sortes de mesquineries, de méchancetés, de rumeurs malicieuses et même de calomnies. Il importe de ne pas se laisser indûment atteindre par ces attaques et de ne pas en faire une idée fixe. On dit des politiciens qu'ils ont la « peau épaisse » parce qu'ils parviennent souvent à contrôler leurs réactions émotives et ainsi à éviter les états d'anxiété, d'insomnie ou de dépression qui en résulteraient autrement. Il en est de même dans la recherche. Le jeune qui aspire à y réussir doit apprendre à se forger une carapace. La maxime du *Quartier latin*, dont j'ai fait ma devise depuis le temps où j'en étais le directeur, prend ici tout son sens. Il faut savoir « bien faire », c'est-à-dire maintenir le cap sur son idéal, agir avec sincérité au meilleur de ses connaissances et de son expérience. Il faut aussi savoir « laisser braire », c'est-à-dire ne pas se préoccuper indûment des attaques des envieux et des jaloux. Cela ne signifie toutefois pas que le jeune doive s'abstenir de rester sur ses gardes ou de prévenir les coups, non plus que de se défendre vigoureusement quand l'occasion s'en présente. Il doit savoir faire preuve à la fois de patience et de courage, de sérénité et de force de caractère.

Tout cela est merveilleusement résumé par les conseils de Theodore Roosevelt écrits dans le marbre du hall d'entrée du Musée d'histoire naturelle de New York :

> Be practical as well as generous in your ideals.
> Keep your eyes on the stars and keep your feet on the ground.
>
> Courage, hard work, self-mastery and intelligent effort are all essential to a successful life.
>
> Character, in the long run, is the decisive factor in the life of an individual and of nations alike.

Quête du sens de la vie

À un moment ou l'autre de la vie, certaines questions se posent à nous, particulièrement en période de détresse : Que fais-je ici ? Où m'en vais-je ? Où tout ce que je fais me mène-t-il à la longue ? D'autres fois, les circonstances peuvent être différentes, comme en 1982, à la suite d'une invitation que j'avais reçue à présenter les raisons de ma foi et du sens de ma vie à un « Déjeuner de la prière » à l'Hôtel Reine-Élizabeth, à Montréal. Cette invitation m'a secoué dans mes fondations les plus profondes. Je me suis vite rendu compte combien celles-ci étaient fragiles et combien ce que je croyais être des convictions fortes étaient peu solides.

J'ai donc relu l'Ancien Testament, le Nouveau Testament, les écrits des grands érudits gréco-latins et ceux de penseurs modernes. J'ai beaucoup réfléchi pour tenter de trouver des réponses claires à mes questions : Y a-t-il un Être suprême qui a décidé du cosmos et de la vie ? Cet Être suprême a-t-il établi des communications avec l'homme, doué d'une raison, d'un langage organisé, d'une imagination créatrice et de liberté ?

Deux observations fondamentales : en premier lieu, je n'ai trouvé dans ces lectures et au cours de ma carrière aucune preuve directe, scientifique et irréfutable de l'existence de Dieu. L'inverse est aussi vrai : la science en a apporté aucune de la non-existence de Dieu. S'il y avait une telle preuve, dans un sens ou dans l'autre, la société humaine serait tellement différente ! (Voir à ce propos le délicieux livre de Laurence Cossé, *Le coin du voile*, publié aux Éditions Gallimard en 1996.) Que deviendrait notre liberté ?

En second lieu, nous sommes un produit du conditionnement intellectuel et moral qui vient de nos parents et de nos éducateurs qui nous ont instillés, de façons répétées et diverses, une conduite de vie et une orientation morale. Si nous sommes chrétiens, juifs, musulmans, bouddhistes ou hindouistes, nous le devons presque entièrement à l'éducation que nous avons reçue de nos parents et de l'école. Si j'avais été élevé dans un milieu religieusement neutre ou autre que chrétien, j'aurais eu beaucoup de difficultés à devenir chrétien et à accepter les mystères de la Trinité, de l'Incarnation et de la Transsubstantiation, sans compter l'explication du mal et de la souffrance.

Comme ma formation de base est faite, d'une part, d'humanisme chrétien et, d'autre part, de rigoureuse discipline scientifique, j'ai réexaminé les fondations de ma croyance et les raisons qui militent, pour moi, en faveur de l'existence d'un Être suprême, aussi un Dieu personnel. Cela ne veut pas dire que tous mes problèmes sont résolus, car beaucoup de questions sans réponses et de doutes persistent dans mon esprit, mais ils sont dominés par le poids de l'évidence en faveur de l'existence de Dieu.

Je désire donc apporter un témoignage sur ma quête du sens de la vie, sur le sens qui a inspiré la mienne. Il est celui d'un homme de science dont l'existence aura été consacrée à l'expérimentation et aux disciplines scientifiques dans la recherche biomédicale des mécanismes de l'hypertension artérielle.

Parler du sens de la vie signifie un retour aux questions fondamentales : Qui sommes-nous ? Où allons-nous ? C'est aussi la prière de saint Augustin : « Oh Dieu éternel, puis-je savoir qui je suis et qui Tu es[1] ? Examinons d'abord ce que nous sommes. »

Qui sommes-nous ?

Nous sommes des animaux bipèdes, doués, contrairement à tous les autres animaux, d'une raison, d'une imagination créatrice, d'un libre arbitre et d'une habileté de communication par un langage organisé. Nous sommes donc, sur le plan de l'évolution biologique, situés au sommet de l'arbre de la vie avec tout le bagage de gènes qui proviennent de nos ancêtres, préhominiens, qui sont à l'origine de nos pulsions de sexe, de gloutonnerie, de violence et de satisfaction physique immédiate.

Chacun de nous ne compte, depuis les débuts nébuleux de l'humanité, que pour un parmi quelque 200 à 250 milliards d'individus, tous différents les uns des autres par suite de la diversification génétique. Nous sommes moins que des grains de sable dans l'univers depuis le « Big Bang », il y a environ 15 milliards d'années.

À cause de ses sens, l'homme vit dans des frontières étroites de température, de temps, d'espace et de vitesse de déplacement. Mais dès qu'il franchit celles qui contrôlent son existence, les échelles d'espace, de temps et de température prennent des dimensions étourdissantes. Cela est évident en astrophysique, en physique nucléaire, en biologie moléculaire et en génétique, quatre domaines où la science a fait les progrès les plus phénoménaux de l'époque contemporaine, progrès réalisés presque en totalité dans les pays de civilisation judéo-chrétienne.

Le monde qui nous entoure

L'astrophysique nous enseigne que notre terre n'est qu'une petite masse perdue parmi les milliards d'astres de notre galaxie et qu'il existe des centaines de

---

1. *Soliloques* 11.

millions d'autres galaxies composées, elles aussi, de centaines de millions d'étoiles qui sont situées à des distances qui atteignent des milliards d'années-lumière. Il est bon de rappeler qu'une année-lumière est la distance que la lumière parcourt pendant une année, soit 300 000 km/seconde x 60 secondes x 1 440 minutes par jour x 365 jours par année, 10 mille milliards de kilomètres. Certaines étoiles sont à des milliards d'années-lumière de la terre. La lumière de beaucoup d'étoiles prend donc des siècles et même des millénaires à atteindre la terre. Le diamètre de notre galaxie est de 100 000 années-lumière et celui de notre univers de 10 milliards d'années-lumière. La galaxie la plus proche, Andromède, est à 2 millions d'années-lumière de la terre. Ces chiffres donnent le vertige et sont hors de proportion par rapport à l'échelle humaine. Ils dépassent notre imagination et ils sont peu compatibles avec la notion du bon sens commun, à l'espèce humaine. Ils sont du domaine de l'infini !

Par contre, les chiffres sont inversés quand on considère les progrès de la physique nucléaire depuis la découverte de l'électron et du noyau par Rutherford, il y a à peine 100 ans. Par exemple, le diamètre d'un atome est d'environ un centième de millionième de centimètre et celui du noyau est environ 100 000 fois plus petit; la masse de l'électron est de 10^{-30} kg, celle du proton de 10^{-27} kg ; l'électron tourne autour du noyau à la vitesse de un million de milliards de tours la seconde ! Encore ici, dans la structure de la matière, nous sommes dans l'infini de la petitesse à des échelles si infimes qu'elles dépassent notre imagination.

L'homme habite ces systèmes macro- et microcosmiques qui fonctionnent dans une harmonie et un ordre si extraordinaires qu'il est impossible de ne pas être saisi d'une admiration inexprimable. Les scientifiques sont passés des organismes entiers aux systèmes, aux organes, aux tissus, aux cellules, aux molécules, aux atomes, aux électrons, aux noyaux faits de protons et de neutrons et composés, à leur tour, de leptons, de quarks et de neutrinos et, enfin, aux messagers de la force forte, constitués surtout de gluons et de bosons. Dans ce dernier domaine de l'infiniment petit, à cause de l'impossibilité de mesurer à la fois la position, la direction et la vitesse d'une de ces particules et de comprendre la dualité onde-particule des photons, nous sommes soumis au principe d'incertitude d'Heisenberg, fondé sur la statistique des probabilités.

Les progrès phénoménaux de la biologie moléculaire nous montrent depuis 1970 le haut degré d'homogénéité dans tout le système végétal et animal, entre gènes, protéines, constitution cellulaire, systèmes enzymatiques et métaboliques, facteurs de croissance, en même temps que les facteurs responsables de la diversité du monde biologique qui fait l'émerveillement de l'homme depuis des millénaires. Les mêmes gènes sont partagés à 98-99 % par le chimpanzé et par l'homme, mais quelles formidables différences entre ces deux espèces ! Beaucoup des différences qui existent dans les gènes seraient surtout dans les zones non codantes (c.-à-d. les introns) dont on ignore encore les rôles.

Évolution

La théorie de l'évolution a reçu de puissants appuis de la recherche en biologie moléculaire qui démontrent une grande homogénéité entre les gènes et les protéines des diverses espèces animales et même des plantes. Monod, Dawkins, Crick et d'autres hommes de science sont convaincus que tout dans l'évolution est dû au seul hasard des innombrables mutations génétiques, soumis à la sélection naturelle de celles qui sont les plus bénéfiques, et sans qu'on ne doive faire appel au vitalisme, à la finalité ou à une intervention divine. Toutefois, Christian de Duve, qui partage ces sentiments, insiste que le hasard est contraint par les lois physico-chimiques qui dépendent des charges électriques et de la conformation des molécules et de leurs récepteurs. Ces charges, en facilitant ou en inhibant les réactions chimiques, exercent donc un contrôle sur la formation des acides nucléiques et des protéines. Ce que De Duve affirme est une évidence scientifique. Je refuse de croire à l'influence totale et absolue du hasard seul dans la genèse du cosmos et dans l'évolution de la vie depuis 3,5 milliards d'années jusqu'à l'humain. Le hasard seul ne peut que conduire au chaos s'il n'est pas contraint par les lois physico-chimiques qui sont fondamentales à la vie et aux métabolismes. Quant à la complexification des organismes, il n'y a qu'à penser au cerveau humain qui contient environ 100 milliards de neurones, dont chacun a de plusieurs centaines à des dizaines de milliers de liaisons avec d'autres neurones.

L'homme, grâce à son pouvoir de raisonnement déductif et analytique, a établi de sages lois pour gouverner les relations entre les individus. Il a aussi réussi à comprendre bon nombre des lois physico-chimiques qui règlent notre univers et, par le contrôle des ondes électromagnétiques, il a créé les communications instantanées que nous connaissons par Internet, télécopieur, télévision, télécommande, téléphone cellulaire, etc. La technologie inventée par l'homme a permis les automobiles, les avions, les fusées intercontinentales et interplanétaires, les bombes atomiques à fission et à fusion, les transplantations d'organes — cœur, poumon, foie, rein —, le transfert et le « knock-out » de gènes. Il semble que dans l'ordre matériel, il y ait peu de limites au génie humain.

Pascal a bien défini la contradiction entre la misère de l'homme et sa grandeur : « Qu'est-ce que l'homme dans la nature ? Un néant à l'égard de l'infini, un tout à l'égard du néant, un milieu entre rien et tout. Infiniment éloigné pour comprendre les extrêmes, la fin des choses et leurs principes sont pour lui invinciblement cachés dans un secret impénétrable, également incapable de voir le néant d'où il est tiré et l'infini où il est englouti[2]. »

L'homme peut et doit se demander quelle est l'origine des constantes universelles (vitesse de la lumière, gravité, masse de l'électron, constante solaire et autres) et des lois physico-chimiques qui contrôlent les réactions interatomiques et

---

2.   Pascal, *Œuvres complètes*, La Pléiade, 1964, p. 1106-1107.

intermoléculaires. Ces lois doivent avoir nécessairement un auteur. Cet auteur, pourrait-il être autre que Dieu, Être suprême ?

Tendance morale ou conscience individuelle

On peut aussi rechercher la même explication pour la tendance morale naturelle — on ne peut parler de loi au sens strict du mot — qui existe chez tout être humain et qui lui fait préférer ce qui est bon à ce qui est mauvais, ce qui est juste à ce qui est injuste, ce qui est vrai à ce qui est faux.

Cette tendance universelle est aussi celle de la recherche de l'infini ou du transcendant et, dans les termes de Jean Dausset, du « besoin profond de l'âme humaine de s'élever au-dessus de sa condition animale[3] ». Ce serait, selon John Newman, la voix de la conscience à l'intérieur de chacun de nous[4]. Cette tendance universelle n'enlève pas la liberté et la volonté de chacun, qui peut décider en faveur d'une option ou d'une autre. Cette liberté est limitée par les droits et les actions des autres, la culture sociale, les circonstances, la brièveté de la vie pour certains ou la mort pour tous, moment où le déterminisme reprend son droit et où, selon l'expression d'Einstein, « le temps devient illusion ». Cette tendance fragile est la source des nombreux conflits et divergences dans l'application de cette « loi » aux faits particuliers. C'est la raison pour laquelle les grands penseurs dans l'histoire de l'humanité, qu'il s'agisse de Bouddha, de Confucius, des prophètes juifs et des grands philosophes grecs, comme Socrate, Platon et Aristote, et des stoïciens comme Sénèque, Cicéron et Épictète, sont unanimes pour exprimer que cette tendance morale et cette liberté doivent être appuyées par la connaissance et par l'acquisition des grandes vertus fondamentales (maîtrise de soi ou modération, courage, prudence, justice, service du bien commun) qui constituent un rempart pour la morale naturelle et le chemin le plus sûr vers la sagesse et le bonheur humain.

Origine des lois

Les constantes universelles et les lois physico-chimiques sont responsables de l'ordre et de l'harmonie dans le cosmos, comme aussi des phénomènes de la vie et de son évolution. Ce sont des lois déterministes et, on pourrait dire, absolues. Les phénomènes biologiques obéissent au déterminisme de ces lois. D'autre part, les pulsions sexuelles et autres d'origine génétique, et ce qu'on appelle la loi morale naturelle, sont soumises à la liberté et à la volonté de chaque être humain de décider en faveur ou contre un geste ou une parole. Cela est inné chez chacun de nous.

Cette tendance morale naturelle, qui existe chez tous les humains, doit aussi avoir une origine, un auteur. Il est déraisonnable de croire, comme pour les lois

---

3. J. Dausset, *Clin d'œil à la vie — La grande aventure*, Éditions Odile Jacob, 1998, p. 293.
4. J.C. Newman, *The Grammar of Assent*, Londres, Longman's, Green & Company, 1949.

universelles et les lois physico-chimiques, qu'elle soit l'effet du hasard. Ce serait alors pousser les choses à l'absurde. Quant à moi, il me semble raisonnable et selon le bon sens d'en attribuer l'origine à un Être suprême, c'est-à-dire à Dieu.

Mais il y a également d'autres raisons d'arriver à cette conclusion.

Principe d'inférence et science des hasards ou des probabilités

L'une de ces raisons se rattache au même principe qui sous-tend la nécessité d'un auteur des lois universelles, des lois physico-chimiques et de la loi morale naturelle. Il s'agit de celui d'inférence formulé par William Occam qui a établi, au vive siècle, le principe selon lequel on peut « postuler ou affirmer l'existence réelle d'êtres non observés et non observables si — et seulement si — leur existence est indispensable à l'explication des phénomènes observés » (M. Adler, réf. 15). Il s'agit donc de l'existence réelle sur la base de la « prépondérance de l'évidence » ou « beyond a reasonable doubt ». Ce même principe, utilisé par tous les chercheurs et les scientifiques, est à la source de cette magnifique histoire de l'« invisible soccer ball », décrite par Leon Lederman, lauréat du prix Nobel, dans son ouvrage The God Particle[5] dans lequel il postule l'existence d'un élément clé, le boson de Higgs, qu'il appelle « The God Particle », qui n'est pas encore découvert, mais qui est nécessaire à notre connaissance de la base fondamentale de la matière des quarks, des leptons et des neutrinos.

C'est aussi ce même principe que Cicéron, qui a édifié la synthèse la plus lucide et équilibrée de la philosophie gréco-latine, surtout celle des stoïciens, avait décrit si simplement, il y a deux mille ans, dans La Nature des Dieux[6] : « La principale cause est la régularité du mouvement, la révolution du ciel, la distinction entre le soleil, la lune et toutes les étoiles, leur utilité, leur beauté, leur ordre, la vue de pareilles choses à elles seules montre assez qu'elles ne sont pas dues au hasard. Si l'on entre dans une maison, dans un gymnase ou sur une place, en voyant l'arrangement, la mesure, l'organisation de toute chose, on ne peut croire que tout cela s'est fait sans cause et l'on voit bien qu'il y a quelqu'un qui est à la tête et à qui l'on obéit. Même, et plus encore, dans tant de mouvement, dans tant de successions, dans l'ordre des choses si nombreuses et si grandes qui, dans la durée infinie et sans mesure, ne s'est jamais démentie, on doit certainement conclure qu'une intelligence gouverne de si grands mouvements naturels. » Ici, Cicéron rejoint le Livre de la Sagesse (chap. 13).

Le principe d'inférence ne donne pas une certitude physique de l'existence de Dieu, mais il apporte des arguments puissants même s'ils ne constituent pas une preuve absolue.

---

5. New York, Houghton Mifflin Company, 1993, p. 10-12.
6. Les Stoïciens, La Pléiade, 1964, Livre II, 5, p. 415.

Évolution

La conscience semble exister chez les animaux supérieurs, mais apparemment, seule la « conscience réfléchie » (expression d'Épictète reprise par Teilhard de Chardin) se trouve chez l'humain. Il est impossible de savoir quand, dans l'évolution de pithécanthrope à l'homosapiens et à l'homme de l'histoire, sont apparues la raison et l'imagination créatrice qui ont coïncidé avec le développement du cerveau, surtout des lobes préfrontaux. Il semble que l'« hominisation » se soit faite par étapes progressives : d'abord, la fabrication d'outils de pierre pendant la période paléolithique qui remonte à 2-2,5 millions d'années jusqu'à la période néolithique, il y a environ 8 à 10 mille ans avant J.-C., cette dernière étant caractérisée par l'usage d'outils polis et ensuite par la céramique et l'agriculture. Entre ces deux pôles, on trouve l'utilisation du feu, il y a 300 000 à 400 000 ans, et on note chez l'homme de Neandertal (découvert près de Düsseldorf, en Allemagne), il y a environ 50 000 ans, le culte des morts. Depuis 8 000 ans, l'homme a commencé la domestication des plantes (vignes, oliviers, arbres fruitiers) et des animaux (d'abord le chien, ensuite le bœuf, le mouton, le cheval) et la métallurgie (cuivre, bronze, fer...). Les plus vieilles civilisations connues sont la sumérienne (caractères cunéiformes) et l'égyptienne (hiéroglyphes) qui remontent à 3 000-3 500 ans avant J.-C. Quant au langage organisé, qui a coïncidé avec l'abaissement du larynx, son apparition dans le temps est loin d'être claire. Mais quelle montagne de différences en si peu de temps avec notre ancêtre le chimpanzé, avec lequel nous partageons pourtant plus de 98 % de nos gènes.

Enfin, pour ma part, je suis encore troublé par l'affirmation que tout, dans le cosmos, dans l'évolution et l'organisation de la vie, soit le fruit du seul hasard, même contraint par les lois physico-chimiques, surtout en ce qui a trait à la coadaptation d'organes complexes formés de plusieurs composantes comme l'œil, l'oreille, le rein et autres. Il en est de même pour les systèmes irréductibles[7] des cascades moléculaires et métaboliques composées de dix à quinze étapes différentes, avec un contrôle constant de la régulation pour accomplir une seule fonction. Dans les cas de la coagulation, du système immunitaire, de la formation des anticorps et du complément, il faut, pour arriver à la phase finale, passer par une cascade d'une quinzaine d'étapes enzymatiques étroitement coordonnées, dont chacune est essentielle et dont l'absence ou la malfonction est suffisante pour tout bloquer. Ces « systèmes irréductibles » sont difficilement compatibles avec le concept d'évolution graduelle due au seul hasard et à la sélection naturelle, car les étapes moléculaires des cascades métaboliques (p. ex., la coagulation, l'immunité...), dont chaque protéine provient d'un gène différent, doivent survenir en chaînes successives, quasi instantanées, pour la réalisation de la fonction.

---

7.   M.J. Behe, *Darwin's Black Box*, The Free Press, 1996.

La coadaptation d'organes complexes comme l'œil, l'oreille, le rein et autres ne peut être expliquée de façon satisfaisante par la sélection naturelle. Même si, expérimentalement, les généticiens ont pu identifier un « gène maître » qui, en le transplantant, coordonne l'activité de d'autres gènes qui sont responsables de la formation d'un œil sur la patte ou sur l'aile d'une mouche et que le même gêne qui provient de la souris donne les mêmes résultats, il n'est pas établi que cet œil transplanté VOIT s'il n'est pas intégré par des fibres nerveuses jusqu'au cortex visuel. C'est pourquoi il apparaît impossible qu'un nombre aussi infini de probabilités aussi infinitésimales de mutations de hasard puisse aboutir à un si haut degré de précision, d'intégration et d'harmonie, même si ces mutations s'étalaient sur une période de un à deux milliards d'années. D'ailleurs, les néo-darwinistes, en décrivant les travaux d'astrophysique ou de biologie moléculaire, utilisent des termes tels que « mind-boggling », « unfathomable complexity », précision incroyable, harmonie inconcevable, inimaginable, insurpassable, étourdissante, etc. (le dictionnaire manque de mots appropriés). La régulation exquise de l'activité des gènes durant la croissance en est un des innombrables exemples.

Même De Duve, en calculant que les chances d'avoir une main de 13 piques au bridge sont d'une sur 685 milliards de données, ajoute : « On nous sert des mains de 13 piques, non pas une fois, mais des milliers de fois en succession. Ceci est tout à fait impossible, à moins que la distribution ne soit organisée à l'avance[8]. » Guye et Du Nouy ont calculé qu'après avoir mêlé 50 boules blanches et 50 boules noires dans un récipient, les chances de séparer complètement les noires des blanches en les laissant tomber dans un tube d'à peu près le même diamètre sont de 1×10^{-59}. Pourtant, il ne s'agit que de deux variables : blanches et noires. S'il y avait 500 ou 1 000 boules de 5 couleurs différentes (100 ou 200 de chaque couleur), la possibilité de les séparer atteint une probabilité d'un ordre inimaginable[9] ! Mais Dawkins rejette ce genre d'analyse des probabilités. Il est convaincu que l'évolution de la vie est le fruit d'un nombre incalculable de « micro-pas » qui ont progressé depuis trois milliards d'années à partir des hasards des innombrables mutations génétiques et de la sélection naturelle de celles qui étaient les plus bénéfiques à l'adaptation et à la survie de l'espèce.

Le bon sens, fruit de la raison et de l'intuition, nous fait plutôt conclure à une impossibilité sur la base du hasard seul que tant de conditions diverses et différentes puissent **s'unir progressivement et simultanément**, même pendant plus d'un milliard d'années, pour conduire à des organismes pluricellulaires vivants aussi complexes et précis dans leur harmonieuse machinerie et, **en même temps**, puissent offrir à l'homme le plaisir d'un environnement d'une si grande richesse et d'une si grande beauté : température variable mais étroitement contrôlée, succession des

---

8. C. de Duve, *Vital Dust*, Basic Books, Division of Harper Collins Publishers, 1995, p. 8-9.
9. Lecompte du Nouy, *Human Destiny*, New York, Longmans, Green & Company, 1947, p. 31-32.

saisons, constance de la composition de l'air, profusion de plantes, de fruits, de fleurs, de poissons et d'oiseaux d'un coloris si extraordinaire, et tout cela dans un **parfait équilibre écologique** !

Solution

Beaucoup d'hommes de science s'arrêtent ici dans leur recherche de la vérité disant qu'ils ne peuvent aller au-delà faute de lumière et de preuves objectives. Influencés par le rationalisme du « siècle des Lumières » et par le positivisme de Comte, ils sont convaincus qu'il est possible d'expliquer tous les phénomènes de la vie et du cosmos par les mêmes lois physico-chimiques qui règlent la matière inerte. Donc, aucune raison de recourir au vitalisme ou à une influence divine. Par suite des progrès de la raison et de la science, l'homme du XIXᵉ siècle a voulu éliminer les mythes et les dieux postulés par les religions primitives.

Je ne puis partager cette dernière solution que Dieu n'existe pas simplement parce qu'on a une explication scientifique des phénomènes biologiques et du cosmos. Comment pourrait-il en être autrement et comment n'y aurait-il pas d'explication scientifique des causes immédiates et des mécanismes de ces phénomènes ? Si l'homme ne peut rien comprendre aux merveilleux mécanismes qui règlent la nature et son environnement, à quoi lui serviraient sa raison, sa capacité d'analyse et de déduction ? Quel sens aurait sa vie ? Pourquoi y aurait-il des lois universelles et des lois physico-chimiques dont tout dépend dans notre monde et quelle en serait l'origine? Il m'apparaît donc plus conforme à la raison et au bon sens, devant tant de grandeur, tant de complexité si raffinée, si harmonieuse et si précise, devant le principe d'inférence et de la chance « impossible » d'une succession de probabilités si infinitésimales, d'admettre l'existence d'un auteur, c'est-à-dire de Dieu.

Alors seulement, notre vie prend un sens. Pour ma part, je ne puis accepter que ma destinée soit celle d'une fourmi, d'un krill ou d'un plancton ! À quoi servirait-il de vivre ? Nous vivons dans le mystère. Il y a trop de questions auxquelles j'essaie en vain de répondre, même si ma foi est basée sur une évidence prépondérante, « beyond a reasonable doubt ». Il n'est donc pas surprenant que des doutes persistent chez tous ceux qui sont hantés par leur incapacité à voir plus clair et à mieux comprendre. Tout serait si facile si nous avions une preuve irréfutable et directe de l'existence de Dieu. Que tout serait différent ! Nos sociétés modernes seraient dans un chaos complet : finis l'esprit d'entreprise, la quête d'enrichissement, l'égocentrisme excessif, l'activisme, la compétition économique, le marketing, etc. Plus de place pour la hiérarchie ecclésiastique, pour l'apologétique et la théologie. Dans le *Décaméron* de Boccace, Guido Cavalcanti, grand poète et ami de Dante, se fait interpeller : « Guido, quand tu auras démontré que Dieu n'existe pas, qu'est-ce que tu auras gagné ? » La vie serait alors absurde et perdrait tout sens. Il répugne de penser que Dieu aurait littéralement abandonné l'homme sur le chemin de l'existence « ne sachant pas qui il est, ni d'où il vient » (Pascal).

Si les biologistes moléculaires et les généticiens sont convaincus que tous les phénomènes de l'évolution biologique et de la vie ne nécessitent aucune explication divine directe, cela est raisonnable quand on voit les progrès étourdissants faits dans ce domaine depuis à peine trente ans. Mais c'est totalement différent que d'affirmer du même coup la non-existence d'un Être suprême. Les hommes de science doivent se rendre compte que la raison dont jouit l'homme lui permet de rechercher et de comprendre le comment et le pourquoi immédiats de tous les phénomènes qui l'entourent. Mais cela est d'un tout autre ordre, car la science ne peut donner aucune réponse aux questions suivantes : Pourquoi sommes-nous ici ? Quelle est notre destinée ? Quel est le sens de notre vie ? Je préfère de beaucoup l'attitude d'un Christian de Duve qui « s'incline devant le mystère[10] » que devant l'attitude négative et intolérante d'un Crick, d'un Dawkins et autres.

Si Dieu n'existe pas, pourquoi diantre vaut-il la peine de vivre ? Mais si Dieu existe, le sens de la vie doit être religieux, c'est-à- dire avoir un lien avec Dieu. Cela nous conduit à l'existence des grandes religions qui dominent le monde depuis des millénaires et qui représentent les recherches des humains pour trouver la vérité. Mais si Dieu n'existe pas, deux solutions, entre autres, s'offrent. D'abord le suicide, qui devient une solution courageuse et logique pour ceux qui désespèrent du sens de la vie humaine. Depuis les débuts de l'humanité, il y a une constante incontournable chez l'homme et c'est celle de la volonté de vivre à tout prix, même dans les pires souffrances, même devant la mort. Le jour où les généticiens isoleront le ou les gènes responsables de cette volonté de vivre si ancrée chez tout humain, il sera alors possible en inhibant la fonction de ce gène ou en le détruisant que le suicide devienne une solution facile à la souffrance chronique, aux états de dépression sévère et d'angoisse chez ceux qui ne croient pas en Dieu.

Une deuxième solution est l'indifférence, solution préférée des masses qui se contentent de prendre tous les plaisirs que la vie peut offrir et dont tous les moments sont remplis de futilité et de bagatelles. Sénèque les avait bien décrits dans une de ses lettres à Lucilius : « Manger, dormir, faire l'amour, le cycle sans fin... Vous voulez vivre, mais savez-vous comment vivre[11] ? » C'est l'ère moderne où l'homme s'est affranchi de toute autorité et ne se reconnaît que des droits individuels sans limites et aucune responsabilité. C'est dans ce dernier groupe qu'on retrouve l'hédonisme et le matérialisme effréné de notre monde contemporain.

Se peut-il que le Dieu qui a établi les lois universelles et physico-chimiques ait institué un lien personnel avec chacun d'entre nous ? Je suis loin d'avoir la puissance intellectuelle d'un Einstein ou d'un Abraham Lincoln qui ne le croyaient pas,

---

10. C. de Duve, *Vital Dust*, Basic Books, Division of Harper Collins Publishers, 1995, p. 301.
11. Sénèque, *Letter from a Stoic*, Penguin Classic, 1969, p. 126 -129.

mais après mûre réflexion, j'incline du côté positif pour deux raisons. La première, ce serait en accord avec le bon sens qu'après avoir prévu l'homme, Dieu l'aurait alors laissé à lui-même, perdu dans l'univers et sans aucune notion de son origine et de sa destinée. Il est pour moi difficile d'accepter qu'un Être suprême, créateur de l'univers et de l'évolution, ait doté l'homme de raison, de langage de communication et d'imagination créatrice, facultés qui lui ont permis de contrôler et de modifier la vie et de comprendre le comment et le pourquoi immédiats d'un très grand nombre de phénomènes qui l'entourent, et l'ait laissé seul avec lui-même. Par ailleurs, je ne puis accepter la tendance de certains catholiques depuis Vatican II de traiter l'Être suprême non pas comme un « Père » mais comme un « chum », en le tutoyant, ou comme un « chef de file de Montréal » disait devant un groupe : « J'va y parler au Saint-Esprit, y faut qu'y a fasse, sa job ! » Là, on dépasse les limites ! Je ne puis admettre que certains passent si facilement de l'émerveillement, de l'éblouissement, de l'admiration sans bornes à un « chum » qu'on tutoie et à qui on quémande à tout instant toutes les faveurs possibles à coups de prières, d'aumônes, de dons, de promesses, etc. Cet argument de bon sens est subjectif et, certes, fragile. Il nécessite un acte de foi.

La deuxième raison tient au fait de la résurrection du Christ établie par de nombreux témoignages et appuyée par une doctrine qui fournit l'explication la plus cohérente des aspirations profondes de l'homme et de notre questionnement dans la recherche de la vérité. Pour cela, il faut s'en tenir aux Écritures dont l'enseignement basé sur l'amour désintéressé des autres, sur le pardon, sur la volonté de réconforter et de rendre service est la plus grande source de paix intérieure et de sérénité. Elle est le couronnement de la « philosophie-conduite-de-vie » proposée par le stoïcisme tel qu'exposé par Sénèque, Cicéron et Épictète. Ce fait de la résurrection du Christ et de l'assurance d'un après-vie a été tellement convaincant pour les apôtres et leurs nombreux disciples qu'ils n'ont pas hésité au cours des sièles et par centaines de milliers à souffrir les pires persécutions, les tortures les plus cruelles et à donner leur vie par fidélité au Christ.

Le fait de la résurrection rend plus facile, malgré l'opposition de la science, l'acceptation des mystères tels que l'Incarnation, la Transsubstantiation, la Trinité ainsi que le pourquoi de l'existence du mal et de la souffrance, bien que cela demande aussi un gros acte de foi et une « croyance raisonnée[12] ».

Quiconque étudie les progrès étourdissants de la science, que ce soit en astrophysique, en physique nucléaire, en biologie moléculaire et en génétique, ne peut qu'être ébloui et plongé dans un émerveillement indescriptible, qu'il observe les « entrailles » moléculaires du brin d'herbe ou l'ensemble et l'écologie de la forêt !

---

12. G. Lazorthes, *Croyance et raison de la recherche scientifique à l'interrogation spirituelle*, Centurion, 1991.

Mais plusieurs problèmes fondamentaux resteront, comme François Jacob l'avoue, en dehors des limites de l'investigation scientifique. Car le domaine des questions relatives à l'essentiel — Quel est le sens de la vie ? Que faisons-nous sur terre ? La destinée humaine —, est exclu de toute enquête scientifique et relève de la religion et de la métaphysique[13]. Mais pourquoi donc, tels certains grands savants, rejeter d'emblée toutes les religions comme un ensemble de mythes et de superstitions sur la base, par exemple, que l'arche de Noé est une légende mythique ou simplement en voyant de jeunes Juifs orthodoxes se balancer sans arrêt d'avant en arrière durant la lecture de certaines prières !

Un problème actuel, qui a été repris vigoureusement ces dernières décennies par plusieurs savants, surtout des neuropsychologues, est le monisme qui nie la dualité esprit-corps si fondamentale à l'Église et à Descartes et d'après laquelle l'esprit et les idées ne seraient que des sécrétions du cerveau, tout comme les hormones le sont des glandes endocrines. Alors, il faudra élucider la nature et la substance de ce qui est « esprit » ou « idée sécrétée » par le cerveau. Faudrait-il, d'après eux, postuler dès maintenant une substance autre que la matière connue, à base de quarks, de protons, de neutrons et d'électrons ? Un autre problème, aussi fondamental, est celui de la nature et de la substance de l'énergie qui seraient les mêmes malgré ces formes diverses : solaire, électrique, mécanique, nucléaire, hydroélectrique, rupture de double liaisons chimiques et autres. J'ai posé cette question à plusieurs savants et chimistes de mes amis, mais aucun n'a pu me donner une réponse satisfaisante. Cette réponse, je l'ai enfin trouvée chez un des plus grands théoriciens de la physique moderne, Feynman, qui écrit : « It is important to realise that in physics today, we have no knowledge of what energy is[14] ! »

Dans sa recherche de la Vérité, l'homme ne doit en aucun temps abdiquer sa liberté de conscience et accepter sans discussion les affirmations gratuites ou dogmatiques qui sont trop souvent l'expression d'une volonté d'autorité et de pouvoir plutôt qu'une attitude d'humilité et de service.

Conclusion

Ma quête pour tenter de comprendre le pourquoi de la vie et de l'humain aboutit donc à deux convictions profondes : la première est que la vie est absurde et futile si elle n'a qu'un sens matériel. Je ne puis l'accepter. La seconde est que la foi dans un Être suprême est basée sur une évidence prépondérante, « beyond a reasonable doubt », comme c'est aussi la conviction de Mortimer J. Adler[15] et de nombreux autres penseurs à travers l'histoire de l'humanité. Mais cela ne m'empêche pas de prier pour obtenir un rayon de lumière pour comprendre un peu mieux et pour me

---

13. F. Jacob, *La souris, la mouche et l'homme*, Éditions Odile Jacob, 1977.
14 R. Feynman, *Essentials of Physics*, Addison Wesley Publishing Company, page 71, 1995.
15. M.J. Adler, *How to Think about God*, Macmillan Publishing Company, 1980, p. 150.

rapprocher un peu plus de la vérité si « ennuagée » par tant de mystères ! Peut-être que les découvertes de la science, en nous faisant parvenir à la constitution ultime de la matière et à l'origine du cosmos, nous amèneront alors directement à la Vérité absolue que l'homme recherche tant !

AGMV
MARQUIS
Québec, Canada
1998